Divergenzen in der Rechtsprechung
zum CISG

Internationalrechtliche Studien

Beiträge zum Internationalen Privatrecht, zum Einheitsrecht und zur Rechtsvergleichung

Herausgegeben von Ulrich Magnus

Band 16

PETER LANG
Frankfurt am Main · Berlin · Bern · Bruxelles · New York · Oxford · Wien

Daniela de Lukowicz

Divergenzen in der Rechtsprechung zum CISG

Auf dem Weg zu einer einheitlichen Auslegung und Anwendung?

PETER LANG
Europäischer Verlag der Wissenschaften

Die Deutsche Bibliothek - CIP-Einheitsaufnahme

Lukowicz, Daniela de:

Divergenzen in der Rechtsprechung zum CISG : auf dem Weg zu einer einheitlichen Auslegung und Anwendung? / Daniela de Lukowicz. - Frankfurt am Main ; Berlin ; Bern ; Bruxelles ; New York ; Oxford ; Wien : Lang, 2001
(Internationalrechtliche Studien ; Bd. 16)
Zugl.: Hamburg, Univ., Diss., 2001
ISBN 3-631-38133-6

D 18
ISSN 0947-0395
ISBN 3-631-38133-6

www.peterlang.de

Vorwort

Der Keim für diese Arbeit wurde bereits während meiner Examenshausarbeit zum Ersten Staatsexamen gesät. Die zu diesem Zeitpunkt noch eher spärliche Literatur zum UN-Kaufrecht und meine daraus resultierende Verzweiflung führte zu dem Versprechen: wenn jemals eine Doktorarbeit, dann im Bereich des UN-Kaufrechts. Dieses Versprechen habe ich zum Anlaß genommen, mich der Frage zu widmen, ob das CISG von den nationalen Gerichten auch tatsächlich einheitlich angewendet wird oder jedes Gericht vielmehr „macht was es will". Ziel war es, für die Praxis ein „Handbuch" zu der bereits ergangenen Rechtsprechung der Vertragsstaaten zu entwickeln und so vielleicht einen eigenen kleinen Beitrag für die Verwirklichung der Ziele des Art. 7 I CISG zu leisten.

Die vorliegende Arbeit hat im Sommersemester 2000 dem Fachbereich Rechtswissenschaft der Universität Hamburg als Dissertation vorgelegen und ist im Mai 2000 abgeschlossen worden. Literatur und Rechtsprechung konnten bis zu diesem Zeitpunkt berücksichtigt werden. Erfreulicherweise weist die Neuauflage des Standardkommentars von *Schlechtriem* (3. Auflage), insbesondere in den von *Ferrari* überarbeiteten Teilen, nunmehr zahlreiche Entscheidungen in- *und* ausländischer Gerichte auf. Eine Entwicklung, die mehr als zu begrüßen ist.

Aufrichtiger Dank gilt meinem Doktorvater Herrn Prof. Dr. Ulrich Magnus für die Aufnahme in diese Schriftenreihe, Herrn Prof. Dr. Peter Behrens für das sehr kurzfristig erstellte Zweitgutachten, sowie Herrn Prof. Dr. Armin Höland für die wertvollen Tips zur Durchführung der empirischen Untersuchung. Ich danke auch allen lieben Menschen, die mir im Rahmen der durchgeführten empirischen Untersuchung Rede und Antwort gestanden haben und mir wertvolle Erkenntnisse geliefert haben. Herzlich danken möchte ich auch dem Max-Plack-Institut für Ausländisches und Internationales Privatrecht (Hamburg) für die hervorragenden Arbeitsbedingungen.

Mein ganz besonderer Dank gilt meiner Familie: Hinnerk für das zeitintensive Korrekturlesen und die unermüdliche Hilfe und Liebe auch in weniger fröhlichen Zeiten, und schließlich meinen Eltern, deren langjährige Unterstützung mir meine Ausbildung überhaupt ermöglicht hat. Ihr widme ich diese Arbeit.

Hamburg, im März 2001 | Dany de Lukowicz

Inhaltsverzeichnis

Abkürzungsverzeichnis

a.A.	anderer Ansicht
ABl.	Amtsblatt
a.E.	am Ende
AG	Amtsgericht
AJP/PJA	Aktuelle Juristische Praxis/Pratique Juridique Actuelle
All E.R.	The All England Law Reports
Alt.	Alternative
Anh.	Anhang
Anm.	Anmerkung
BB	Betriebsberater
Bek. v.	Bekanntmachung vom
BGBl.	Bundesgesetzblatt
BVerfGE	Entscheidungen des Bundesverfassungs-gerichts
COMPROMEX	Comisión para la Protección del Comercio Exterior de Mexico
Dr. prat. comm. int.	Droit et Pratique de Commerce International
Ed.	Editor
EFTA	European Free Trade Association
EGV	Vertrag zur Gründung der Europäischen Gemeinschaften
Einl.	Einleitung
EuZW	Europäische Zeitschrift für Wirtschaftsrecht
EWG	Europäische Wirtschaftsgemeinschaft
EWiR	Entscheidungen zum Wirtschaftsrecht
F.2d	Federal Reporter, Second Series
F.3d	Federal Reporter, Third Series
ForInt	Forum International
FS	Festschrift
F.Supp.2d	Federal Supplement, Second Series
Ga.J.I.Comp.L.	Georgia Journal of International and Comparative Law
H.L.	House of Lords
HS	Halbsatz
ICC	International Chamber of Commerce
IPR	Internationales Privatrecht
IPRax	Praxis des Internationalen Privat- und Verfahrensrechts
JBl	Juristische Blätter
J.L.&Com	Journal of Law & Commerce

JT	Juridisk Tidskrift
JZ	Juristenzeitschrift
KG	Kammergericht
LG	Landgericht
NedJur	Nederlands Juristenblad
NIPR	Nederlands Internationaal Privaatrecht
NJW (-RR)	Neue Juristische Wochenzeitschrift (- Rechtsprechungsreport)
No.	Number
OGH	Oberster Gerichtshof (Österreich)
OLG	Oberlandesgericht
O.R.	Official Records
RabelsZ	Rabels Zeitschrift für ausländisches und internationales Privatrecht
RdW	Österreichisches Recht der Wirtschaft
Review CISG	Review of the Convention on Contracts for the International Sale of Goods (CISG)
RDAI/IBLJ	Revue de Droit de Affaires Internationales/ International Business Law Journal
RGBl.	Reichsgesetzblatt
RIW	Recht der internationalen Wirtschaft
RPS	Rechtsprechung und Praxis der Schiedsgerichtsbarkeit
R.W.	Rechtskundig Weekblad
SZIER	Schweizerische Zeitschrift für Internationales und Europäisches Recht
TranspR (- IHR)	Transportrecht (- Internationales Handelsrecht)
Tulane J. of Int'l & Comp. Law	Tulane Journal of International and Comparative Law
UCC	Uniform Commercial Code
U.Pitt.L.Rev.	University of Pittsburgh Law Review
U.S.C.	United States Code
v.	versus
Vorbem.	Vorbemerkung
ZEuP	Zeitschrift für europäisches Privatrecht
ZfRV	Zeitschrift für Rechtsvergleichung, Internationales Privatrecht und Europarecht
ZGB	Zivilgesetzbuch (Schweiz)
ZVerglRW	Zeitschrift für vergleichende Rechtswissenschaft

I. Einführung und Problemstellung

1. Die Entstehung des Wiener UN-Kaufrechts

Nach einem halben Jahrhundert, auf Ernst Rabel zurückgehender, vorbereitender Arbeit[1] zur Schaffung eines einheitlichen Kaufrechts für den internationalen Warenverkehr, wurde im April 1980 in Wien auf der 97. Diplomatischen UN-Konferenz mit 62 Teilnehmerstaaten[2] die United Nations Convention on Contracts for the International Sale of Goods (CISG)[3] verabschiedet[4].

Das Übereinkommen trat an die Stelle[5] der Haager Einheitlichen Kaufgesetze vom 1. Juli 1964[6], die lediglich von 9 Staaten ratifiziert worden waren[7] und nie weltweite Akzeptanz erreichen konnten[8]. Aufgrund dessen war der von der Generalversammlung der Vereinten Nationen eingesetzten Commission on International Trade Law (UNCITRAL)[9] die Aufgabe übertragen worden, Lösungsmöglichkeiten für die weltweite Akzeptanz eines Einheitskaufrechts zu sondieren[10]. Diese Bemühungen führten schließlich zur Kodifikation des CISG. Dennoch ist nicht zu übersehen, daß nicht nur Grundstrukturen und maßgebliche Begriffe, sondern auch viele Detaillösungen des CISG durch seine Vorgänger geprägt wurden[11]. Allerdings handelt es sich beim CISG - im Gegensatz zu seinen Vorgängern - um ein rechtsetzendes Übereinkommen ("law making treaty"), das zur innerstaatlichen Anwendbarkeit grundsätzlich kein spezielles Transformationsgesetz seitens des nationalen Gesetzgebers benötigt, sondern

---

[1]Zur umfangreichen Entstehungsgeschichte im Überblick vgl. Caemmerer/Schlechtriem-Schlechtriem, Einl. S. 25 ff.

[2]Eine Liste der Teilnehmerstaaten befindet sich in O.R. S. 176 Nr. 3, abgedruckt in Honnold, Documentary History, S. 764.

[3]Wiener UN-Übereinkommen über Verträge über den internationalen Warenkauf vom 11.4.1980, BGBl. 1989 II, S. 588.

[4]In der Schlußabstimmung votierten 42 Staaten für die auf der Konferenz erarbeitete Fassung.

[5]Siehe Artikel 99 III, IV CISG.

[6]Einheitliches Gesetz über den internationalen Kauf beweglicher Sachen (EKG), BGBl. 1973 II, S. 886 & Einheitliches Gesetz über den Abschluß internationaler Kaufverträge über bewegliche Sachen (EAG), BGBl. 1973 II, S. 919.

[7]Belgien, Bundesrepublik Deutschland, Israel, Italien, Luxemburg, Niederlande, San Marino; Gambia und Großbritannien ratifizierten unter dem Vorbehalt, daß das Einheitskaufrecht von den Parteien gewählt werden muß, mit der Folge, daß die Haager Kaufrechte praktisch nur von Civil Law-Staaten angewendet wurden.

[8]Dazu Schlechtriem, Fachtagung, S. 30; Schmid, S. 21; Caemmerer/Schlechtriem-Schlechtriem, Einl. S. 25.

[9]Bildet mittlerweile die zentrale Institution der handelsrechtlichen Rechtsvereinheitlichung.

[10]Schlechtriem, Fachtagung, S. 30 ff.; Bianca/Bonell-Bonell, Introduction Anm. 1.3.

[11]Caemmerer/Schlechtriem-Schlechtriem, Einl. S. 25; Honnold, Uniform Law, Artikel 7 Rn. 87.

mit völkerrechtlicher Geltung unmittelbar innerstaatlich anwendbar ist ("self-executing treaty")[12].

Gemäß Artikel 99 I des Übereinkommens ist dieses am 1.1.1988 völkerrechtlich in Kraft getreten und gilt seit dem 1.1.1991 auch in der Bundesrepublik Deutschland[13].
Das CISG findet grundsätzlich auf alle Verträge, die Warenlieferungen zum Gegenstand haben[14], einen bestimmten Bezug zu den Vertragsstaaten aufweisen und nach dem 1.1.1991 abgeschlossen wurden Anwendung, soweit es nicht von den Parteien abbedungen wurde (Artikel 6 CISG).

Das Übereinkommen gilt mittlerweile in 57 Staaten[15] und entwickelt sich, ungeachtet politischer und wirtschaftlicher Divergenzen zwischen Nationen unterschiedlichster Regierungs-, Staats- und Wirtschaftsformen, mehr und mehr zu einem einheitlichen "Weltkaufrecht"[16].

2. Ziele und Vorzüge des CISG
Durch das CISG sind die Grundregeln für internationale Warenkaufverträge, die im weltweiten Handel wichtigste Art des Austauschvertrages, in den Vertragsstaaten materiell vereinheitlicht worden. Das Ziel der, unter Berücksichtigung der verschiedenen Gesellschafts-, Wirtschafts- und Rechtsordnungen gefundenen Bestimmungen liegt darin, den internationalen Handel zu fördern und bestehende rechtliche Hindernisse zu beseitigen[17].

Durch die Schaffung einheitlichen Sachrechts für den internationalen Warenkauf können Komplikationen verringert werden, die aus der Unsicherheit bei der Bestimmung des anwendbaren Rechts und der Anwendung fremder Rechtsordnungen bei den nationalen Gerichten resultieren[18].
Mittels der materiell vereinheitlichten Normen wird die Rechtssicherheit im internationalen Handel dahingehend gefördert, daß diese von allen Vertragsstaaten als feststehendes materielles Recht angewendet werden, ohne daß es eines

---

[12]Voraussetzung hierfür ist aber, daß das Verfassungsrecht bzw. die herrschende Rechtspraxis des jeweiligen Staates sich zu diesem Prinzip bekennt. Näheres siehe z.B. Diedrich, S. 134 ff. (auch zu den daraus drohenden Auslegungsdivergenzen); Botzenhardt, S. 46 f.
[13]Bek. v. 23.10.1990, BGBl. II, S. 1477.
[14]Zu den vom Anwendungsbereich ausgeschlossenen Veräußerungsgeschäften siehe Artikel 2 CISG.
[15]Stand Mai 2000.
[16]Bernstein/ Lookofsky, S. 1; Höß, S. 2.
[17]Siehe Präambel des Übereinkommens; dazu Ryan, Tulane J. of Int'l & Comp. Law, 4 (1995), S. 99 f.
[18]Honnold, Fachtagung, S. 116; Reinhart, Einl. Rn. 4; Kropholler, Einheitsrecht, S. 11; Karollus, S. 9.

grundsätzlichen Rückgriffs auf die Kollisionsnormen der nationalen Rechtsordnungen bedarf. Somit wird die Gefahr des "forum shopping" weitestgehend gebannt, da sich die Suche nach dem günstigeren Recht erübrigt[19].
Darüber hinaus wird der nationale Richter durch die Schaffung nationalen Einheitsrechts grundsätzlich von der Pflicht entbunden, fremdes Recht anzuwenden. Dies führt nicht nur dazu, daß die Rechte und Pflichten der Parteien vorhersehbarer sind, sondern gegebenenfalls auch zu einer Verringerung der Prozeßkosten, da die Beibringung von kostspieligen Rechtsgutachten bezüglich des ausländischen Rechts entfällt[20].
Auch die, im Gegensatz zu einigen nationalen Kaufrechten[21], vorherrschenden klaren und übersichtlichen Regelungen des CISG, fördern die Transparenz hinsichtlich der Bestimmbarkeit der Rechte und Pflichten der Parteien und tragen somit einem essentiellen Bedürfnis der Kaufleute Rechnung[22].

Mit dem CISG wurde ein neues, international ausgehandeltes, einheitliches Kaufrecht kodifiziert, das speziell auf die Besonderheiten des grenzüberschreitenden Warenkaufs zugeschnitten ist. Es hält als neutrales Recht, das im Rahmen der Kompromißfindung weitestgehend von Eigenarten und Mißständen nationaler Kaufrechte befreit wurde, angemessene und interessengerechte Regelungen bereit und ist somit geeignet den zwischenstaatlichen Handelsverkehr zu erleichtern und zu fördern[23].

In diesem Zusammenhang sollte auch die Relevanz des CISG als internationaler Integrationsfaktor[24] nicht unerwähnt bleiben. So wird das CISG als Modell für Reformen des innerstaatlichen Warenkaufrechts herangezogen[25] und zeigt bereits großen Einfluß auf moderne Kodifikationen des Zivilrechts, wie z.B. das niederländische Burgerlijk Wetboek[26]. Auch die Principles of International Commercial Contracts von UNIDROIT[27] (UNIDROIT-Principles)[28] und die

---

[19]Diedrich, S. 23; zu der verbleibenden Gefahr aufgrund der prozessualen Unterschiede in den verschiedenen Rechtsordnungen, siehe Hartwieg, ZVerglRW 1993, 282 ff.
[20]Es gilt der Grundsatz "iura novit curia"; dazu Diedrich, S. 24 ff.; Kropholler, Einheitsrecht, S. 11; zur Rechtslage im deutschen Zivilprozeßrecht siehe Stein/Jonas-Leipold, § 293 Rn. 6&12.
[21]Siehe insbesondere das komplizierte deutsche Gewährleistungsrecht des BGB (ggf. modifiziert durch das HGB) oder das schweizerische Obligationenrecht.
[22]Corvaglia, S. 125; Kropholler, Einheitsrecht, S. 10; Diedrich, S. 24.
[23]Diedrich, S. 24; Corvaglia, S. 125; Reinhart, Einl. Rn. 4; Caemmerer/Schlechtriem-Herber, Präambel Rn. 5.
[24]Dazu Diedrich, S. 27 ff.; Herber, RIW 1995, S. 503.
[25]Siehe hierzu den Abschlußbericht der deutschen Schuldrechtskommission zur Überarbeitung des Schuldrechts, hrsg. vom Bundesminister der Justiz (1992).
[26]Siehe Caemmerer/Schlechtriem-Schlechtriem, Einl., S. 31 f.; so hat auch Rußland das Vertragsabschlußrecht des CISG weitgehend übernommen, vgl. Artikel 432 ff. ZGB.
[27]Institut international pour l'unification du droit prive.

Principles of European Contract Law der Kommission für Europäisches Vertragsrecht (Lando-Principles)[29] haben sich am CISG orientiert[30].

Künftig könnte dem CISG auch im Rahmen des europäischen Integrationsprozesses Bedeutung zukommen. Die sich innerhalb der EU vollziehende Angleichung des innerstaatlichen Zivilrechts der Mitgliedstaaten findet bisher primär durch sekundäres Gemeinschaftsrecht statt (Artikel 249 III EGV[31])[32]. So hat das CISG bereits für die EG-Richtlinie zu bestimmten Aspekten des Verbrauchsgüterkauf und der Garantien für Verbrauchsgüter[33] als Leitbild fungiert[34]. Auf dem weiten Weg zu einer möglichen Kodifikation eines europäischen Zivilgesetzbuches[35], könnte das Übereinkommen als einheitliches Kaufrecht - das bereits von der Mehrheit der EG-Mitgliedstaaten ratifiziert wurde[36] - als richtungsweisende Basis dienen[37].

3. Einheitliche Auslegung und Anwendung des CISG

Alle Bemühungen, die einheitlichen Sachnormen möglichst eindeutig und neutral zu verfassen, vermögen es allerdings nicht zu verhüten, daß diese der Auslegung bedürfen[38]. Probleme können sich auch daraus ergeben, daß das CISG ein Teil des nationalen Rechts der Vertragsstaaten bildet, das ansonsten unvereinheitlicht und teilweise sehr divergent ist.

Allein die Normierung eines international einheitlichen Gesetzestextes führt nicht auch automatisch zu einer internationalen Rechtseinheit hinsichtlich der Auslegung und Anwendung des materiellen Einheitsrechts und damit zu einem

---

[28] Abgedruckt in IPRax 1997, S. 205 ff.

[29] Siehe Commission on European Contract Law, Principles of European Contract Law Part I and II, edited by Ole Lando and Hugh Beale, Den Haag 2000.

[30] Bonell, Uniform Law Review 1996, S. 30.

[31] Vertrag zur Gründung der Europäischen Gemeinschaften in der durch den Vertrag von Amsterdam vom 2.10.1997 geänderten Fassung, der am 1.5.1999 in Kraft getreten ist (BGBl. 1999 II, S. 296). Die nachfolgend im Rahmen dieser Abhandlung zitierten Artikel des EGV beziehen sich alle, soweit nicht anders angegeben, auf die Numerierung der Fassung von Amsterdam.

[32] z.B. Richtlinie 97/7/EG über den Verbraucherschutz bei Vertragsabschlüssen im Fernabsatz vom 20. Mai 1997, ABl. EG 1997 Nr. L 144/19.

[33] Richtlinie 99/44/EG vom 25.5.1999, ABl. EG 1999 Nr. L 171/12.

[34] Auf die Konkurrenz dieser Richtlinie zum CISG wird nicht näher eingegangen; gemäß Artikel 2 a) CISG gilt diese grundsätzlich nicht für Waren für den persönlichen Gebrauch. Näheres siehe Magnus, ZEuP 1999, S. 645 ff.

[35] Siehe die Entschließung des Europäischen Parlaments, ABl. EG Nr. C 158/400 vom 26.6.1989; dazu Drobnig, in FS Steindorff, S. 1141 ff.

[36] Ausgenommen sind Großbritannien, Irland und Portugal.

[37] Diedrich, S. 27 f.

[38] Allgemein Riese, RabelsZ 26 (1961), S. 607.

internationalen Entscheidungseinklang innerhalb der Vertragsstaaten. Eine echte Rechtsvereinheitlichung und daraus resultierende Rechtssicherheit kann aber gerade nur erreicht werden, wenn auch eine Einheitlichkeit in der Gerichtspraxis der Vertragsstaaten bezüglich der Anwendung des Übereinkommens besteht[39]. Dieses Problem ist so alt wie das internationale Einheitsrecht selbst und beschäftigt seit seiner Entstehung Literatur und Wissenschaft[40].

Auf der anderen Seite können und sollten aufgrund der bestehenden nationalen Unterschiede der Rechtsordnungen in die das CISG eingebettet wurde aber auch keine überzogenen Erwartungen an den Vereinheitlichungseffekt dieses Übereinkommens gestellt werden. Probleme, die aus divergierenden Prozeßrechten und nationalem Sachrecht, das subsidiär zur Anwendung gelangen kann, resultieren, vermag das CISG nicht zu überwinden.

Mangels einer supranationalen Rechtsprechungsinstanz müssen die Vorschriften des CISG durch die nationalen Gerichte und Schiedsgerichte der Vertragsstaaten angewendet werden.
Mithin besteht die Gefahr, daß die Ziele des Übereinkommens durch nationale Sichtweisen bei der Auslegung und Anwendung der Vorschriften vereitelt werden[41]. Einen gesteigerten Risikofaktor stellt in diesem Zusammenhang die hohe und stetig zunehmende Anzahl der Vertragsstaaten des Übereinkommens dar, die den unterschiedlichsten Rechts-, Wirtschafts- und politischen Systemen angehören.

Als Beispiel für eine derartige Gefahrenquelle kann die Bestimmung der "angemessenen" Rügefrist ("reasonable time") i.S.d. Artikel 39 I CISG dienen.
Die Gefahr der Auslegungsdivergenz resultiert hier daraus, daß einige nationale Rechtsordnungen der Vertragsstaaten eher kurze Rügefristen vorsehen[42], andere hingegen traditionell auch eine längere Rügefrist noch als "angemessen" bewerten[43]. Würden die nationalen Richter zur Bestimmung der "angemessenen Frist" i.S.d. Artikel 39 I CISG die ein oder andere nationale Sichtweise unbesehen übernehmen, würde dies unweigerlich zu Auslegungsdivergenzen innerhalb der Vertragsstaaten führen[44].

---

[39]Karollus, S. 11; Kramer, JBl 1996, S. 138.

[40]Siehe Enderlein, AW-Recht im Außenhandel Nr. 98/1987, S. 1 ff.; Bayer, RabelsZ 20 (1955), 603 ff.; Kropholler, Einheitsrecht, S. 258 ff.; Honnold, Fachtagung, S. 115 ff.

[41]Honnold, Fachtagung, S. 116; dazu Ryan, Tulane J. of Int'l & Comp. Law, 4 (1995), S. 99 ff.

[42]Vor allem Österreich, die Schweiz und die Bundesrepublik Deutschland.

[43]So z.B. das amerikanische, französische und niederländische Recht.

[44]Darauf weist auch die Entscheidung des Obergerichts Kanton Luzern vom 8.1.1997 (11 95 123/357, unveröffentlicht), UNILEX, E.1997-2 hin; Caemmerer/Schlechtriem-Schwenzer, Artikel 39 Rn. 17. Zur Gerichtspraxis unten Teil IV 4 b) bb).

Auch aufgrund der gravierenden Unterschiede zwischen den Rechtsordnungen der Common Law- und Civil Law-Kulturen drohen divergierende Entscheidungen und eine daraus resultierende faktische Rechtszersplitterung[45]. Probleme können sich zudem auch daraus ergeben, daß bereits die Frage, ob eine Vorschrift überhaupt auslegungsbedürftig ist, unterschiedlich beurteilt wird.

Eine uneinheitliche Auslegung und Anwendung stellt somit die größte Bedrohung für die Verwirklichung internationaler Rechtseinheit durch Einheitsrecht, die Akzeptanz und den daraus resultierenden Erfolg des CISG in der Praxis dar[46].
Um dieser Gefahr entgegenzuwirken wurden in Artikel 7 I CISG die grundlegenden Regelungen für die Auslegung und Anwendung des Übereinkommens niedergelegt.

"In the interpretation of this Convention, regard is to be had to its international character and to the need to promote uniformity in its application (...)"[47]

Damit normiert die Vorschrift ein doppeltes Auslegungsziel: zum einen, daß bei der Auslegung des UN-Kaufrechts der "internationale Charakter" des Übereinkommens beachtet wird, zum anderen die Notwendigkeit die "einheitlichen Anwendung" zu fördern zu berücksichtigen. Hierbei handelt es sich um ein Prinzip, das auch in anderen rechtsvereinheitlichenden Übereinkommen zum Ausdruck kommt[48].

Die große Bedeutung des Artikel 7 I CISG resultiert daher aus seinem Bestreben, durch die Normierung von Auslegungszielen trotz mangelnder supranationaler Rechtsprechungsinstanz die Rechtseinheit und internationale Rechtssicherheit innerhalb der Vertragsstaaten zu gewährleisten[49].

4. Gang der Untersuchung

Über 10 Jahre nach dem völkerrechtlichen Inkrafttreten des CISG stellt sich die Frage, ob sich die Gerichte der Vertragsstaaten tatsächlich auf dem Weg einer

---

[45]Siehe dazu Galston/Smit, § 2.03, 2-6.

[46]So auch Volken, in Dubrovnik Lectures, S. 39 f; Cook, 50 U.Pitt.L.Rev (1988), S. 198; Diedrich, S. 37 m.w.N.

[47]Auf die materiell-rechtliche Anweisung des Artikel 7 I CISG bei der Auslegung die "Wahrung des guten Glaubens im internationalen Handel" zu fördern wird im Rahmen dieser Arbeit nicht näher eingegangen.

[48]z.B. Artikel 7 UN-Verjährungsübereinkommen (1974), V UNCITRAL-Yearbook (1974) S. 209 ff. (wurde von der Bundesrepublik Deutschland bisher nicht gezeichnet).

[49]Staudinger-Magnus, Artikel 7 CISG Rn. 3; Honsell-Melis, Artikel 7 CISG Rn. 2; Karollus, S. 11.

einheitlichen Auslegung und Anwendung des Übereinkommens befinden oder, ob die Rechtsprechung zum CISG vielmehr von Divergenzen geprägt ist.

Die nachfolgende Abhandlung wird sich näher mit der theoretischen Bedeutung und praktischen Umsetzung der zentralen und problematischen Vorschrift des Artikel 7 I CISG befassen. Die Arbeit gliedert sich in vier Abschnitte.

Als Ausgangspunkt wird auf die von Artikel 7 I CISG vorgegebenen Auslegungsziele hinsichtlich der einheitlichen Anwendung des Übereinkommens eingegangen und die maßgebliche Auslegungsmethodik ermittelt.

Im Anschluß daran soll im zweiten Abschnitt die praktische Umsetzung dieser Vorschrift im Wege einer empirischen Untersuchung überprüft werden.

Im dritten Abschnitt wird auf die zu einzelnen Vorschriften des Übereinkommens ergangene Rechtsprechung eingegangen und auf tatsächliche Divergenzen bei der Auslegung und Anwendung des Übereinkommens untersucht. Die Darstellung der insoweit bisher ergangenen Rechtsprechung zum CISG soll der Praxis als "Handbuch" dienen, sich gezielt zu den behandelten Problembereichen einen Überblick über die bereits bestehende Gerichtspraxis zu verschaffen.

Abschließend sollen Wege aufgezeigt werden, die eine einheitliche Anwendung des CISG praxisgerecht ermöglichen bzw. fördern können.

II. Artikel 7 I CISG

1. Entstehungsgeschichte des Artikel 7 I CISG

Eine dem Artikel 7 I CISG direkt entsprechende Vorschrift war im Vorgänger des CISG, dem Haager Einheitskaufrecht, nicht enthalten. Dennoch ließ sich auch aus Artikel 2[50] und 17 EKG[51] bereits indirekt der Grundsatz ableiten, daß das Haager Einheitskaufrecht grundsätzlich unabhängig von nationalen Konzepten und Definitionen autonom ausgelegt werden sollte[52]. Diese beiden die Anwendung des EKG betreffenden Vorschriften wurden im Laufe der Vorbe-

---

[50]Artikel 2 lautet: "Soweit dieses Gesetz nicht etwas anderes bestimmt, sind bei seiner Anwendung die Regeln des internationalen Privatrechts ausgeschlossen".

[51]Artikel 17 lautet: "Fragen, die ein in diesem Gesetz geregeltes Rechtsgebiet betreffen, aber durch dieses Gesetz nicht ausdrücklich entschieden werden, sind nach den allgemeinen Grundsätzen zu entscheiden, die diesem Gesetz zugrunde liegen".

[52]Bianca/Bonell-Bonell, Artikel 7, Anm. 1.2.

reitungsarbeiten des CISG kontrovers diskutiert und in dieser Form nicht in das CISG übernommen[53].
Allerdings bestand der Wunsch, das Postulat einheitlicher Auslegung, das im Rahmen des Artikel 17 EKG bisher keine Erwähnung gefunden hatte, im zukünftigen Übereinkommen ausdrücklich zu normieren.
Die generelle Einigung, Artikel 17 EKG dahingehend zu modifizieren, wurde auf Drängen der UNCITRAL bereits frühzeitig erzielt[54]. Die heutige Fassung des Artikel 7 I CISG geht auf Artikel 6 des New Yorker Entwurfs von 1978[55] zurück und ist entsprechenden Vorschriften früherer UNCITRAL-Übereinkommen nachgebildet[56].

2. Auslegungsziele

Bei der Ermittlung des Sinngehaltes der Vorschriften des CISG muß gemäß Artikel 7 I CISG sowohl der internationale Charakter des Übereinkommens, als auch die Notwendigkeit der Förderung der einheitlichen Anwendung berücksichtigt werden. Mittels dieser Auslegungsgrundsätze, die auch für die Anwendung des Übereinkommens gelten[57], soll ein Heimwärtsstreben der nationalen Gerichte unterbunden und der drohenden Gefahr des "forum shopping" entgegengewirkt werden[58].

a) Berücksichtigung des internationalen Charakters

Mit dem Gebot, den internationalen Charakter des Übereinkommens zu berücksichtigen, soll verhindert werden, daß die nationalen Gerichte bei der Auslegung des Übereinkommens auf nationalrechtlich geprägte Denkfiguren und Vorstellungen zurückgreifen[59]. So wäre es etwa verfehlt, unbesehen davon auszugehen, daß sich der "contract of sale" im Sinne des CISG und der "Kaufvertrag" gemäß § 433 BGB entsprechen[60].

---

[53]Dazu Caemmerer/Schlechtriem-Herber, Artikel 7 CISG Rn. 1; Diedrich, S. 131.
[54]Vgl. Working Group on the International Sale of Goods: report on the work of the second session, II UNCITRAL-Yearbook (1971), S.62; Bianca/Bonell-Bonell, Artikel 7, Anm. 1.4.; Unstimmigkeiten traten lediglich hinsichtlich der Einführung des Prinzips des guten Glaubens auf.
[55]1978 UNCITRAL Draft Convention on Contracts for the International Sale of Goods, O.R. S. 5 ff., abgedruckt in Honnold, Documentary History, S. 382 ff.
[56]Siehe bereits oben I 3.
[57]Honsell-Melis, Artikel 7 CISG Rn. 3; Herber/Czerwenka, Artikel 7 Rn. 3.
[58]Galston/Smit, § 2.03, 2-6; Liguori, ZEuP 1996, S. 602.
[59]Secretariat Commentary, Artikel 6 Anm. 1, O.R. S. 17, abgedruckt in Honnold, Documentary History, S. 407 f.; Honnold, Uniform Law, Artikel 7 Rn. 87; Piltz, Internationales Kaufrecht, § 2 Rn. 169; Ferrari, Ga.J.I.Comp.L. 24 (1994-1995), S. 200; Caemmerer/Schlechtriem-Herber, Artikel 7 Rn. 13; Staudinger-Magnus, Artikel 7 CISG Rn. 12.
[60]Dazu Höß, S. 7.

Das CISG ist ein internationales Übereinkommen, das aufgrund von Verhandlungen zahlreicher Staaten unterschiedlichster Rechtsordnungen zustandegekommen und als das Ergebnis zahlreicher Kompromisse anzusehen ist[61]. Bereits aus der Entstehungsgeschichte des CISG ergibt sich daher die Notwendigkeit, das Übereinkommen primär, unabhängig von der Art seiner Transformation, als internationales Rechtsvereinheitlichungsübereinkommen autonom auszulegen[62]. Dies bedeutet, daß das Übereinkommen aus sich selbst heraus, ohne Rückgriff auf nationale Begriffe oder Verständnisse zu interpretieren ist[63]. Dieses Gebot ergibt sich mittelbar auch aus Artikel 7 II CISG, der einen Rückgriff auf das Kollisionsrecht des Forum-Staates zur Ermittlung der *lex causae* nur dann als *ultima ratio* zuläßt, wenn eine den allgemeinen Grundsätzen des CISG entsprechende Entscheidung nicht möglich ist[64]. Das CISG ist daher nicht als eine Rechtsquelle anzusehen, die das nationale Recht vervollständigt, sondern bildet eine autonome, im Rahmen seines Anwendungsbereichs eigenständige Rechtsordnung[65].

Dieser Grundsatz hat bereits in mehreren Entscheidungen zum CISG Erwähnung gefunden[66]. So hat z.B. der *Bundesgerichtshof (BGH)* in einer Entscheidung angeführt, daß bei der Auslegung des Übereinkommens nicht auf Vorschriften und spezielle Prinzipien des deutschen Rechts zurückgegriffen werden dürfe[67]. Hier hatte die Berufungsinstanz - dem deutschen Recht entsprechend - zwischen Schlecht- und Falschlieferung einer nicht vertragsgemäßen Ware dif-

---

[61]Caemmerer/Schlechtriem-Herber, Artikel 7 Rn. 11; Bianca/Bonell-Bonell, Artikel 7, Anm. 2.2.2.; Honsell-Melis, Artikel 7 CISG Rn. 5; Diedrich, S. 140; Liguori, ZEuP 1996, S. 602.

[62]Staudinger-Magnus, Artikel 7 CISG Rn. 12; Bianca/Bonell-Bonell, Artikel 7, Anm. 2.2.2.; Caemmerer/Schlechtriem-Herber, Artikel 7 Rn. 11; Karollus, S. 11; Honsell-Melis, Artikel 7 CISG Rn. 5; Herber/Czerwenka, Artikel 7 Rn. 4; Piltz, Internationales Kaufrecht, § 2 Rn. 169; Kaczorowska, S. 58; BGH - 3.4.1996, RIW 1996, S. 594 (595); einschränkend Ferrari, RDAI/IBLJ 4/5 1998, S. 497 ff.

[63]Bianca/Bonell-Bonell, Artikel 7, Anm. 2.2.2.; Staudinger-Magnus, Artikel 7 CISG Rn. 12; so auch ausdrücklich Gerichtspräsident von Laufen - 7.5.1993, UNILEX, E.1993-15.

[64]Liguori, ZEuP 1996, S. 603; Staudinger-Magnus, Artikel 7 CISG Rn. 12.

[65]Galston/Smit, § 2.03, 2-6, Liguori, ZEuP 1996, S. 602; so auch Tribunal Cantonal Valais - 29.6.1994, UNILEX, E.1994-16.1.

[66]z.B. ICC Court of Arbitration, Case No. 6653/1993, UNILEX, D.1993-1; Gerichtspräsident von Laufen - 7.5.1993, UNILEX, E.1993-15; OLG Frankfurt a. M. - 20.4.1994, RIW 1994, S. 593 (595); U.S. Court of Appeals - 6.12.1995 (Delchi Carrier S.p.A. v. Rotorex Corp.), 71 F.3d (1995), S. 1024 (1028); Cour de Cassation - 17.12.1996, UNILEX, D.1996-11; U.S. District Court - 17.5.1999 (Medical Marketing International, Inc. v Internazionale Medico Scientifica, S.r.l.), http://cisgw3.law.pace/edu/cases/990517ul.html.

[67]BGH - 3.4.1996, RIW 1996, S. 594 (595); entsprechend auch U.S. Court of Appeals - 29.6.1998 (MCC-Marble Ceramic Center, Inc. v. Ceramica Nuova D' Agostino, S.p.A.), 144 F.3d (1998); S.1384 (1391), hinsichtlich der Anwendbarkeit der amerikanischen parol evidence rule im Anwendungsbereich des CISG (näheres dazu unten Teil IV 2 c)).

ferenziert und unzulässigerweise Grundsätze des deutschen Rechts auf das CISG übertragen.
Entsprechend hat auch das *OLG Karlsruhe* festgestellt, daß der Begriff der "Vertragswidrigkeit" i.S.d. Artikel 35 CISG losgelöst von national geprägten Vorstellungen zu verstehen ist[68]. Deutschrechtliche Begriffe wie "Fehler" bzw. "zugesicherte Eigenschaft" seien nicht auf das CISG übertragbar.

Im Rahmen der Ausarbeitung des Gesetzestextes des Übereinkommens wurde dementsprechend versucht, möglichst neutrale Begriffe zu verwenden, um einer Assoziation mit nationalen Denkmodellen entgegenzuwirken und ein gemeinsames Verständnis zu erreichen[69].
Der Grundsatz der autonomen Auslegung gilt aber auch dann, wenn Begriffe aus einer nationalen Rechtsordnung in das CISG übernommen wurden[70], es sei denn, diese wurden ersichtlicherweise gezielt verwendet, um die nationale Bedeutung auf das CISG zu übertragen[71]. Verweist das Übereinkommen selbst auf nationales Recht[72] ist eine autonome Interpretation insoweit ausnahmsweise ausgeschlossen[73]. Diesbezüglich müssen divergierende Ergebnisse hingenommen werden.

Ziel des Artikel 7 I CISG ist demnach die Herausbildung autonomer Rechtsbegriffe, um eine einheitliche Anwendung des Übereinkommens durch die nationalen Richter unterschiedlichster Rechtsordnungen und Rechtstraditionen zu gewährleisten.

b) Förderung einheitlicher Anwendung
Die einheitliche Anwendung des CISG in allen Vertragsstaaten ist als das oberste Ziel des Übereinkommens anzusehen, das notwendigerweise aus dem Zweck der Rechtsvereinheitlichung folgt[74]. Dieser in Artikel 7 I CISG niedergelegte Grundsatz ist unmittelbar mit dem oben diskutierten Auslegungsziel, den internationalen Charakter des Übereinkommens zu berücksichtigen, verbunden. Nur

---

[68]OLG Karlsruhe - 25.6.1997, RIW 1998, S. 235 (237).
[69]Enderlein, AW-Recht im Außenhandel Nr. 98/1987, S. 4; Bianca/Bonell-Bonell, Artikel 7, Anm. 2.2.2.; Höß, S. 8.
[70]z.B. wurde Artikel 47 CISG inspiriert durch das Institut der Nachfrist im deutschen Recht, siehe Audit, Lex Mercatoria and Arbitration, S. 151&154; Schlechtriem, Fachtagung, S. 36.
[71]Staudinger-Magnus, Artikel 7 CISG Rn. 13; Caemmerer/Schlechtriem-Herber, Artikel 7 CISG Rn. 113; Kramer, JBl 1996, S. 142 f. Zu der Übertragbarkeit der amerikanischen Rechtsprechung zum UCC siehe U.S. Court of International Trade - 24.10.1989 (Orbissphere Corporation v. U.S.) , 726 Federal Supplement (1990), S.1344 (1355).
[72]z. B. Artikel 28 CISG.
[73]Staudinger-Magnus, Artikel 7 CISG Rn. 13.
[74]Ferrari, Ga.J.I.Comp.L. 24 (1994-1995), S. 203; Cook, U.Pitt.L.Rev. 50 (1988), S. 216; Caemmerer/Schlechtriem-Herber, Artikel 7 CISG Rn. 14.

eine autonome Interpretation kann überhaupt zu einer einheitlichen Anwendung des CISG führen[75]. Allerdings reicht diese für die Gewährleistung der einheitlichen Anwendung des CISG z.B. dann nicht aus, wenn die Konvention selbst Anlaß zu unterschiedlichen autonomen Interpretationen gibt[76].
Die Maxime des internationalen Entscheidungseinklangs kann daher nur erreicht werden, wenn die für die Anwendung des CISG zuständigen nationalen Gerichte die Gerichtspraxis und gegebenenfalls auch die Literatur der anderen Vertragsstaaten berücksichtigen[77].
Somit obliegt dem nationalen Richter nicht nur die Bürde, die Vorschriften des CISG losgelöst von nationalen Denkmodellen autonom auszulegen, sondern darüber hinaus die Anwendungspraxis sowohl der eigenen nationalen Gerichte, als auch von 56 weiteren Vertragsstaaten zu berücksichtigen. Zweifellos führt dieses Gebot zu Problemen bei der praktischen Umsetzung, die zum einen aus der Schwierigkeit der Auffindung und Zugänglichkeit maßgeblicher ausländischer Entscheidungen, zum anderen aus etwaigen sprachlichen Barrieren resultieren[78]. So berücksichtigen zahlreiche Urteile lediglich Entscheidungen der Gerichte des eigenen Staates[79] - oftmals allerdings auch solche zum nationalen Recht - nicht aber fremde Rechtsprechung[80].

Abgesehen davon muß der das CISG anwendende nationale Richter theoretisch stets damit rechnen, daß das von ihm gefällte Urteil von den Gerichten anderer Vertragsstaaten zu Rate gezogen wird. Somit ist von besonderer Bedeutung, daß der Richter eine gut begründete Interpretation liefert, die anderen Gerichten tatsächlich als Auslegungshilfe dienen kann[81]. Der nationale Richter sollte dem-

---

[75]Bianca/Bonell-Bonell, Artikel 7, Anm. 2.2.2.; Ferrari, Ga.J.I.Comp.L. 24 (1994-1995), S. 204.

[76]Ferrari, Ga.J.I.Comp.L. 24 (1994-1995), S. 204; Enderlein/Maskow/ Strohbach, Artikel 7 Anm. 4; Kaczorowska, S. 57.

[77]Staudinger-Magnus, Artikel 7 CISG Rn. 21; Bianca/Bonell-Bonell, Artikel 7, Anm. 3.1.3.; Herber/Czerwenka, Artikel 7 Rn. 5; Caemmerer/Schlechtriem-Herber, Artikel 7 CISG Rn. 14; Ferrari, Ga.J.I.Comp.L. 24 (1994-1995), S. 204; Cook, U.Pitt.L.Rev. 50 (1988), S. 226; Schlechtriem, Länderberichte, S. 146; Kramer, JBl 1996, S. 141.

[78]Dazu Kritzer, Review CISG (1995), S. 168; Ferrari, Ga.J.I.Comp.L. 24 (1994-1995), S. 205.

[79]Dies betrifft insbesondere die Urteile der deutschen Gerichte, siehe Ferrari, RDAI/IBLJ 4/5 1998, S. 499 m.w.N.

[80]So aber Tribunale Civile di Cuneo - 31.1.1996 (45/96, unveröffentlicht), UNILEX, D.1996-3; Hamburger freundschaftliche Arbitrage - 29.12.1998, NJW-RR 1999, S. 780 ff.; U.S. District Court - 17.5.1999 (Medical Marketing International, Inc. v Internazionale Medico Scientifica, S.r.l.), http://cisgw3.law.pace/edu/cases/990517ul.html. Bestrebungen hat auch der U.S. Court of Appeals - 29.6.1998 (MCC-Marble Ceramic Center, Inc. v. Ceramica Nuova D' Agostino, S.p.A.), 144 F.3d (1998), S.1384 (1389, Fn.14) gezeigt; OGH - 15.10.1998, JBl 1999, S. 318 (320); Schweizerisches Bundesgericht - 28.10.1998 (4C.179/1998, unveröffentlicht), zusammenfassend SZIER 1999, S. 179 (180).

[81]Amato, 13 J.L.&Com (1993), S. 28.

nach stets darauf bedacht sein, daß sein Urteil auch auf internationaler Ebene Akzeptanz findet[82].

Anläßlich dieser hohen Anforderungen an den nationalen Richter stellt sich die Frage, inwieweit dem Grundsatz der einheitlichen Anwendung in der Praxis tatsächlich Rechnung getragen wird[83] bzw. werden kann. Auf diese Fragen wird zu einem späteren Zeitpunkt näher eingegangen[84].

3. Auslegungsmethoden

Artikel 7 I CISG nennt zwar die Ziele der Auslegung, schweigt aber weitgehend über die Methode der Auslegung[85].

Auch hinsichtlich der Auslegungsmethoden verbietet das Gebot der autonomen und einheitlichen Auslegung des Übereinkommens sowie die *ratio* des Artikel 7 II CISG grundsätzlich einen unreflektierten Rückgriff auf national geprägte Auslegungsmethoden[86]. Der angestrebte internationale Entscheidungseinklang läßt sich nur erreichen, wenn auch eine Einheitlichkeit des methodischen Vorgehens innerhalb der Vertragsstaaten besteht.
Mit dieser Zielsetzung wäre es nicht zu vereinbaren, wenn sich die nationalen Gerichte unbesehen von ihren divergierenden nationalen Methodentraditionen leiten ließen[87]. So würde insbesondere die Übertragung der in den Common Law-Staaten vorherrschenden restriktiven Auslegungspraxis von Gesetzesrecht der *ratio* des Einheitsrechts entgegenstehen[88]. Folglich ergibt sich aus Artikel 7 I CISG das Gebot, soweit wie möglich autonome Interpretationsmethoden zu entwickeln und anzuwenden[89]. Der nationale Richter darf mithin seine nationalen Auslegungsmethoden nicht ohne weiteres bei der Auslegung des CISG einsetzen.

Eine gänzlich einheitliche Interpretationsmethode hat sich noch nicht herausgebildet. Allerdings haben sich die Grundsätze der Interpretationsmethoden inter-

---

[82]Dazu Staudinger-Magnus, Artikel 7 CISG Rn. 20.
[83]Siehe dazu auch den Bericht von Honnold, Fachtagung, S. 120 ff.
[84]Dazu unten Teil III.
[85]Caemmerer/Schlechtriem-Herber, Artikel 7 CISG Rn. 10; Karollus, S. 11; Staudinger-Magnus, Artikel 7 CISG Rn. 30; Volken, in Dubrovnik Lectures, S. 39; Ferrari, Ga.J.I.Comp.L. 24 (1994-1995), S. 200.
[86] Caemmerer/Schlechtriem-Herber, Artikel 7 CISG Rn. 19; Bianca/Bonell-Bonell, Artikel 7, Anm. 2.2.1.; Kaczorowska, S. 58; Ferrari, Ga.J.I.Comp.L. 24 (1994-1995), S. 202; einschränkend Enderlein, AW-Recht im Außenhandel Nr. 98/1987, S. 2 f.
[87]Dazu Kramer, JBl 1996, S. 141.
[88]Bianca/Bonell-Bonell, Artikel 7, Anm. 2.2.1.
[89]Magnus, RabelsZ 53 (1989), S. 123; Diedrich, S. 141; Schmid, S. 62; einschränkend Enderlein, AW-Recht im Außenhandel Nr. 98/1987, S. 2 f.

nationalen Einheitsrechts in den einzelnen Rechtsordnungen, insbesondere auch der Common Law-Staaten und Civil Law-Staaten, weitestgehend angenähert[90]. Nachfolgend werden die Grundsätze, die für die Interpretation des CISG maßgeblich sein dürften, dargestellt[91]. Soweit in diesem Zusammenhang etablierte nationale Auslegungsmethoden herangezogen werden, um Grundsätze für die Auslegung des CISG zu entwickeln, kann dies nur unter besonderer Berücksichtigung des spezifischen Vereinheitlichungszweckes von internationalem Einheitsrecht und einer dahingehenden Modifikation erfolgen[92].

a) Völkerrechtliche Auslegungsregeln der Wiener Vertragsrechtskonvention

Da es sich bei dem CISG um ein völkerrechtliches Übereinkommen handelt, könnte man in Betracht ziehen, auf die in Artikel 31 ff. der Wiener Vertragsrechtskonvention (WVK)[93] niedergelegten völkerrechtlichen Auslegungsmethoden zurückzugreifen[94].

Allerdings handelt es sich beim CISG um ein völkerrechtliches Übereinkommen, das allgemein anwendbares Recht setzt, so daß weniger der völkerrechtliche Vertragscharakter, als vielmehr die objektive Gesetzesfunktion im Vordergrund steht[95]. Das CISG regelt insbesondere Rechte und Pflichten von Käufer und Verkäufer. Die primäre Bedeutung liegt somit in der unmittelbaren Anwendung gegenüber privaten Rechtssubjekten und nicht in der Wirkung auf die Verpflichtungen der beteiligen Vertragsstaaten als Völkerrechtssubjekte.

Die Auslegungsgrundsätze der WVK sind aber gerade konzipiert, um die völkerrechtlichen Verpflichtungen der vertragschließenden Staaten zu bestimmen und betonen daher zu sehr den Willen der Vertragsstaaten, so daß sie sich für die Auslegung der materiell zivilrechtlichen Vorschriften des CISG nicht eignen[96]. Die Auslegung dieser Vorschriften hat im Hinblick auf die zu erzielende internationale Rechtsklarheit und Rechtssicherheit unabhängig vom Willen ein-

---

[90] Honnold, Fachtagung, S. 119 ff.; Staudinger-Magnus, Artikel 7 CISG Rn. 30; Caemmerer/Schlechtriem-Herber, Artikel 7 CISG Rn. 19; Diedrich, S. 93 ff.

[91] Siehe auch den Bericht von Diedrich über den UNCITRAL-Kongreß "Einheitliches Handelsrecht im 21. Jahrhundert", IPRax 1992, S. 410.

[92] Kramer, JBl 1996, S. 141; Enderlein, AW-Recht im Außenhandel Nr. 98/1987, S. 2 f.; allgemein Kropholler, Einheitsrecht, S. 236; BGH, NJW 1976 - 19.3.1976, S. 1583 (1584).

[93] Wiener Konvention über das Recht der Verträge vom 23.5.1969 (BGBl. 1985 II, S. 926 ff.), ist für die Bundesrepublik Deutschland am 20.8.1987 in Kraft getreten (BGBl. 1987 II, S. 757).

[94] Befürwortend z.B. Happ RIW 1997, S. 376 ff.

[95] Dazu Karollus, S. 13; allgemein zum "Doppelcharakter" international vereinheitlichter Rechtsnormen Bayer, RabelsZ 20 (1955), 629 f.

[96] Karollus, S. 13; Caemmerer/Schlechtriem-Herber, Artikel 7 CISG Rn. 12; Diedrich, S. 142; Volken, in Dubrovnik Lectures, S. 38 f.; Enderlein, AW-Recht im Außenhandel Nr. 98/1987, S. 3; Honnold, Uniform Law, Rn. 103.

zelner Vertragsstaaten objektiv zu erfolgen[97]. Darüber hinaus ist eine flexiblere Handhabung erforderlich, als dies bei Vorschriften, die die Verpflichtungen der Vertragsstaaten betreffen, möglich wäre[98].

Unmittelbar können Artikel 31 ff. WKV daher nur zur Auslegung der völkerrechtlichen Verpflichtungen der Vertragsstaaten in Artikel 89 ff. CISG herangezogen werden[99]. Für die Auslegung der zivilrechtlichen Vorschriften des CISG stellt Artikel 7 I CISG eigene Auslegungsgrundsätze auf, denen auch im Rahmen der Auslegungsmethode Rechnung getragen werden muß[100].
Dem widerspricht nicht, für die Entwicklung derartiger Auslegungsmethoden übertragbare völkerrechtliche Auslegungsgrundsätze mittelbar zu berücksichtigen[101]. Insbesondere kommt bei Differenzen zwischen den sechs authentischen Textfassungen des CISG die Berücksichtigung der Prinzipien des Artikel 33 WKV[102] in Betracht[103].

b) Textinterpretation
Als Ausgangspunkt für die Interpretation des Übereinkommens ist vom reinen Wortlaut und Wortsinn der maßgeblichen Vorschrift auszugehen[104]. In diesem Zusammenhang kommt dem deutschen Text, als unverbindliche Übersetzung[105], lediglich die Funktion eines Hilfsmittels zu[106]. Authentisch und gleichermaßen verbindlich sind nur die originalen Textfassungen in den sechs Vertragssprachen (arabisch, chinesisch, englisch, französisch, russisch und spa-

---

[97]Caemmerer/Schlechtriem-Herber, Artikel 7 CISG Rn. 12; Schmid, S. 62.
[98]Honnold, Uniform Law, Rn. 103.
[99]So auch Karollus, S. 13; a.A. Botzenhardt, S. 113.
[100]Volken, in Dubrovnik Lectures, S. 39; Honnold, Uniform Law, Rn. 103; Höß, S. 17.
[101]Staudinger-Magnus, Artikel 7 CISG Rn. 16; Caemmerer/Schlechtriem-Herber, Artikel 7 CISG Rn. 12; dazu auch Czerwenka, S. 34; a. A. Schlechtriem, Länderberichte, S. 139; Honnold, Uniform Law, Rn. 103; Volken, in Dubrovnik Lectures, S. 38 f.
[102]Artikel 33 WKV regelt die Auslegung von zwei- oder mehrsprachigen Verträgen.
[103]Caemmerer/Schlechtriem-Herber, Artikel 7 CISG Rn. 12; Diedrich, S. 142.
[104]Staudinger-Magnus, Artikel 7 CISG Rn. 32; Karollus, S. 13; Caemmerer/ Schlechtriem-Herber, Artikel 7 CISG Rn. 20; Piltz, Internationales Kaufrecht, § 2 Rn. 167; Magnus, RabelsZ 53 (1989), S. 123; Volken, in Dubrovnik Lectures, S. 39 f. Enderlein, AW-Recht im Außenhandel Nr. 98/1987, S. 2; Bernstein/Lookofsky, S. 20.
[105]Wurde von Regierungsvertretern der Bundesrepublik Deutschland, der Deutschen Demokratischen Republik, Österreichs und der Schweiz erarbeitet.
[106]Caemmerer/Schlechtriem-Herber, Artikel 7 CISG Rn. 21; Staudinger-Magnus, Artikel 7 CISG Rn. 18; Karollus, S. 14. Im Gegensatz dazu hatte bei den Haager Kaufgesetzen ausschließlich die Fassung der deutschen Übersetzung in der Bundesrepublik Deutschland Gesetzeskraft.

nisch)[107]. Im Wege des Vergleichs der authentischen Textfassungen können gegebenenfalls bereits erste Unklarheiten einheitlich ausgeräumt werden[108].

In der Praxis wird ein Vergleich aller Textfassungen den nationalen Richtern aufgrund der fehlenden fundierten Fremdsprachenkenntnisse kaum möglich sein. Ein umfassender Vergleich könnte somit nur im Rahmen von Rechtsgutachten durchgeführt werden, was aus Kostengründen aber kaum praktikabel sein dürfte.
Soweit also ein umfassender Vergleich aus Praktikabilitätsgründen unterbleiben muß bzw. Bedeutungsdivergenzen verbleiben, sollte man der englischen, gelegentlich auch der französischen Textfassung den Vorrang einräumen[109]. Dies scheint aufgrund des Umstandes gerechtfertigt, daß die Verhandlungen überwiegend in englischer und teilweise in französischer Sprache geführt wurden und somit dem Willen der Staatenvertreter der diplomatischen Abschlußkonferenz in Wien 1980 am nächsten kommen dürften. Darüber hinaus waren sowohl die Vorentwürfe des Übereinkommens, als auch die Formulierungsvorschläge in englischer Sprache abgefaßt[110].
So hat auch das *OLG Köln* mit Hinweis auf die englische und französische Textfassung ("supply of goods"; "fourniture de marchandises") den Begriff "Waren" im Sinne des Artikel 3 I CISG so ausgelegt, daß dieser nur bewegliche körperliche Sachen, die typischerweise den Gegenstand eines Handelskaufs bilden, umfaßt[111].

Ergänzend zur grammatikalischen Auslegung ist auch die systematische Stellung der jeweiligen Vorschrift innerhalb des Übereinkommens zu beachten[112].

c) Historische Interpretation

Ist der Wortlaut der maßgeblichen Vorschrift auch nach Heranziehung der verschiedenen Textfassungen nicht eindeutig, kommt ein Rückgriff auf die Entstehungsgeschichte des CISG als Interpretationshilfe in Betracht. Zur Ermittlung des Zwecks des Übereinkommens und des Willens der Abschlußkonferenz

---

[107] siehe Unterzeichnungsklausel des CISG.

[108] Liguori, ZEuP 1996, S. 604; Audit, Lex Mercatoria and Arbitration, S. 154; Staudinger-Magnus, Artikel 7 CISG Rn. 16; Bianca/Bonell-Bonell, Artikel 7, Anm. 3.1.3.; Enderlein, AW-Recht im Außenhandel Nr. 98/1987, S. 3; allgemein Fothergill v. Monarch Airlines Ltd. [1980] 2 All E.R. 696 (H.L.).

[109] Caemmerer/Schlechtriem-Herber, Artikel 7 CISG Rn. 22; Staudinger-Magnus, Artikel 7 CISG Rn. 17; Karollus, S. 13; Piltz, Internationales Kaufrecht, § 2 Rn. 167; Höß, S. 21.

[110] Siehe dazu Staudinger-Magnus, Artikel 7 CISG Rn. 17.

[111] OLG Köln - 26.8.1994, RIW 1994, S. 970 (971); siehe auch Caemmerer/Schlechtriem-Herber, Artikel 1 CISG Rn. 20.

[112] Staudinger-Magnus, Artikel 7 CISG Rn. 34; Karollus, S. 14; Diedrich S. 111; Schlechtriem, Länderberichte, S. 139; Kramer, JBl 1996, S. 143.

könnten die umfangreichen Vorbereitungsmaterialien[113], die sogenannten *travaux préparatoires*, untersucht werden. In diesem Zusammenhang käme auch dem Sekretariatskommentar zum New Yorker Entwurf der UNCITRAL von 1978[114] besondere Bedeutung zu, soweit dieser mit der verabschiedeten Textfassung identisch ist.
Allerdings bestehen gerade hinsichtlich der Akzeptanz dieser Interpretationsmethode Unterschiede zwischen dem Common Law- und Civil Law-Staaten. Somit stellt sich die Frage, inwieweit auf die *travaux préparatoires* bei der Auslegung des CISG zurückgegriffen werden kann.

Die Gerichte der Common Law-Staaten sind traditionell weniger gewillt, die Entstehungsgeschichte einer Norm zu berücksichtigen, als die der Civil Law-Staaten[115]. Dies gilt insbesondere für die Rechtssysteme, die unmittelbar auf dem englischen Rechtssystem aufbauen[116]. Hier gilt der Grundsatz, daß die Auslegung allein vom Wortlaut der Vorschrift her erfolgen soll (sog. literal oder plain-meaning-rule)[117].
Mit der grundlegenden Entscheidung des *House of Lords* in *Fothergill v. Monarch Airlines*[118] im Rahmen des Warschauer Abkommens[119] hat sich allerdings hinsichtlich der Auslegung internationalen Einheitsrechts eine starke Annäherung an kontinental-europäische Auslegungsmethoden vollzogen, die sich erheblich auf die Rechtsprechung anderer Common Law-Staaten ausgewirkt hat[120]. Entgegen der "literal rule" hielt das *House of Lords* es für zulässig, bei Unklarheiten der englischen Textfassung auch auf die Materialien der Entstehungsgeschichte zurückzugreifen.
Die Abkehr von der "plain-meaning-rule" bei der Auslegung internationalen Einheitsrechts zeigt sich auch in der Rechtsprechung des *U.S. Supreme Court*, der regelmäßig auf die *travaux préparatoires* einer gesetzlichen Vorschrift zurückgreift[121]. Die Einstellung der Gerichte der Vereinigten Staaten ist aber in-

[113] Der Konferenzverlauf, Vorberatungen und Vorarbeiten sind im Detail in den Official Records und den UNCITRAL-Yearbooks (I-X) dokumentiert. Die wichtigsten Dokumente sind abgedruckt in Honnold, Documentary History.
[114] Secretariat Commentary, O.R. S. 14 ff., abgedruckt in Honnold, Documentary History, S. 404 ff.
[115] Honnold, Fachtagung, S. 131 ff; Volken, in Dubrovnik Lectures, S. 39 f.; Honnold, Uniform Law, Rn. 89.
[116] Großbritannien selbst ist kein Vertragsstaat des CISG.
[117] Siehe Honnold, Uniform Law, Rn. 89 m.w.N.
[118] Fothergill v. Monarch Airlines Ltd. [1980] 2 All E.R. 696 (H.L.).
[119] Warschauer Abkommen zur Vereinheitlichung von Regeln über die Beförderung im internationalen Luftverkehr vom 12.10.1929, in der Fassung von Den Haag 1955, BGBl. 1958 II, S. 312.
[120] Honnold, Fachtagung, S. 132; Honnold, Uniform Law, Rn. 90.
[121] Insbesondere in Air France v. Sacks, 470 U.S. Reports (1985), S. 392 (400 ff.), zum Warschauer Abkommen.

soweit liberaler, als daß gelegentlich auch bei der Auslegung von nationalem Recht auf die Entstehungsgeschichte zurückgegriffen wird[122].
In den meisten Civil Law-Staaten hingegen, und somit auch in der Bundesrepublik Deutschland, ist die Berücksichtigung der Entstehungsgeschichte traditionell anerkannt[123]. So hat z.B. das *OLG Frankfurt a.M.* die *travaux préparatoires* im Rahmen der Auslegung von Artikel 35 II a) CISG für die Frage herangezogen, ob die gekaufte Ware dem Vertrag nur dann entspricht, wenn sie von durchschnittlicher Qualität ist oder es bereits ausreicht, daß die Ware handelbar (merchantable i.S.d. Common Law-Rule) ist[124].

Allerdings ist bei der Anwendung dieser Interpretationsmethode eine gewisse Vorsicht geboten. So ist bei der Konsultation der umfangreichen Materialien stets zu beachten, daß diese die gemeinsame Sichtweise der Mehrheit der Delegierten zur endgültigen Textfassung widerspiegeln müssen[125]. Auf die Äußerungen einzelner Delegierter kommt es nicht an. Der in der endgültigen Textfassung des Übereinkommens zum Ausdruck gebrachte Willen der Gesamtheit der Staatenvertreter ist somit stets vorrangig[126].

Darüber hinaus kann sich die Bedeutung einzelner Vorschriften im Laufe der Zeit den Bedürfnisse und Anschauungen der Gegenwart entsprechend verändern. Einer Weiterentwicklung muß und kann aufgrund der bewußt neutral gewählten Sprache des Übereinkommens Rechnung getragen werden. Führt eine historische Interpretation zu einer unflexiblen, den zeitlichen Veränderungen und Anforderungen des Handelsverkehrs nicht mehr entsprechenden Interpretation, muß diese Interpretationsmethode außer Betracht bleiben[127].

Des weiteren ist fraglich, inwieweit auch auf die Materialien, sowie auf Rechtsprechung[128] und Literatur zu den Haager Kaufgesetzen, zurückgegriffen wer-

---

122Honnold, Uniform Law, Rn. 90.

123Siehe Überblick bei Honnold, Fachtagung, S. 133; Caemmerer/Schlechtriem-Herber, Artikel 7 CISG Rn. 24&25; Staudinger-Magnus, Artikel 7 CISG Rn. 35; Karollus, S. 14; Liguori, ZEuP 1996, S. 605; Bernstein/Lookofsky, S. 20.

124Diese Frage konnte letztendlich dahingestellt bleiben, da die Ware jedenfalls nicht minderwertiger Qualität war, OLG Frankfurt a.M - 20.4.1994, RIW 1994, S. 593 (594); so hat auch das LG Aachen unter Hinweis auf die Konferenzen zur Erarbeitung des CISG eine autonome Bestimmung der Zinshöhe im Rahmen des Artikel 78 CISG abgelehnt, LG Aachen - 20.7.1995 (41 O 111/95, unveröffentlicht), UNILEX, E. 1995-18 (näheres hierzu unten Teil IV 4 e)).

125Magnus, RabelsZ 53 (1989), S. 124; Honnold, Uniform Law, Rn. 91. Diedrich, S. 112; Bianca/Bonell-Bonell, Artikel 7, Anm. 3.1.3; Schmid, S. 64.

126Diedrich, S. 112.

127Siehe dazu Kropholler, Einheitsrecht, S. 274; Bianca/Bonell-Bonell, Artikel 7, Anm. 3.1.3; Höß, S. 29.

128Entscheidungssammlung zu den Haager Kaufgesetzen siehe Schlechtriem/Magnus.

den kann[129]. Wie bereits festgestellt, dienten diese dem CISG als Vorlage und haben es in vielerlei Hinsicht geprägt[130]. Voraussetzung für einen derartigen Rückgriff ist zunächst, daß die auszulegende Vorschrift des CISG auf eine entsprechende Norm des Haager Kaufrechts zurückzuführen ist. Darüber hinaus ist zu beachten, daß das CISG ein neues Übereinkommen ist, das von ungleich mehr und anderen Staaten ausgearbeitet und verabschiedet wurde als sein Vorgänger[131]. Folglich kommt ein Rückgriff auf die Materialien zum EKG und EAG nur dann in Betracht, wenn feststeht, daß eine inhaltliche Übereinstimmung mit der maßgeblichen Norm gewollt war und somit die Berücksichtigung früherer Ansichten auch im Rahmen des CISG ihre Berechtigung hat[132].

d) Berücksichtigung ausländischer Rechtsprechung und Literatur

Läßt sich der Wille der Teilnehmer der Abschlußkonferenz nicht durch die bereits genannten abkommensimmanenten Interpretationsmethoden eindeutig ermitteln, sind die Rechtsprechung und subsidiär Literaturmeinungen anderer Vertragsstaaten zum CISG als externe Interpretationshilfen zu berücksichtigen[133]. Nur durch die Herausbildung einer einheitlichen Interpretation kann - wie bereits erwähnt[134] - die angestrebte Rechtseinheit verwirklicht werden und dem in Artikel 7 I CISG niedergelegten Grundsatz "to promote uniformity in its application" Rechnung getragen werden. Wichtigste Voraussetzung für den Erfolg dieser Interpretationsmethode ist, daß die Materialien für den Rechtsanwender zugänglich sind[135].

Allerdings stellt sich die Frage, mit welchem Gewicht die Berücksichtigung ausländischer Rechtsprechung zu erfolgen hat.

Hat sich zu einem Auslegungsproblem bereits eine bestimmte Entscheidungspraxis herausgebildet, könnte man dieser eine Art Präzedenzchararkter ("binding precedent") zukommen lassen[136]. Eine derartige Bindungswirkung

---

[129]Zustimmend Caemmerer/Schlechtriem-Herber, Artikel 7 CISG Rn. 24; Staudinger-Magnus, Artikel 7 CISG Rn. 35; Magnus, RabelsZ 53 (1989), S. 124; Höß, S. 27 f.

[130]Siehe oben I 1.

[131]Auf der diplomatischen Abschlußkonferenz 1964 in Den Haag waren nur 28 Staaten vertreten (davon nur fünf außereuropäische).

[132]Diedrich, S. 144; Höß, S. 28.

[133]Caemmerer/Schlechtriem-Herber, Artikel 7 CISG Rn. 14; Staudinger-Magnus, Artikel 7 CISG Rn. 21; Bianca/Bonell-Bonell, Artikel 7, Anm. 3.1.3.; Kropholler, Einheitsrecht, S. 280; Schmid, S. 65; Diedrich, S. 112; Audit, Lex Mercatoria and Arbitration, S. 154f; Ferrari, Ga.J.I.Comp.L. 24 (1994-1995), S. 204 f.; Honnold, Uniform Law, Rn. 92; Fothergill v. Monarch Airlines Ltd. [1980] 2 All E.R. 696 (H.L.); dazu auch Happ, RIW 1997, S. 379 f., der von einer dahingehenden völkervertraglichen Pflicht spricht.

[134]Siehe oben I 3.

[135]Auf etwaige Wege dies zu gewährleisten wird unten in Teil V 4 eingegangen.

[136]So Bianca/Bonell-Bonell, Artikel 7, Anm. 3.1.3 "if there is already a body of international case law"; zustimmend noch Ferrari, Ga.J.I.Comp.L. 24 (1994-1995), S. 205.

ausländischer Entscheidungen wäre aber mit der Souveränität der Vertragsstaaten unvereinbar[137]. Auf der anderen Seite besteht die Möglichkeit, das vorhandene Entscheidungsmaterial in die Entscheidungsgründe als Argumentationshilfe im Sinne einer "persuasive authority" einzubeziehen[138]. Einer bereits bestehenden einheitlichen Entscheidungspraxis in den Vertragsstaaten sollte allerdings grundsätzlich gefolgt werden[139].
So hat auch der *U.S. District Court* im Rahmen einer Entscheidung der Rechtsprechung des *BGH* eine "persuasive authority" - wenn nicht sogar Präjudizwirkung - zuerkannt und "the law as articulated by the German Supreme Court" berücksichtigt[140].

Der Grundsatz der internationalen Rechtseinheit findet allerdings seine Grenze in der Forderung nach der "richtigen" Rechtsanwendung.
Diesem Bestreben würde entgegenstehen, wenn der nationale Richter ausländische Entscheidungen - entgegen seiner Überzeugung, eine der *ratio conventionis* besser entsprechende Interpretation begründen zu können - unbesehen übernähme[141]. Darüber hinaus darf das Bestreben nach internationaler Einheitlichkeit nicht auf Kosten der Rechtsdynamik zu einer Versteinerung des Einheitsrechts führen[142]. Von einer bereits bestehenden Entscheidungspraxis sollte aber nicht ohne Angabe genauer, gewichtiger und überzeugender Gründe abgewichen werden[143]. Fehlen derartige Gründe, sollte der Rechtseinheit der Vorrang eingeräumt werden. Eine dahingehende rechtliche Pflicht besteht allerdings nicht.

Unter den bereits genannten Voraussetzungen[144] kommt auch eine Berücksichtigung der Rechtsprechung zu den Haager Kaufgesetzen in Betracht[145].

Fehlt es generell an Rechtsprechung, die zur Entscheidungsfindung herangezogen werden kann, läßt sich subsidiär ein internationaler Entscheidungseinklang

---

[137]Magnus, RabelsZ 53 (1989), S. 124.

[138]Enderlein/Maskow/Strohbach, Artikel 7, Anm. 4; Honnold, Uniform Law, Rn. 92; Amato, 13 J.L.&Com (1993), S. 28; Magnus, RabelsZ 53 (1989), S. 123; Cook, 50 U.Pitt.L.Rev (1988), S. 226; Liguori, ZEuP 1996, S. 605; Schmid, S. 65; jetzt auch Ferrari, RDAI/IBLJ 4/5 1998, S. 502 f.

[139]dazu Kramer, JBl 1996, S. 146 m.w.N.

[140]U.S. District Court - 17.5.1999 (Medical Marketing International, Inc. v. Internazionale Medico Scientifica, S.r.l.), http://cisgw3.law.pace/edu/cases/990517ul.html; näheres dazu Schlechtriem, IPRax 1999, S. 389.

[141]Siehe Kropholler, Einheitsrecht, S. 281; Kramer, JBl 1996, S. 146.

[142]Kropholler, Einheitsrecht, S. 281 f; so auch Höß, S. 31.

[143]Höß, S. 31, allgemein Kropholler, Einheitsrecht, S. 281 f.

[144]Siehe oben II 3 c).

[145]So z.B. zur Frage der konkludenten Abbedingung des EKG bereits BGH - 4.12.1985, BGHZ 96, 313 (319).

auch durch Konsultation von Literaturmeinungen der Vertragsstaaten herstellen[146].

e) Rechtsvergleichung im engeren Sinne

Fraglich ist, inwieweit bei der Auslegung des CISG als *ultima ratio* auf die "echte Rechtsvergleichung" mit unvereinheitlichtem nationalen Recht der Vertragsstaaten zurückgegriffen werden kann. Auf diesem Wege könnten Grundsätze, die allen oder den meisten nationalen Rechtsordnungen der Vertragsstaaten gemein sind, ermittelt und bei der Auslegung des CISG berücksichtigt werden[147].

In der ausländischen Literatur findet diese Interpretationsmethode keine Erwähnung. In der deutsche Literatur wird die Zulässigkeit der Heranziehung dieser Interpretationsmethode teilweise auf die Auslegung der Generalklauseln beschränkt und angeführt, daß eine grundsätzliche Berücksichtigung der Auslegung der nationalen Rechtsordnungen nicht dem Ziel des Übereinkommens entsprechen würde[148]. Auf der anderen Seite wird darauf hingewiesen, daß das CISG auf fundierten rechtsvergleichenden Vorarbeiten beruht und es sich damit um "zu Normen geronnene Rechtsvergleichung" handelt[149]. Es sei somit wünschenswert im Wege der echten Rechtsvergleichung bestehende Gemeinsamkeiten in den Rechtsordnungen der Vertragsstaaten zu ermitteln und zur Fortentwicklung des CISG beizutragen[150].

Allerdings begegnet diese Interpretationsmethode in der Praxis erheblichen Schwierigkeiten. Insbesondere aufgrund der großen Anzahl der Vertragsstaaten und der zahlreichen Publikationen erscheint die Anwendung dieser Methode schwer zu verwirklichen und kaum praktikabel[151]. Deshalb kann diese zusätzliche Bürde nicht den nationalen Gerichte obliegen, sondern muß grundsätzlich der Wissenschaft überlassen werden.

---

146 Bianca/Bonell-Bonell, Artikel 7, Anm. 3.1.3; Staudinger-Magnus, Artikel 7 CISG Rn. 21; Honnold, Uniform Law, Rn. 92; so auch Fothergill v. Monarch Airlines Ltd. [1980] 2 All E.R. 696 (H.L.) zum Warschauer Abkommen.

147 Zustimmend Diedrich, S. 144 f.; Kropholler, Einheitsrecht, S. 278.

148 Caemmerer/Schlechtriem-Herber, Artikel 7 CISG Rn. 26; Herber/Czerwenka, Artikel 7 Rn. 9; Höß, S. 32.

149 Staudinger-Magnus, Artikel 7 CISG Rn. 37.

150 Magnus, RabelsZ 53 (1988), S. 125; Staudinger-Magnus, Artikel 7 CISG Rn. 37; Diedrich, S. 145.

151 Staudinger-Magnus, Artikel 7 CISG Rn. 37; Karollus, S. 12; Magnus, RabelsZ 53 (1989), S. 125.

f) Die UNIDROIT- und Lando-Principles

Insbesondere im Rahmen der Auslegung des CISG - nachrangig auch im Rahmen der Lückenfüllung (Artikel 7 II CISG) - stellt sich die Frage, inwieweit auf Regelwerke wie die UNIDROIT-Principles oder die Lando-Principles zurückgegriffen werden darf[152]. Diese sehen selbst ihre Aufgabe darin, Auslegungshilfe für Einheitsrecht zu sein[153]. Nach der wohl überwiegenden Auffassung in der Literatur ist ein derartiger Rückgriff grundsätzlich zulässig[154]. So kann es nach der Auffassung *Bonells* hilfreich sein, für die Frage, ob ein wesentlicher Vertragsbruch i.S.d. Artikel 25 CISG vorliegt, für ein besseres Verständnis die in Artikel 7.3.1. der UNIDROIT-Principles[155] niedergelegten Kriterien heranzuziehen. Nach Auffassung von *Ferrari* darf die Konsultation der UNIDROIT-Grundsätze aber nicht dazu führen, daß etwas in das CISG hineingelesen wird, was in diesem überhaupt keinen Niederschlag gefunden hat[156]. So wird sogar vertreten, daß die Principles für die Auslegung von Einheitsrecht keinen höheren Rang beanspruchen können, als irgendeine dazu vertretene akademische Lehrmeinung[157]. Mit der herrschenden Auffassung sollten die Prinicples, als eine international akzeptierte Lösung[158] im Sinne einer "persuasive authority"[159] für Auslegungsfragen im Rahmen des CISG berücksichtigt werden soweit diese der *ratio* des CISG entsprechen[160]. Auch einige Gerichte haben bereits sowohl die UNIDROIT- als auch die Lando-Principles zur Begründung ihrer Entscheidung herangezogen[161].

g) Fazit

Werden die angeführten Auslegungsmethoden vom Grundsatz her von allen Vertragsstaaten angewendet, ist ein maßgeblicher Schritt in Richtung einer einheitlichen Auslegung und Anwendung des CISG getan. Auch wenn den Richtern der unterschiedlichen Rechtsordnungen anfänglich der Umgang mit der

---

152 Eine nähere Darstellung und die rechtliche Einordnung der Principles soll im Rahmen dieser Abhandlung nicht erfolgen; siehe dazu Burkart, S. 209 ff.

153 Präambel der UNIDROIT-Principles; Artikel 1:101 (4) der Lando-Principles.

154 Bonell, Uniform Law Review 1996, S. 34 ff.; Magnus, RabelsZ 59 (1995), S. 492 f.; Basedow, FS Drobnig, S. 25 m.w.N; einschränkend Ferrari, JZ 1998, S. 16 f.; Michaels, RabelsZ 62 (1998), S. 606.

155 Die Vorschrift ist abgedruckt in IPRax 1997, S. 221.

156 Ferrari, JZ 1998, S. 17.

157 Michaels, RabelsZ 62 (1998), S. 606.

158 Magnus, ZEuP 1999, S. 648.

159 Ferrari, JZ 1998, S. 16.

160 Siehe Staudinger-Magnus, Artikel 7 CISG Rn. 14 m.w.N.

161 Internationales Schiedsgericht der Bundeskammer der gewerblichen Wirtschaft (Wien) - 15.6.1994, SCH-4366, RIW 1995, S. 590 (591); Internationales Schiedsgericht der Bundeskammer der gewerblichen Wirtschaft (Wien) - 15.6.1994, SCH-4318, RIW 1995, S. 591 (592); ICC Court of Arbitration, Case No. 8128/1995, UNILEX, D.1995-34. Rechtbank Zwolle - 5.3.1997, NIPR 1997 Nr. 230.

einen oder anderen Auslegungsmethode noch ungewohnt und somit gewöhnungsbedürftig erscheinen mag[162], ist dies nur als logische Folge der gefundenen Kompromißlösung zu sehen[163].

Allerdings ist im Rahmen der dargestellten Auslegungsmethoden stets zu beachten, daß das gefundene Auslegungsergebnis dem Sinn und Zweck des Übereinkommens entsprechen und gegebenenfalls entsprechend der *ratio* des CISG als Rechtsvereinheitlichungsübereinkommen korrigiert werden muß[164]. In diesem Zusammenhang muß sowohl die Zielsetzung des internationalen Entscheidungseinklangs, als auch das Bestreben, eine möglichst umfassende und weitgehende Rechtsvereinheitlichung zu erzielen[165], Berücksichtigung finden[166]. Auch im Rahmen der Ermittlung der dem Übereinkommen zugrunde liegenden *ratio* haben nationale Sichtweisen außer Betracht zu bleiben[167].

Führt die Auslegung der Vorschriften des CISG nicht weiter, muß - soweit es sich um eine Lücke handelt, die vom Übereinkommen nicht ausdrücklich geregelt wird - gemäß Artikel 7 II CISG zur Lückenfüllung primär auf die allgemeinen Grundsätze[168], auf denen das CISG beruht, sekundär auf das nach dem IPR der *lex fori* zu bestimmende unvereinheitlichte nationale Recht zurückgegriffen werden[169]. Handelt es sich um eine vom CISG nicht geregelte Frage, hat von vornherein ein Rückgriff auf das nach dem Kollisionsrecht des Forumstaates anzuwendende nationale Recht zu erfolgen.

4. Abdingbarkeit des Artikel 7 I CISG

Der dem Grundsatz der Parteiautonomie Rechnung tragende Artikel 6 CISG ermöglicht den Parteien vorbehaltlich des Artikel 12 CISG von den Bestimmungen des CISG abzuweichen oder deren Wirkung zu verändern. Somit stellt sich die Frage, ob auch Artikel 7 I CISG, trotz seiner elementaren Zielsetzung der Disposition der Parteien ausgesetzt ist.

---

[162]So mag bei den Richtern der Common Law-Staaten immer noch eine zurückhaltendere Einstellung hinsichtlich der historischen Interpretation, wohl aber eine größere Vertrautheit hinsichtlich "persuasive precedents" vorherrschen.

[163]Zu diesem Problem siehe Höß, S. 35 f.

[164]BGH, IPRax 1983, 228 (229) zum EKG; dazu Schlechtriem, Länderberichte, S. 141 f; Kramer, JBl 1996, S. 143.

[165]So zum EKG: BGH - 4.4.1979, NJW 1979, S. 1782 (1783); BGH - 2.6.1982, IPRax 1983, 228 (229).

[166]Kramer, JBl 1996, S. 145.

[167]Auf diese im Rahmen der teleologischen Auslegung besonders naheliegende Gefahr weist Staudinger-Magnus, Artikel 7 CISG Rn. 36 hin.

[168]Näheres siehe Magnus, RabelsZ 59 (1995), S. 469 ff.

[169]Hierzu eingehend u.a. die Abhandlungen von Schmid, S. 65 ff., Frigge, S. 71 ff. und Botzenhardt, S. 138 ff.

Für die Zulässigkeit der isolierten Abdingbarkeit des Artikel 7 I CISG sprechen vor allem sowohl seine systematische Stellung, als auch der fehlende Vorbehalt im Rahmen des Artikel 6 CISG. Dem könnte aber entgegenstehen, daß der Grundsatz der uneingeschränkten Vertragsfreiheit der Parteien nur so weit gilt, als es sich um Vorschriften handelt, die sich unmittelbar an die Vertragsparteien wenden[170]. Artikel 7 I CISG betrifft aber nicht die Auslegung des Kaufvertrages an sich, sondern die Auslegung der Vorschriften des CISG selbst und wendet sich somit nicht nur an den einzelnen Bürger, sondern vor allem auch an die Vertragsstaaten.

Allerdings haben die Vertragsparteien die Wahl, welchem Recht sie ihren Vertrag unterstellen wollen. Insofern erscheint es unwahrscheinlich, daß die Parteien durch die isolierte Abbedingung des Artikel 7 I CISG eine Re-Nationalisierung herbeiführen, wenn auch die Möglichkeit besteht, nationales Recht - unter Ausschluß des CISG - zur Anwendung zu bringen. Somit handelt es sich hier wohl um eine Frage, die kaum praktische Bedeutung haben dürfte[171]. Allerdings läßt sich nicht ausschließen, daß die Parteien auf der einen Seite die Vorzüge des CISG für den internationalen Warenkauf wahrnehmen möchten, gleichzeitig aber eine Auslegung nach bekannten nationalen Auslegungsgrundsätzen bevorzugen[172].
Die Zulässigkeit der Abdingbarkeit erscheint insbesondere deshalb zweifelhaft, als auf diesem Wege der Rechtsvereinheitlichungszweck als primäres Ziel des CISG unterlaufen werden würde und die Stellung des CISG als autonome und eigenständige Rechtsordnung nicht gewährleistet werden könnte. Es kann nicht der Sinn und Zweck sein, die Zielsetzung des CISG, ein weltweit einheitliches Kaufrecht für den internationalen Warenverkehr zu schaffen, letztendlich von der Disposition der Parteien abhängig zu machen und sowohl das Vereinheitlichungsziel zu gefährden als auch den internationalen Charakter des CISG zu ignorieren. Somit erscheint die Zulässigkeit einer isolierten Abdingbarkeit des Artikel 7 I CISG mehr als fraglich[173].

---

170 Czerwenka, S. 172.

171 Staudinger-Magnus, Artikel 6 CISG Rn. 54; Czerwenka, S. 172; a.A. Bianca/Bonell-Bonell, Artikel 7, Anm. 3.3.

172 Zu dieser Problematik siehe Bianca/Bonell-Bonell, Artikel 7, Anm. 3.3.

173 So auch Czerwenka, S. 172.

III. Empirische Untersuchung

1. Einleitung

Das in Artikel 7 I CISG normierte Ziel der einheitlichen Anwendung des Übereinkommens stellt hohe Anforderungen an die nationalen Gerichte. Die Vielzahl der Vertragsstaaten, die ständig anwachsende Anzahl der Entscheidungen zum CISG, sowie die bestehenden sprachlichen Barrieren lassen es unrealistisch erscheinen, daß die nationalen Gerichte in der Lage sind, dem Anspruch des Artikel 7 I CISG tatsächlich gerecht zu werden. Zudem stellt sich die Frage, inwieweit die Entscheidungen anderer Vertragsstaaten dem nationalen Richter überhaupt zugänglich sind bzw. die Bereitschaft besteht, zugängliche Rechtsprechung zu konsultieren.

Anläßlich dieser und der bereits oben genannten[174] praktischen Umsetzungsprobleme wurde eine empirische Untersuchung durchgeführt, um beispielhaft zu ermitteln, inwieweit dem Gebot der einheitlichen Anwendung durch Berücksichtigung authentischer Textfassungen und - insbesondere - der Rechtsprechung der anderen Vertragsstaaten, in der Praxis konkret Rechnung getragen wird bzw. werden kann. Zudem wurde im Sinne einer Vorfrage überprüft, welche Relevanz dem CISG in der Praxis - über 10 Jahre nach Inkrafttreten - tatsächlich zukommt. Diese Frage stellt sich nicht zuletzt deshalb, als dem auch erst nach einer längeren Anlaufzeit eine besondere Bedeutung in der deutschen Praxis zukam[175].

Bisher sind rund 600 Entscheidungen aus den verschiedenen Vertragsstaaten bekannt[176], wobei etwa ein Drittel dieser Entscheidungen von Gerichten der Bundesrepublik Deutschland stammt. Aufgrund der daraus resultierenden Einflußmöglichkeit der deutschen Gerichten kommt diesen eine wichtige Rolle und Verantwortung hinsichtlich der Entwicklung einer einheitlichen Entscheidungspraxis zu.

Im Rahmen der konkreten Untersuchung wurden vorwiegend Befragungen am Landgericht Hamburg, sowie bei einigen Schiedsgerichten und dem BGH durchgeführt. Darüber hinaus wurde im begrenzten Umfang auch die Anwaltschaft in die Untersuchung einbezogen. Die Hansestadt Hamburg als Handels-

---

[174] Oben II 2 b) und 3 d).

[175] Siehe dazu die repräsentative, rechtstatsächliche Untersuchung zum EKG von Magnus, NJW 1977, S. 2000 ff.

[176] Siehe z.B. Will, International Sales Law under CISG. The First 555 or so Decisions, 8. Auflage, Genf 1999.

platz, Hafenstadt und Standort großer nationaler und internationaler Handelsunternehmen schien für diese Untersuchung besonders geeignet.

Aufgrund der räumlichen Begrenzung der Untersuchung und der subjektiven Prägung der Aussagen kann selbstverständlich kein Anspruch auf Repräsentativität erhoben werden. Es soll beispielhaft die Rolle des CISG in der deutschen Praxis, sowie die tatsächliche Umsetzung bzw. Umsetzbarkeit der Auslegungsziele des Artikel 7 I CISG überprüft werden. Die im Rahmen der Untersuchung ermittelten Ergebnisse werden im nachfolgenden Teil wertungsfrei wiedergegeben.

2. Methodische Vorbemerkung

a) Aufbau des Fragebogens

Zur Durchführung der empirischen Untersuchung wurde ein Fragebogen[177] erstellt, der als Leitfaden für die Befragungen dienen sollte. Insgesamt wurden acht Fragen gestellt und um einen Ausblick gebeten. Der erste Teil der Fragen bezog sich auf die generelle und konkrete Bedeutung[178] des CISG in der Praxis. Im zweiten Teil wurde hinterfragt, inwieweit fremder Rechtsprechung konkret Rechnung getragen wird bzw. überhaupt getragen werden kann. In diesem Zusammenhang wurde besonderer Wert darauf gelegt zu ermitteln, inwieweit bereits bestehende Informationsquellen wie die von der UNCITRAL veröffentlichte Rechtsprechungssammlung CLOUT[179] oder bestehende Datenbanken[180] zum CISG bereits zugänglich sind und genutzt werden. Der Ausblick betraf die zu ergreifenden Maßnahmen, mittels derer der Zielsetzung des Artikel 7 I CISG in Zukunft besser Rechnung getragen werden könnte.

b) Ablauf der Umfrage

Im Rahmen der Untersuchung wurden Befragungen bei den internationalen Kammern und Kammern für Handelssachen des Hamburger Landgerichts, bei einigen Schiedsgerichten, dem BGH, sowie bei zwei im Bereich des CISG renommierten Rechtsanwälten durchgeführt.

Am Landgericht Hamburg wurden die Fragebögen von der Landgerichtspräsidentin an die Vorsitzenden Richter der maßgeblichen Kammern weitergeleitet.

---

[177] Der Fragebogen ist dieser Arbeit als Anlage beigefügt.

[178] Für die konkrete Beurteilung wurde die Befragung auf die vorangegangenen 12 Monate beschränkt. Die Befragungen wurden Ende 1998 durchgeführt.

[179] "Case Law on UNCITRAL texts", auf dieses System wird unten in Teil V 4 a) näher eingegangen.

[180] Dazu unten Teil V 4 b).

Auf diese Anfrage haben sich die Vorsitzenden Richter von 13 Kammern[181] des Landgerichts bereit erklärt, für ein persönliches Gespräch zur Verfügung zu stehen.
Beim BGH wurde der Fragebogen von der Vorsitzenden Richterin des für das Kaufrecht zuständigen VIII. Zivilsenates an einen wissenschaftlichen Mitarbeiter weitergeleitet und von diesem schriftlich beantwortet. Den sonstigen Teilnehmern der Befragung wurde nach telefonischer Rücksprache der Fragebogen vorab zugeschickt und später in einem persönlichen Gespräch, ausnahmsweise auch telefonisch oder schriftlich, erörtert.

Insgesamt wurden 24 Befragungen durchgeführt. Die durchschnittliche Befragungsdauer betrug die vorab veranschlagten 20 Minuten.

3. Ergebnisse der Umfrage

a) Schiedsgerichte

Ein wesentlicher Teil der Streitfälle aus dem internationalen Wirtschaftsverkehr wird nicht vor staatlichen Gerichten, sondern vor Schiedsgerichten ausgetragen. In diesem Zusammenhang stehen sowohl Dachorganisationen zur Verfügung, die schiedswilligen Parteien sachkundige Unterstützung bei der Durchführung eines Schiedsverfahrens bieten und deren Schiedsgerichte für alle kaufmännische Streitigkeiten vereinbart werden können, sowie branchenspezifische Organisationen mit eigenen Schiedsgerichten.
Die Gründe, daß im internationalen Wirtschaftsverkehr oftmals der Weg der Schiedsgerichtsbarkeit für die Streitbeilegung gewählt wird, liegen zum einen in der Anonymität und Vertraulichkeit des schiedsgerichtlichen Verfahrens, sowie in der Möglichkeit, Einfluß auf die Besetzung des Schiedsgerichts mit kompetenten Schiedsrichtern auszuüben[182]. Zum anderen wird durch das New Yorker UN-Übereinkommen von 1958[183] die Anerkennung und Vollstreckung von ausländischen Schiedssprüchen weltweit einheitlich geregelt.
Darüber hinaus ist in der Bundesrepublik Deutschland am 1.1.1998 die Neuregelung des schiedsrichterlichen Verfahrens[184] in Kraft getreten[185]. Diese übernimmt weitestgehend den Inhalt des UNCITRAL-Modellgesetzes über die internationale Handelsschiedsgerichtsbarkeit vom 21.6.1985, das bereits von einer großen Anzahl anderer Staaten in das nationale Recht übernommen wurde,

---

[181]Befragt wurden folgende Kammern: Kammern für Handelssachen 1, 2, 6, 9, 11, 12, 15, 17, 18, 19, 20; Internationale Kammern (Zivilkammern 2 & 5).
[182]Glossner, RPS (BB, Beilage 5), S. 3.
[183]New Yorker UN-Übereinkommen über die Anerkennung und Vollstreckung ausländischer Schiedssprüche vom 10.6.1958 (BGBl. 1961 II, S. 122).
[184]§§ 1025 ff. ZPO.
[185]BGBl. 1997 I, S. 3224.

so daß auch in diesem Bereich eine Harmonisierung stattfindet. Aufgrund dessen ist zu erwarten, daß der Bundesrepublik Deutschland als Austragungsort internationaler Schiedsstreitigkeiten in Zukunft eine zunehmende Bedeutung zukommen wird[186].

aa) Dachorganisationen

(1) Deutsche Institution für Schiedsgerichtsbarkeit e.V.

Nach Aussage des Generalsekretärs der Deutschen Institution für Schiedsgerichtsbarkeit (DIS)[187] in Bonn wächst die Bedeutung des CISG in der Praxis zunehmend. Dies resultiere nicht zuletzt daraus, daß die Vertragsparteien das CISG - im Gegensatz zu seinem Vorgänger - nicht mehr generell abbedingen. Somit sei auf alle Streitigkeiten, denen ein internationaler Kaufvertrag zugrunde lag, das CISG angewendet worden, soweit dessen Anwendungsbereich betroffen war.

Die Zielsetzung des Artikel 7 I CISG sei nicht nur bekannt, sondern dieser werde in der Praxis auch aktiv Rechnung getragen, indem ausländische Literatur und Entscheidungen ausländischer Gerichte bei der Entscheidungsfindung berücksichtigt würden. Die Auffindung der maßgeblichen Rechtsprechung und Literatur erfolge zum einen über die deutsche Kommentarliteratur, zum anderen bestehe eine enge Zusammenarbeit mit UNCITRAL, so daß eine Recherche sowohl bei UNCITRAL (CLOUT), als auch über bestehende Datenbanken im Internet betrieben werde.

Zwar seien die so ermittelten ausländischen Entscheidungen für die Schiedsgerichte nicht bindend, aber sie würden unter Angabe der Quelle herangezogen, um Argumente für die eigene Entscheidung zu finden.

Ziel der Schiedsgerichte sei es, Entscheidungen zu treffen, die Akzeptanz auf internationaler Ebene genießen. Somit sei die einheitliche Anwendung des CISG, als Voraussetzung internationaler Akzeptanz, ein aktives Ziel. Dies würde nicht nur für die Qualität des Schiedsspruches sprechen, sondern auch den Befriedigungscharakter der beteiligten Parteien erhöhen.

(2) Handelskammer Hamburg

Auch nach Information des Bereichsleiters der Abteilung Recht der Handelskammer Hamburg nimmt die Bedeutung des CISG in der Praxis zu. In den zu

---

[186]Thomas/Putzo-Thomas, ZPO, Vorbem. §1025, Rn. 2.

[187]Am 1.1.1992 haben sich der Deutsche Ausschuß für Schiedsgerichtswesen und das Deutsche Institut für Schiedsgerichtswesen e.V. zur Deutschen Institution für Schiedsgerichtsbarkeit e.V. zusammengeschlossen. Weitere Informationen bei Glossner, RPS (BB, Beilage 5), S. 5.

beurteilenden 12 Monaten wurde das CISG in ca. 30 Prozent der internationalen Kaufrechtsfälle angewendet.

Die Zielsetzung des Artikel 7 I CISG sei mehr oder minder bekannt. Ihr wurde bereits durch Konsultation authentischer Texte Rechnung getragen, fremde Rechtsprechung wurde bisher allerdings nicht herangezogen.
Für die Auslegung des CISG werde überwiegend auf deutsche Kommentierungen zurückgegriffen. Ein Internetzugang stehe für die Recherche fremder Rechtsprechung zwar theoretisch zur Verfügung, werde aber bisher nicht genutzt.

Um der Zielsetzung des Artikel 7 I CISG zukünftig besser Rechnung tragen zu können, müßten Entscheidungen, die das UN-Kaufrecht betreffen, *per se* veröffentlicht werden. Dies gelte insbesondere auch für Schiedssprüche, bei denen - aufgrund des Anonymitätsgrundsatzes - eine Veröffentlichung in der Regel unterbleibt. Die Handelskammer Hamburg leiste bereits einen solchen Beitrag und nimmt eine Veröffentlichung der Schiedssprüche vor[188], soweit sich die Parteien mit dieser einverstanden erklärt haben.

bb) Branchenverbände

In der Hansestadt Hamburg, dem wohl wichtigsten Schiedsgerichtsplatz in der Bundesrepublik Deutschland, sind etwa 20 Verbandsschiedsgerichte tätig, die auf bestimmte Waren (z.B. Kaffee, Getreide) oder Branchen (z.B. Seeschiedsgerichte) spezialisiert sind.

So wurde u.a. der Warenverein der Hamburger Börse e.V.[189] befragt, der über ein ständiges Schiedsgericht verfügt. Nach Aussage des Syndicus des Warenvereins hat das CISG bei den Schiedsgerichten der Hamburger Branchenverbände grundsätzlich keine Bedeutung. Dies resultiere daraus, daß sich seit dem 19. Jahrhundert in diesen Bereichen eigene "Usancen" herausgebildet haben, die heute als Geschäftsbedingungen die Rechtsgrundlage für den Handel mit den vom Warenverein betreuten Produkten bilden. Gemäß § 2 der Geschäftsbedingungen des Warenvereins sei ergänzend das deutsche Recht unter explizitem Ausschluß des CISG, maßgeblich. Diese Handhabung wurde sowohl vom Verein der Getreidehändler der Hamburger Börse e.V.[190], als auch vom Deutschen Kaffee-Verband e.V. bestätigt.

---

[188] Eine Veröffentlichung erfolgt in der systematischen Sammlung "Rechtsprechung kaufmännischer Schiedsgerichte".

[189] Verein zur Förderung des Hamburgischen Handels mit Kolonialwaren und getrockneten Früchten.

[190] Siehe § 38 des Hamburger Getreide-Schlußscheins Nr. 7.

b) Staatliche Gerichte

aa) Landgericht Hamburg

(1) Kammern für Handelssachen

(a) Bedeutung des CISG in der Praxis
Nach Auffassung der befragten Kammern für Handelssachen ist die Bedeutung des CISG in der Praxis - insbesondere im Vergleich zur Bedeutung der CMR[191] - als eher gering anzusehen. So wurde durchschnittlich lediglich auf 10 Prozent aller anhängigen Kaufrechtsfälle das CISG angewendet[192]. Allerdings wurde in diesem Zusammenhang wiederholt darauf hingewiesen, daß allgemein eher wenig rein kaufrechtliche Streitigkeiten bei den Kammern für Handelssachen anhängig seien. Zum einen resultiere dies daraus, daß viele Streitigkeiten außergerichtlich beigelegt würden, zum anderen, daß die Abwicklung internationaler Kaufverträge häufig über Akkreditive stattfinde und es somit oftmals gar nicht erst zu den - sonst typischen - Streitigkeiten komme. Die Fälle, auf die das CISG tatsächlich angewendet wurde, seien hauptsächlich Problemfälle der rechtzeitigen Untersuchung und Rüge der gelieferten Ware (Artikel 38, 39 CISG).

Begründet wurde die geringe Bedeutung des CISG teilweise damit , daß sich das CISG noch in der "Anlaufphase" zu seiner Etablierung befände. Auf der anderen Seite würden gerade im Außenhandel oftmals branchenübliche Geschäftsbedingungen gelten, so daß für die Parteien kein Bedarf bestehe, das CISG zur Anwendung zu bringen. Allerdings könne allgemein die Tendenz festgestellt werden, daß in den Geschäftsbedingungen in der Regel kein genereller Ausschluß des CISG, wie dies noch beim EKG üblich war, mehr vorgenommen werde.
Liege eine kaufrechtliche Streitigkeit mit Auslandsbezug vor, komme somit das CISG, soweit die Voraussetzungen seiner Anwendbarkeit erfüllt sind und insbesondere kein Ausschluß durch Parteivereinbarung vorliegt, zur Anwendung. Gelegentlich bestehe immer noch der Irrglaube bei den Parteien, die Vereinbarung des "deutschen" Rechts würde zu der Anwendung des BGB/HGB unter Ausschluß des CISG führen.

---

[191] Übereinkommen über den Beförderungsvertrag im internationalen Straßengüterverkehr vom 19.5.1956 (BGBl. 1961 II, S. 1119); ist für die Bundesrepublik Deutschland am 5.2.1962 in Kraft getreten (BGBl. 1962 II, S. 12).
[192] Die Aussagen in diesem Bereich waren recht unterschiedlich und konnten nicht überprüft werden, da es keine Statistiken gibt; siehe auch die Studie von Gessner, S. 149 ff.

Als weiterer Kritikpunkt wurde angeführt, daß das CISG nicht so "klar" sei wie das "deutsche" Recht. So sei z.B. der Maßstab für die Bestimmung der "angemessenen" Rügefrist i.S.d. Artikel 39 CISG nicht so streng, wie der des § 377 HGB. Aufgrund dessen sei der Rechtsanwender froh, wenn das deutsche BGB/HGB zur Anwendung komme.

Ein grundsätzliches Problem stelle zudem die immer wieder zu Tage tretende Unkenntnis über Existenz bzw. Vorzüge[193] des CISG bei Parteien und Anwälten dar, so daß die Anwälte in ihren Schriftsätzen oftmals gar nicht auf das CISG eingingen. Dessen Anwendbarkeit sei möglicherweise auch den Richtern nicht immer bewußt. Diese psychologische Hemmschwelle gegenüber dem CISG resultiere wohl nicht zuletzt aus den Erfahrungen der Parteien mit dem EKG. Darüber hinaus würde stets das Bestreben bestehen, vorrangig die eigene Rechtsordnung zur Anwendung zu bringen.
Nicht zuletzt könne der Grund für die geringe Bedeutung auch darin liegen, daß viele ausländische Unternehmen über eine Niederlassung in der Bundesrepublik Deutschland verfügen und es sich somit oftmals um rein innerdeutsche Streitigkeiten handele, auf die das CISG keine Anwendung finde.
Der klare Vorteil des CISG für den nationalen Richter sei hingegen darin zu sehen, daß eine Beurteilung nach fremden Recht grundsätzlich entfalle und der Richter mit einer einheitlichen Rechtsordnung arbeiten könne, deren Begrifflichkeit ihm mehr oder minder vertraut sei.

(b) Berücksichtigung der Zielsetzung des Artikel 7 I CISG

Die Zielsetzung des Artikel 7 I CISG an sich war allen Befragten bekannt. Allerdings bestehen gravierende Unterschiede zwischen den einzelnen Kammern, inwieweit dieser Zielsetzung auch tatsächlich Rechnung getragen wird.

(aa) Keine Berücksichtigung authentischer Texte und fremder Rechtsprechung

Überwiegend wurde angeführt, daß eine Berücksichtigung der Rechtsprechung anderer Vertragsstaaten bisher noch nicht stattgefunden habe, da noch keine Auslegungsprobleme aufgetreten seien, bei denen es auf die unterschiedliche Rechtsanwendung in den verschiedenen Vertragsstaaten angekommen wäre.
Die Prognose ging teilweise dahin, daß dies wohl auch in Zukunft nicht der Fall sein werde. Bei 80 Prozent der richterlichen Tätigkeit handele es sich um die oftmals schwierige Sachverhaltsfeststellung. Die rechtsanwendende Tätigkeit sei dagegen in der Regel nicht so problematisch. Sollten sich aber wider Erwarten in Zukunft derartige Auslegungsprobleme stellen, dann wäre man bestrebt, auf die bereits bestehende Auslegungspraxis einzugehen. Insbesondere sei man mit der Konsultation anderer Textfassungen aus der langjährigen Erfah-

[193] So würde das CISG immer noch als "verkäuferfeindlich" gelten.

rung mit der CMR, vertraut so daß man bei etwaigen Problemen durchaus auch auf derartige Texte zurückgreifen würde.

Allerdings wurde von einer Kammer ein Rückgriff auf fremde Rechtsprechung generell für nicht notwendig befunden. Die richterliche Entscheidung sei stets eine Frage des Einzelfalles, die allein nach dem eigenen Rechtsverständnis zu klären sei. Auf der anderen Seite wurde erklärt, daß ein Rückgriff auf authentische Vertragstexte schon aufgrund der fehlenden Sprachkenntnisse gar nicht möglich sei. Die Zielsetzung des Artikel 7 I CISG sei somit utopisch und in der Praxis, insbesondere im Hinblick auf die bereits bestehende Arbeitsüberlastung der Gerichte, nicht umsetzbar.

(bb) Berücksichtigung authentischer Texte und fremder Rechtsprechung

Lediglich drei der befragten Kammern gaben an, bereits auf fremde Rechtsprechung zum CISG zurückgegriffen zu haben. Diese werde vorrangig der einschlägigen deutschen Kommentarliteratur[194] entnommen und vor allem im Rahmen der Artikel 38, 39 CISG herangezogen. Hier ergebe sich allerdings das Problem, daß die der Literatur entnommenen Zitate in der Regel nicht überprüft werden könnten bzw. nicht überprüft würden. Bei Bedarf würde man auch vorrangig auf die authentischen Texte - in der Regel nur den englischen - zurückgreifen, um Rückschlüsse auf die maßgebliche Auslegung ziehen zu können[195].

Als grundsätzliches Problem wurde bezeichnet, daß die Ermittlung fremder Rechtsprechung, von den Zitaten in den Kommentierungen oder "Zufallsfunden" abgesehen, nur schwer bzw. gar nicht erfolgen könne, da diese dem Richter kaum zugänglich seien. In diesem Zusammenhang wurde ebenfalls auf die bestehenden Sprachbarrieren hingewiesen, so wie darauf, daß allgemein die Zeit, Möglichkeit und Lust fehlen würden, sich diese zusätzliche Arbeit aufzubürden. Das CISG spiele eine so untergeordnete Rolle, daß eine über die o.g. Methodik hinausgehende Auffindung fremder Rechtsprechung weder von den Richtern erwartet werden könne, noch durchführbar sei.
Überwiegend werde also vom deutschen Rechtsverständnis und vor allem auch dem Sinn und Zweck der schnellen Erledigung ausgegangen.

Auf der anderen Seite wurde von einem Richter die Berücksichtigung fremder Rechtsprechung, auch wenn die dahingehenden Möglichkeiten begrenzt seien, als ein persönliches Anliegen bezeichnet. Dieses allein vermöge aber nicht die im Rahmen der Berücksichtigung der maßgeblichen Rechtsprechung anderer Vertragsstaaten auftretenden Probleme wie bestehende Sprachbarrieren, die ho-

---

[194]Nach eigenen Aussagen wird primär mit dem Kommentar von Caemmerer/Schlechtriem (2. Auflage) gearbeitet.
[195]Diese Vorgehensweise wurde nur von einer der befragten Kammern bestätigt.

he Anzahl der Vertragsstaaten des CISG und den nicht gewährleisteten Zugang zu den Entscheidungen zu überwinden.

(c) Möglichkeiten fremde Rechtsprechung zu ermitteln

Es wurde immer wieder auf die sehr begrenzten Möglichkeiten hingewiesen, ausländische Entscheidungen zum CISG zu ermitteln. Dies resultiere aus dem allgemeinen Problem, daß fremde Rechtsprechung, über einige vereinzelte, veröffentlichte Urteile hinaus, dem Richter nicht zugänglich sei. Überwiegend werde lediglich mit einem Standardkommentar gearbeitet, der nur begrenzt bereits bestehende Rechtsprechung zum CISG zitiere. Aufgrund der Sprachbarrieren wurde von zwei Richtern auch grundsätzlich nur ein Rückgriff auf deutschsprachige Rechtsprechung und Literatur für möglich gehalten.

Ein Zugang zum Internet stehe den Richtern am Landgericht Hamburg nicht zur Verfügung, lediglich auf JURIS könne theoretisch zurückgegriffen werden, dieses System werde aber kaum genutzt, da es zu kompliziert sei.

Die Ausstattung der Gerichtsbibliothek wurde als schlecht, lückenhaft und zufällig kritisiert[196]. Teilweise würden schon die Gesetzestexte nicht zur Verfügung stehen. Soweit etwaige Auslegungsprobleme auftreten bestünde in Hamburg aber die Möglichkeit, Rechtsreferendare mit der Recherche zu beauftragen und so auf die Ausstattung des Max-Planck-Instituts für Ausländisches und Internationales Privatrecht zurückzugreifen. Die Einholung spezieller Gutachten hinsichtlich einer bereits bestehenden Anwendungspraxis sei hingegen zu kostspielig und zeitaufwendig und müsse daher außer Betracht bleiben.

Zum Teil könne fremde Rechtsprechung auch den Schriftsätzen der Anwälte entnommen werden. Allerdings stelle sich in diesem Zusammenhang wieder das Problem, daß die Überprüfung der Fundstellen kaum möglich sei.

(d) Einfluß ermittelter Rechtsprechung auf die richterliche Entscheidung

Grundsätzlich bestehe eine offene Einstellung gegenüber der Rechtsprechung anderer Vertragsstaaten. Diese könne als Argumentationshilfe herangezogen werden, soweit die vorgebrachten Argumente vernünftig und sinnvoll seien. Es wurde allerdings betont, daß es sich bei der Entscheidung, die der Richter zu fällen hat, stets um eine Einzelfallentscheidung handele, die aufgrund der ermittelten Tatsachen ergehe. Somit könne eine Berücksichtigung fremder Rechtsprechung nur dann erfolgen, wenn ein entsprechender Sachverhalt zugrunde lag oder Grundsatzfragen entschieden wurden.

---

[196]In der Bibliothek des Landgerichts Hamburg befinden sich neben einigen Standardkommentaren (z.B. Caemmerer/Schlechtriem; Herber/Czerwenka), nur ein aktuelles Lehrbuch; darüber hinaus sind die einschlägigen Fachzeitschriften (IPRax, RIW, RabelsZ) zugänglich.

Vereinzelt kam auch die grundsätzliche Skepsis gegenüber fremder Rechtsprechung zum Ausdruck, die damit begründet wurde, daß davon auszugehen sei, daß auch die Richter der anderen Vertragsstaaten bei der Auslegung des CISG auf nationale Denkmodelle zurückgreifen würden und somit eine Berücksichtigung ausländischer Entscheidungen nicht unbedingt sinnvoll sei. Darüber hinaus würde man sich grundsätzlich nicht veranlaßt sehen, die deutsche Rechtsprechung nur aufgrund einer bestehenden, gegenteiligen Anwendungspraxis der anderen Vertragsstaaten grundlegend zu ändern. Mithin sollte fremde Rechtsprechung zum CISG lediglich für die Feststellung herangezogen werden, daß andere Vertragsstaaten eine entsprechende Auslegungspraxis aufweisen.

(e) Ausblick

Von der Mehrheit der Befragten wird, wie bereits angeklungen ist, auch in Zukunft lediglich die Arbeit mit einem Standardkommentar für möglich und realisierbar gehalten. Grundsätzlich könne diese Art der Rechtsvergleichung vom nationalen Richter aus zeitlichen und technischen Gründen kaum bewerkstelligt werden und sollte daher vorrangig der Wissenschaft überlassen werden.

Ein Zugriff auf bestehende Rechtsprechungs-Datenbanken via Internet sei aufgrund der nicht zur Verfügung stehenden Ausstattung[197] nicht möglich. Von vier der befragten Richter wurde aber nur diese Möglichkeit für sinnvoll erachtet, um überhaupt effektiv und systematisch auf fremde Rechtsprechung zurückgreifen zu können, da man andernfalls der Masse bereits ergangener Entscheidungen nicht Herr werden könne. Zumindest sei es unerläßlich, wegweisende Entscheidungen über das Internet zugänglich zu machen. Förderlich sei in diesem Zusammenhang, die ohnehin bestehenden Berührungsängste älterer Generationen mit der modernen Technologie und bestehende Sprachbarrieren dadurch zu überwinden, daß etwaige Entscheidungssammlungen in deutscher Sprache zugänglich gemacht werden.

Vorwiegend wurde die Auffassung vertreten, daß eine Verbesserung der Situation auch durch eine verstärkte Publikation der maßgeblichen Entscheidungen in einschlägigen Fachzeitschriften erreicht werden könne, um somit den Zugang zu den Urteilen anderer Vertragsstaaten zu ermöglichen[198]. Zudem wurde eine verstärkte Aufnahme maßgeblicher Entscheidungen in JURIS befürwortet.

---

[197]Der Vorsitzende Richter der Kammer 17 hat sich bereits für die Bereitstellung eines Internetzuganges eingesetzt; die allerdings aufgrund der schlechten Haushaltslage auf sich warten lassen wird.

[198]In diesem Zusammenhang wurde teilweise auch die Veröffentlichung von CLOUT für sinnvoll erachtet, auch wenn es sich lediglich um Leitsätze handelt.

Ein Richter wies auch auf die in Hamburg in Betracht kommende Methode hin, alle Streitigkeiten, die das CISG betreffen, den internationalen Kammern des Landgerichts zuzuweisen, um die einheitliche Anwendung des CISG zu fördern. Der Vorteil dieses Verfahrens wäre, daß die internationalen Kammern dann eher in der Lage wären, sich mit dem CISG und bereits ergangener Rechtsprechung zu befassen und auseinanderzusetzen. Allerdings könne dieser Weg einer automatischen Zuweisung an die internationalen Kammern nicht ohne eine Änderung der Gesetzeslage (GVG) verwirklicht werden.

Generell könne man bereits eine offene Haltung der Juristen gegenüber der Internationalisierung des rechtlichen Lebens registrieren. Es sollte demnach ein primäres Ziel sein, junge Juristen im Laufe ihrer Ausbildung mit dem CISG vertraut zu machen, um so bestehenden Defiziten entgegenzuwirken. Diese könnten dann als Anwälte verstärkt auf die Einbringung fremder Rechtsprechung zum CISG hinwirken.

Darüber hinaus wäre es für die Rechtssicherheit im Rahmen des CISG sehr förderlich, wenn wichtige Auslegungsfragen vom BGH geklärt würden, der über den wissenschaftlichen Apparat verfüge, um einen Vergleich zu der bereits bestehenden Anwendungspraxis der anderen Vertragsstaaten durchzuführen.

Lediglich ein Richter resümiert, daß auch in Zukunft keinerlei Bedarf bestehen würde, fremde Rechtsprechung zu berücksichtigen und die Möglichkeiten der Kenntnisnahme der Entscheidungen zu verbessern. Er wies darauf hin, daß man als deutscher Richter stets die deutschen Auslegungsgrundsätze im Hinterkopf behalten würde. Somit erfolge die Auslegung des CISG vorrangig gemäß dessen Wortlaut, Sinn und Zweck. Eine Änderung dieser Vorgehensweise sei nicht erforderlich, da sich die Auslegungstechniken der verschiedenen Rechtssysteme bezüglich dieser Methodik ähnlich seien und somit durch den Rückgriff auf die nationalen Grundsätze keine Auslegungsdivergenzen drohen würden. Andere Lösungsmöglichkeiten seien aufgrund der hohen Arbeitsbelastung der Richter nicht realisierbar.

(2) Internationale Kammern

Auch nach Aussage der Vorsitzenden Richter der internationalen Kammern des Landgerichts Hamburg[199] spielt das CISG in der Praxis bisher lediglich eine geringe Rolle. Dies wurde ebenfalls damit begründet, daß die Existenz des CISG teilweise weder den Kaufleuten noch den Anwälten bewußt sei, was wohl nicht zuletzt daraus resultiere, daß sich der Text des CISG nicht einmal in der

---

[199]In Hamburg gibt es drei internationale Zivilkammern, die zuständig sind, wenn eine Partei nicht deutsch ist, ihren Sitz nicht in der Bundesrepublik Deutschland hat oder die Anwendung ausländischen oder internationalen Einheitsrechts in Betracht kommt.

gängigen deutschen Gesetzessammlung befindet[200]. Zum anderen würden auch die internationalen Kammern eher selten mit reinen Kaufrechtsfällen konfrontiert.

Sowohl in der Entscheidungsfindung der Zivilkammer 2, als auch der Zivilkammer 5, sei es bisher nicht notwendig gewesen, im Rahmen der Auslegung des CISG auf authentische Texte oder fremde Rechtsprechung zurückzugreifen. Grundsätzlich gehöre die Berücksichtigung fremder Rechtsprechung aber durchweg zum *usus* und finde gegebenenfalls als Argumentationshilfe Berücksichtigung. Allerdings werde die Berücksichtigung der maßgeblichen Rechtsprechung im Rahmen des CISG durch das Fehlen einer Koordinationsstelle erschwert und könne sich somit nur schwer vollziehen. Primär greife man auf Standardkommentierungen zurück, bzw. erfolge die Kenntnisnahme ausländischer Rechtsprechung durch die Schriftsätze der Anwälte (soweit es sich um etablierte international tätige Anwaltskanzleien handelt) und einschlägige Fachzeitschriften (z.B. IPRax). Gelegentlich würden auch Gutachten am Max-Planck-Institut für Ausländisches und Internationales Privatrecht in Auftrag gegeben, eine Möglichkeit die aufgrund des Zeitaufwandes nur selten in Anspruch genommen werde, oder die der Kammer zugeordneten Rechtsreferendare mit der Recherche fremder Rechtsprechung beauftragt.
Zur Verbesserung der Situation hat die Zivilkammer 5 - bisher allerdings ohne Ergebnis - die Anschaffung einer großen mehrsprachigen Entscheidungssammlung zum CISG angeregt, um der Zielsetzung des Artikel 7 I CISG in umfassenderer Art und Weise Rechnung tragen zu können. Ein kleiner Beitrag zur Förderung der einheitlichen Anwendung würde von den internationalen Kammern bereits dadurch geleistet, daß die zum CISG ergangenen Entscheidungen in der Regel veröffentlicht werden.

bb) VIII. Zivilsenat des BGH

Auch dem BGH lagen mittlerweile einige das CISG betreffende Rechtsfragen zur Entscheidung vor[201]. Nach Information des für diesen Bereich zuständigen VIII. Zivilsenats kommt dem CISG eine noch geringe, aber zunehmende Bedeutung zu.
Der Zielsetzung des Artikel 7 I CISG werde durch die Berücksichtigung internationaler Standards Rechnung getragen. Die Anwendungspraxis der anderen Vertragsstaaten werde in diesem Zusammenhang primär der deutschen Kommentar- und Zeitschriftenliteratur entnommen. Die Rechtsprechungssammlung

---

[200]Das CISG ist nicht in der gängigen Textsammlung Schönfelder, Deutsche Gesetze abgedruckt und dessen Existenz lediglich in einer Fußnote vor §§ 433 ff. BGB vermerkt.

[201]z.B. BGH - 8.3.1995, RIW 1995, S. 595 ff.; BGH - 3.4.1996, RIW 1996, S. 594 ff.; BGH - 24.3.1999, RIW 1999, S. 617 ff. Siehe die Übersicht von Piltz, TranspR-IHR 2-1999, S. 15 ff.

CLOUT stehe nicht zur Verfügung, auch die bestehenden Datenbanken im Internet würden bisher nicht genutzt.

Grundsätzlich habe der BGH das Bestreben, Auslegungsfragen die das CISG betreffen aufgrund des großen Interesses der nachgeordneten deutschen Gerichte zur Entscheidung zu bringen, da die bestehende Basis noch sehr schmal sei und hieraus eine große Unsicherheit resultiere.

Nach Auffassung des BGH könnte der Zielsetzung des Artikel 7 I CISG zukünftig durch internationale Symposien zum CISG und durch die Einführung einer leicht zugängliche Datenbank von in deutscher Sprache aufbereiteter Rechtsprechung der Vertragsstaaten Rechnung getragen werden.

c) Anwaltschaft

aa) Befragung von Herrn Prof. Dr. Rolf Herber

Herr Prof. Dr. Herber[202] wies zunächst darauf hin, daß in der Wirtschaft immer noch eine große Skepsis gegenüber dem CISG herrsche, dieses tendenziell allerdings zunehmend zur Anwendung komme. Es handele sich um ein Weltrecht, das sich als neutrales Recht gut verkaufen lasse, weitaus klarer sei als das "deutsche" Recht und den Vertragsparteien von den Rechtsberatern empfohlen werden sollte.

Die Akzeptanz des CISG in der Praxis hänge somit primär von den Rechtsberatern ab, denn nur soweit diese mit dem CISG vertraut seien, könne die Vereinbarung des CISG den Parteien angeraten werden. Problematisch sei in diesem Zusammenhang, daß das CISG fälschlicherweise immer noch als verkäuferfeindlich gelte, wobei insbesondere nicht berücksichtigt werde, daß die verkäuferfreundlichen Regelungen des BGB weltweit einzigartig sind.

Darüber hinaus sei es eine dem deutschsprachigem Raum[203] eigene Angewohnheit, fremde Rechtsprechung zu zitieren, die gelegentlich auch von den skandinavischen Ländern und den Niederlanden geteilt werde. Ansonsten würden ausländische Gerichte ihre Entscheidungen in der Regel weder näher begründen, noch fremde Urteile zitieren. Aufgrund dessen sei die Bereitschaft der Mehrheit der Vertragsstaaten, fremde Rechtsprechung zu berücksichtigen als eher gering einzuschätzen. Die Zielsetzung der einheitlichen Anwendung sei zwar in Artikel 7 I CISG niedergelegt, werde aber in der Regel nicht umgesetzt. In der daraus resultierenden unterschiedlichen Rechnungstragung der in Artikel

[202] Prof. Dr. Herber war Leiter der deutschen Delegation auf der Wiener Konferenz und einer ihrer Vizepräsidenten; neben seiner Tätigkeit als Professor an der Universität Hamburg (emeritiert) und Schiedsrichter übt er in Hamburg auch die anwaltliche Tätigkeit aus.

[203] Bundesrepublik Deutschland, Schweiz und Österreich.

7 I CISG normierten Auslegungsziele kämen die divergierenden Einstellungen der Vertragsstaaten, inwieweit ein internationales Übereinkommen zu befolgen ist, zum Ausdruck.

Allerdings würde der Bundesrepublik Deutschland als Vertragsstaat des CISG in diesem Zusammenhang ein besonderes Gewicht und eine daraus resultierende Verantwortlichkeit zukommen, da dieser ca. 80 Prozent der Rechtsprechung und Kommentarliteratur entstammen.

Hinsichtlich der Möglichkeiten der nationalen Gerichte der Bundesrepublik Deutschland, der Zielsetzung des Artikel 7 I CISG Rechnung zu tragen, bestehe das Defizit, daß diesen oftmals nicht nur die maßgebliche Kommentarliteratur, sondern schon der Gesetzestext nicht zur Verfügung stehe. Dies resultiere nicht zuletzt aus dem Manko, daß das CISG in den regulären Gesetzessammlungen nicht abgedruckt ist und die gegenüber dem maßgeblichen Verlag vorgebrachte Anregung, diesem Defizit abzuhelfen, bisher zu keinem Ergebnis geführt habe.

Besondere Erwähnung hätte die Rechtsprechungssammlung der UNCITRAL "CLOUT" als offizielle Sammlung der maßgeblichen Entscheidungen zum CISG verdient. Hingegen seien die bereits bestehenden Datenbanken zu überladen, um in der Praxis Bedeutung erlangen zu können. Allerdings sei auch hier das allgemein bestehende Problem der Sprachbarrieren noch nicht überwunden. Ansonsten würden eventuell noch einschlägige Aufsätze in den Fachzeitschriften gelesen werden und könnten somit vereinzelt etwas bewirken.

Der Zielsetzung des Artikel 7 I CISG könne in Zukunft nur dann Rechnung getragen werden, wenn die maßgeblichen Urteile den Gerichten der Vertragsstaaten in brauchbarer Form (d.h. in deutscher oder englischer Sprache) zugänglich gemacht würden. Die in diesem Zusammenhang drohende Gefahr der Selektion der veröffentlichten Entscheidungen müsse wohl hingenommen werden.
Darüber hinaus wäre die Aufklärung der Rechtsberater wesentlicher Ansatzpunkt, um die Bedeutung des CISG in der Praxis zu erhöhen, da sie den Parteien die Vorzüge des CISG unterbreiten könnten. Diese müßten auch darauf hinwirken, daß die Geschäftsbedingungen so abgestimmt werden, daß das CISG nicht mehr generell abbedungen wird.

bb) Befragung von Herrn Prof. Dr. Burghard Piltz

Nach Ansicht von Herrn Prof. Dr. Piltz[204] ist die theoretische Bedeutung des CISG sehr groß[205], die in der Praxis bisher aber leider nicht reflektiert werde.

---

[204]Herr Prof. Dr. Piltz ist Rechtsanwalt in Gütersloh und Professor der Universität Bielefeld.

[205]Das CISG finde praktisch auf alle Exporte Anwendung, die von in Deutschland ansässigen Unternehmen durchgeführt werden. Siehe auch Piltz, RIW 1999, S. 898.

Der Grund hierfür liege in der Berührungsangst, die in der Regel zur Abbedingung des CISG führt, sowie der Unkenntnis des CISG bei Parteien und Rechtsberatern. Ansatzpunkt für eine Verbesserung dieser Situation wäre, diese Kenntnisse im Rahmen der universitären Ausbildung in einer gesonderten Vorlesung zu vermitteln. Es sei in der heutigen Zeit nicht mehr zu verantworten, wenn man nach Beendigung der juristischen Ausbildung noch nie etwas von internationalem Einheitsrecht gehört habe.
Darüber hinaus sollte es ein Anliegen sein, das CISG unter den Kaufleuten selbst mehr publik zu machen (z.B. durch Empfehlungen an Exportverbände), denn dieses werde immer noch häufig durch die Allgemeinen Geschäftsbedingungen ausgeschlossen[206]. Das CISG sollte, wenn möglich, den Parteien von den Rechtsberatern stets empfohlen werden. Es handele sich um ein neutrales Recht, das einfach und akzeptabel und im Gegensatz zum BGB für internationale Geschäfte konzipiert und zugeschnitten sei. Somit sei das Übereinkommen auf Probleme spezialisiert, die im BGB oft nicht reflektiert würden und mit diesem nur schwer gelöst werden könnten. Diese Vorteile würden bisher in der Praxis nicht ausreichend erkannt.

Um der Zielsetzung des Artikel 7 I CISG in Zukunft besser Rechnung tragen zu können, müßte allerdings mehr Rechtsprechung der Vertragsstaaten publiziert werden. In diesem Zusammenhang werde bereits ein persönlicher Beitrag geleistet[207].

d) Stellungnahme

aa) Bedeutung des CISG in der Praxis
Die Ergebnisse der durchgeführten empirischen Untersuchung zeigen, daß dem CISG - über 10 Jahre nach seinem Inkrafttreten - in der Praxis zwar immer noch eine eher geringe, wohl aber zunehmende Bedeutung zukommt. Lediglich die befragten Schiedsgerichte der Hamburger Branchenverbände haben dem CISG aufgrund bestehender "Usancen" keinerlei Bedeutung zugemessen. Die große theoretische Bedeutung des Übereinkommens wird allerdings in der Praxis bislang noch nicht reflektiert - die Vorteile des CISG in der Praxis noch nicht ausreichend erkannt. Die Ergebnisse der Untersuchung am Landgericht Hamburg sowie die Befragung der Anwaltschaft machen deutlich, daß bei den Rechtsberatern und den Parteien teilweise immer noch Unkenntnis über die Existenz bzw. Skepsis gegenüber dem CISG und seinen Vorzügen herrscht. Es bleibt zu hoffen, daß zukünftig auch die Branchenverbände die Vorteile des CISG erkennen und für sich nutzen werden.

---

[206] Allerdings werde häufig übersehen, daß die AGB oftmals nicht wirksam einbezogen wurden und somit kein wirksamer Ausschluß des CISG vorliegt.
[207] So z.B. Piltz, NJW 1996, S. 2768 ff; NJW 2000, S. 553 ff.

Die Prognose für die zukünftige Rolle des CISG in der deutschen Praxis kann aber trotzdem grundsätzlich durchaus positiv bewertet werden. Insbesondere zeigt der BGH ein konstantes Bestreben, Auslegungsfragen zur Entscheidung zu bringen, um rechtliche Unsicherheiten bei den nachgeordneten deutschen Gerichten zu überwinden. Zudem hat sich die noch beim EKG übliche Praxis, das Übereinkommens generell abzubedingen[208], nicht bestätigt. Von den beiden befragten Rechtsberatern mit tatsächlicher Anwendungserfahrung wird das CISG als neutrales, für internationale Geschäfte konzipiertes "Weltrecht" ausdrücklich als vorzugswürdig und empfehlenswert bewertet[209].
Relativiert wird die eher negative subjektive Einschätzung der Richter am Landgericht Hamburg auch durch die bereits existierende Rechtsprechung deutscher Gerichte zum CISG. Auf diese entfällt etwa ein Drittel der bisher veröffentlichten Rechtsprechung zum CISG. Es kann nicht verwundern, wenn ein Richter am Landgericht, der im Jahr nur mit wenigen internationalen Kaufrechtsfällen, auf die das CISG Anwendung findet, in Berührung kommt, für sich betrachtet zu der Ansicht gelangt, daß dem CISG in der Praxis eine eher geringe Bedeutung zukommt. Bezieht man aber im Rahmen einer Gesamtbetrachtung die Tatsache der nicht unerheblichen Anzahl der bisher in der Bundesrepublik Deutschland zum CISG ergangenen Rechtsprechung mit ein, kann dieses subjektive Ergebnis der Umfrage nicht darüber hinwegtäuschen, daß das CISG bereits durchaus regelmäßig und unproblematisch von deutschen Gerichten angewendet wird.

bb) Berücksichtigung der Zielsetzung des Artikel 7 I CISG

Die Ergebnisse der Untersuchung machen weiter deutlich, daß bei den staatlichen Gerichten zwar grundsätzlich das Problembewußtsein für eine einheitliche Anwendung des CISG gegeben ist, es aber zugleich an zugänglichen Quellen, zeitlichen Möglichkeiten und persönlicher Bereitschaft fehlt, der Zielsetzung des Artikel 7 I CISG durch Berücksichtigung fremder Rechtsprechung Rechnung zu tragen. Anspruch und Wirklichkeit des Artikel 7 I CISG klaffen insoweit immer noch weit auseinander.

Von den befragten Richtern wurde wiederholt darauf hingewiesen, daß die Kenntnisnahme fremder Rechtsprechung - wenn überhaupt - vorrangig durch den Standardkommentar zum CISG (Caemmerer/Schlechtriem) erfolge. Andere bereits bestehende Informationsquellen sind teilweise - selbst beim BGH - nicht hinreichend bekannt oder nicht zugänglich und bleiben damit ungenutzt. So mußte festgestellt werden, daß die von der UNCITRAL veröffentlichte Recht-

---

208 Siehe Magnus, NJW 1977, S. 2001 ff.

209 So hat auch die rechtstatsächliche Untersuchung zum EKG gezeigt, daß die Richter mit Anwendungserfahrung das EKG als Verbesserung gegenüber dem bisherigen Recht bezeichnet haben, siehe Magnus, NJW 1977, S. 2002.

sprechungssammlung CLOUT den befragten Gerichten gar nicht zur Verfügung steht. Auf der anderen Seite ergab die Überprüfung des verwendeten Standardkommentars[210], daß Rechtsprechung der anderen Vertragsstaaten zum CISG kaum zitiert wird. So werden beispielsweise im Rahmen des Artikel 39 CISG lediglich die Ansichten der Gerichte zu entsprechenden Regelungen im jeweiligen nationalen Recht dokumentiert, um einen Vergleich der Handhabung innerhalb der Rechtssysteme zu ermöglichen. Im Gegensatz dazu ist die Rechtsprechung deutscher Gerichte zum CISG weitaus zahlreicher vertreten. Dies resultiert allerdings nicht zuletzt daraus, daß eine große Zahl der Entscheidungen zum CISG aus der Bundesrepublik Deutschland stammt.

Fazit der empirischen Untersuchung bei den staatlichen Gerichten ist daher, daß, soweit sich in dem deutschen Standardkommentar keine zitierte Rechtsprechung der anderen Vertragsstaaten zum CISG befindet, eine weitergehende Ermittlung ausländischer Rechtsprechung unterbleibt. Allerdings reicht in einem Zeitalter der Internationalisierung und Globalisierung bei einem Übereinkommen, das von einer so großen Vielzahl von Vertragsstaaten gezeichnet wurde, die Konsultation lediglich eines deutschen Standardkommentars nicht aus, um den Zielsetzungen des Übereinkommens ausreichend Rechnung zu tragen. Auch wenn die Anforderungen an den nationalen Richter nicht überhöht sein dürfen, ist eine derartige Vorgehensweise weder zeitgemäß noch zulässig.
Es scheint zudem am Bewußtsein zu fehlen, welche besondere Bedeutung einer einheitlichen Judikatur im Rahmen des CISG zukommt. Mangels einer einheitlichen Auslegungsinstanz können derzeit nur die nationalen Richter eine einheitliche Auslegung und Anwendung des Übereinkommens gewährleisten und fördern. Es darf nicht hingenommen werden, wenn ein Richter die Auffassung vertritt, daß die Berücksichtigung der Rechtsprechung anderer Vertragsstaaten auch in Zukunft nicht erforderlich sei oder, daß grundsätzlich auch im Anwendungsbereich des CISG vom nationalen Verständnis ausgegangen werden müsse. Gerade dieses Verhalten läuft der Zielsetzung des Artikel 7 I CISG zuwider. Auch überzeugt es nicht, wenn einige Richter darauf hinweisen, daß immer noch Sprachbarrieren gegenüber der englischen Sprache bestehen. Es dürfte heutzutage davon ausgegangen werden, daß die Richter der deutschen Gerichte über ausreichende Kenntnisse zumindest der englischen Sprache verfügen. Es handelt sich wohl vielmehr um eine immer noch bestehende Hemmschwelle gegenüber der Arbeit mit fremden Rechtstexten.
Obschon es bereits als förderlich angesehen werden muß, daß zumindest der Zugang zur Rechtsprechung anderer deutscher Gerichte weitgehend gewährleistet und somit innerhalb der Vertragsstaaten eine einheitliche Anwendung des CISG ermöglicht wird, darf sich hierin die Verfolgung der von Artikel 7 I CISG normierten Ziele nicht erschöpfen.

210 Caemmerer/Schlechtriem (2. Auflage).

Nicht zu unterschätzen ist allerdings die bereits bestehende starke Arbeitsbelastung der Gerichte. Gerade diese ermöglicht es wohl zumindest den Richtern der Landgerichte nicht, umfassendere Recherche zu betreiben. Diese müssen der höchstrichterlichen Rechtsprechung und der Wissenschaft überlassen werden.
Es besteht aber die Möglichkeit, sich zumindest mittels aufbereiteter, systematischer Rechtsprechungsübersichten, die mittlerweile regelmäßig in den deutschen Fachzeitschriften in deutscher Sprache veröffentlicht werden[211], gezielt über die einschlägige Rechtsprechung der anderen Vertragsstaaten einen Überblick zu verschaffen. Dies kann auch dann erwartet werden, wenn das CISG bisher eine eher untergeordnete Rolle spielt. Zudem kann sich der Verantwortung auch nicht unter Hinweis darauf entzogen werden, daß ein Auffinden der maßgeblichen Rechtsprechung durch die Anwälte im Rahmen der Schriftsätze erfolgen sollte, auch wenn dies zumindest eine hilfreiche Möglichkeit darstellen würde.

Wie bereits erwähnt, existieren bereits einige Möglichkeiten, um diese nicht zufriedenstellende grundsätzliche Situation zu verbessern[212]. Es muß allerdings erstaunen, wenn selbst dem BGH bereits bestehende Initiativen weitestgehend unbekannt sind und nicht genutzt werden. In diesem Zusammenhang kommt insbesondere auch der von Herrn Prof. Dr. Herber und Herrn Prof. Dr. Piltz angesprochenen Notwendigkeit, den Rechtsanwendern das CISG gezielt und verstärkt zur Kenntnis zu führen, besondere Bedeutung zu. So könnte auch eine gerichtsinterne Veranstaltung, etwa in Form jährlicher Vorträge eines Experten über die bereits bestehende Entscheidungspraxis in den Vertragsstaaten förderlich sein.

Aufgrund der wachsenden Anzahl der Entscheidungen zum CISG ist zumindest für die Obergerichte und den BGH der Rückgriff auf systematische Rechtsprechungsübersichten unerläßlich. Auf diesem Wege können auch aktuelle Entwicklungen und Tendenzen der Gerichtspraxis zur Kenntnis gebracht werden.

Im Gegensatz zu den dem nationalen Recht verhafteten staatlichen Richtern scheint zumindest bei den übergreifenden Schiedsgerichten, die regelmäßig mit internationalen Rechtsstreitigkeiten konfrontiert werden, eher die Bereitschaft zu bestehen, sich um einen internationalen Entscheidungseinklang zu bemühen. So arbeitet die DIS bereits eng mit der UNCITRAL zusammen und ist um internationale Akzeptanz bemüht.

---

211 Dazu unten Teil V 4.

212 Auf die bereits existierenden Wege die einheitliche Auslegung und Anwendung des Übereinkommens zu fördern, wird in Teil V dieser Abhandlung näher eingegangen werden.

Auch wenn die Zielsetzung des Artikel 7 I CISG einen hohen Anspruch an die nationalen Gerichte der Vertragsstaaten stellt, dem oftmals nur schwer nachzukommen sein wird, muß zumindest die Bereitschaft bestehen, die einheitliche Anwendung eines Übereinkommens, mit dem Potential, sich zu einem international akzeptierten, einheitlichen Weltkaufrecht zu entwickeln, zu fördern.

IV. Rechtsprechung zum CISG

Über 10 Jahre nach dem Inkrafttreten des CISG stellt sich - nicht zuletzt auch anläßlich der im Rahmen der empirischen Untersuchung erzielten Erkenntnisse - die Frage, ob die Entscheidungspraxis der Vertragsstaaten zum CISG konkret Divergenzen aufweist.

Nachfolgend soll die zu wichtigen Vorschriften des CISG ergangene Rechtsprechung der Vertragsstaaten dargestellt und auf Divergenzen überprüft werden. Die Darstellung dieser Rechtsprechung soll gleichzeitig der Praxis als Hilfe dienen, sich einen gezielten Überblick über die Gerichtspraxis zu den behandelten Problembereichen zu verschaffen. In diesem Zusammenhang wird vereinzelt auch auf mögliche zukünftige, latente Gefahrenquellen für den internationalen Entscheidungseinklang hingewiesen werden.

1. Methodische Vorbemerkung

Grundsätzlich wird nur auf die Rechtsprechung zum CISG, nicht auch auf die Rechtsprechung zu den Haager Kaufgesetzen oder die in den Vertragsstaaten vertretenen Literaturmeinungen[213] eingegangen.
Dabei werden die Entscheidungen und die sich daraus ergebenden Tendenzen dargestellt[214]. Eine darüber hinausgehende Überprüfung der Richtigkeit der Entscheidungen wird nicht vorgenommen. Um eine gewisse Aussagekraft zu gewährleisten, wird überwiegend nur auf solche Problembereiche des CISG eingegangen werden, zu denen bereits mehrere Entscheidungen aus den Vertragsstaaten existieren.

Im Rahmen der Untersuchung wurden nahezu 400 Entscheidungen aus verschiedenen Vertragsstaaten auf ihren Aussagegehalt überprüft. Hiervon konnten 262 Entscheidungen tatsächlich verwertet werden[215]. Der restliche Teil der überprüften Rechtsprechung hatte für die hier zu behandelnden Themen keine

---

[213]Einen umfassenden Überblick über bestehende Literaturmeinungen zu Problembereichen des CISG bietet z.B. Ferrari, Int. Sale of Goods.
[214]Hinweis: Im Rahmen der Darstellung der Entscheidungen werden zur Vereinfachung für die jeweilige Vertragspartei, ohne Rücksicht auf deren tatsächliche Rechtsnatur im Einzelfall, ausschließlich die Begriffe "Käufer" bzw. "Verkäufer" verwendet.
[215]Siehe unten das Verzeichnis der Entscheidungen zum CISG.

Relevanz. Die Auffindung der maßgeblichen Entscheidungen erfolgte primär über systematische Rechtsprechungsübersichten und Datenbanken[216].

2. Anwendungsbereich und allgemeine Bestimmungen des CISG

a) Anwendungsbereich

aa) Räumlich-persönlicher Anwendungsbereich

Gemäß Artikel 1 I, II CISG ist der räumlich-persönliche Anwendungsbereich des CISG dahingehend begrenzt, daß die Vertragsparteien bei Vertragsschluß ihre Niederlassung[217] erkennbar in verschiedenen Staaten haben müssen und beide Staaten Vertragsstaaten des CISG sind (Artikel 1 I a) CISG) oder das Kollisionsrecht des Forumstaates zur Anwendung des Rechtes eines Vertragsstaates führt (sog. Vorschaltlösung des Artikel 1 I b) CISG). Den Grundsätzen der Parteiautonomie Rechnung tragend, bleibt das Recht der Parteien, das CISG selbst für anwendbar zu erklären, unberührt[218].

Hinsichtlich des Erfordernisses, daß sich die Niederlassung der Vertragsparteien in unterschiedlichen Staaten befinden muß, wurde bisher - soweit ersichtlich - lediglich problematisiert, inwieweit die Einschaltung eines Verbindungsbüros ("liaison office", "bureau de liason") der einen Partei, das sich im Land der anderen Vertragspartei befindet, zur Folge hat, daß beide Parteien ihre Niederlassung im gleichen Staat haben. Beide in diesem Zusammenhang ergangenen Entscheidungen haben übereinstimmend festgestellt, daß dieser Umstand nicht dazu führt, die Niederlassung der Vertragsparteien als im gleichen Staat belegen anzusehen[219].

(1) Niederlassung in verschiedenen Vertragsstaaten (Artikel 1 I a) CISG)

Zahlreichen Entscheidungen lag ein Sachverhalt zugrunde, bei dem die Vertragsparteien ihre Niederlassung erkennbar in verschiedenen Vertragsstaaten

---

216 Auf bestehende Rechtsprechungsübersichten wird in Teil V 4 eingegangen.

217 Bei natürlichen Personen ist gemäß Artikel 10 b) CISG der gewöhnliche Aufenthalt maßgeblich.

218 Dazu Metropolitan Court of Budapest - 10.1.1992, 13 J.L.&Com (1993), S. 49 ff.; OLG Saarbrücken - 13.1.93 (1 U 69/92, unveröffentlicht), UNILEX, E.1993-2.1; Xiamen Intermediate People's Court - 5.9.1994, UNILEX, D.1994-21.1; Rechtbank van Koophandel Hasselt - 2.5.1995 (A.R.1849/94, unveröffentlicht), UNILEX,E.1996-15.1.2; Hungarian Chamber of Commerce and Industry Court of Arbitration - 17.11.1995 (VB/94124, unveröffentlicht), UNILEX, D.1995-28.2. In allen angeführten Entscheidungen hatten sich die Parteien vor Gericht auf die Anwendung des CISG geeinigt.

219 Cour d' Appel de Paris - 22.4.1992, UNILEX,E.1992-9.1, bestätigt durch Cour de Cassation - 4.1.1995, UNILEX, D.1995-1; ICC Court of Arbitration, Case No. 7531/ 1994, UNILEX, E.1994-31.

hatten, so daß der räumlich-persönliche Anwendungsbereich des CISG unproblematisch gemäß Artikel 1 I a) CISG eröffnet war[220].

Es muß aber unter Umständen ein erklärter Vorbehalt berücksichtigt werden, der vom CISG zugelassen wird[221]. Von besonderer Relevanz ist dabei Artikel 92 CISG, der es den Vertragsstaaten ermöglicht, sowohl die Vorschriften über den Vertragsabschluß (Teil II des Übereinkommens)[222], als auch die Vorschriften des materiellen Kaufrechts (Teil III des Übereinkommens) für unverbindlich zu erklären. Hat ein Vertragsstaat einen Vorbehalt gemäß Artikel 92 I CISG erklärt und die Konvention ohne den II. Teil des Übereinkommens ratifiziert, ist er für Fragen des Vertragsabschlusses nicht als Vertragsstaat anzusehen (Artikel 92 II CISG)[223].
So griff der *Metropolitan Court of Budapest* auf das ungarische Internationale Privatrecht zurück, um das hinsichtlich des Zustandekommens eines zwischen einer schwedischen und einer ungarischen Gesellschaft geschlossenen Vertrages maßgebliche anwendbare Recht zu ermitteln[224]. Auch das *OLG Rostock* wies darauf hin, daß die Vorschriften der Artikel 14 ff. CISG bei einem deutsch-dänischen Kaufvertrag keine Anwendung fänden und insoweit auf die unvereinheitlichte *lex causae* zurückgegriffen werden müsse[225].
Eine abweichende Auffassung scheint das *OLG München*[226] zu vertreten, indem es hinsichtlich eines deutsch-finnischen Kaufvertrages feststellt, daß trotz des von Finnland erklärten Vorbehaltes auf anwendbares nationales Recht nicht zurückgegriffen werden könne, da nach dem CISG andere als in den Artikel 14 ff. CISG vorgesehene Formen der Herbeiführung einer einverständlichen Regelung nicht ausgeschlossen seien. Ein Kaufvertrag könne auch durch das beiderseitige Verhalten der Vertragsparteien, das die Tatsache eines Vertragsschlusses erkennen lasse, abgeschlossen werden, soweit der Vertragsinhalt ei-

---

[220]u.a. COMPROMEX - 4.5.1993, UNILEX, D.1993-13 (dictamen); Cour d' Appel de Paris - 13.12.1995 (95-018179, unveröffentlicht), UNILEX, E.1995-33; OLG Düsseldorf - 11.7.1996, RIW 1996, S. 958 (960); OGH - 20.3.1997, JBl 1997, S. 592 (593).

[221]Artikel 92 ff. CISG.

[222]Von dieser Möglichkeit haben Dänemark, Finnland, Norwegen und Schweden Gebrauch gemacht.

[223]Dazu Gerichtspräsident von Laufen - 7.5.1993 (unveröffentlicht), UNILEX,E.1993-15; OLG Rostock - 27.7.1995, UNILEX, E.1995-18.1; Metropolitan Court of Budapest - 21.5.1996 (12.G.75.693/1995/38, unveröffentlicht), CLOUT Case 143; U.S. District Court - 28.10.1998 (Mitchel Aircraft Spares Inc. v. European Aircraft Service AB), 23 F.Supp.2d (1998), S. 915 (918).

[224]Metropolitan Court of Budapest - 21.5.1996 (12.G.75.693/1995/38, unveröffentlicht), CLOUT Case 143.

[225]OLG Rostock - 27.7.1995, UNILEX, E.1995-18.1.

[226]OLG München - 8.3.1995, VersR 1996, S.1414 (1415), kritisch hierzu Magnus, ZEuP 1997, S. 837; Piltz, NJW 1996, S. 2769.

nem nach Artikel 14 ff. CISG abgeschlossenen Vertrag jedenfalls gleichwertig sei[227].

Insoweit liegt hier eine Divergenz vor, die sich im konkreten Fall allerdings nicht ausgewirkt hat, da auch nach nationalem finnischen Recht ein Kaufvertrag vorgelegen hätte.

(2) Kollisionsrechtliche Verweisung auf das Recht eines Vertragsstaates (Artikel 1 I b) CISG)

Zum anderen kann der räumlich-persönliche Anwendungsbereich des CISG auch dann betroffen sein, wenn das Kollisionsrecht des Forumstaates zur Anwendung des Rechts eines Vertragsstaates führt (Artikel 1 I b CISG). Dies gilt nach der insoweit einheitlichen Rechtsprechung auch in den Fällen, in denen es sich bei dem Forumstaat nicht um einen Vertragsstaat handelt[228]. Den zugrundeliegenden Sachverhalten läßt sich entnehmen, daß sich diese Frage stets in dem Zusammenhang stellte, daß der Forumstaat zum Zeitpunkt des Vertragsabschlusses dem Übereinkommen noch nicht beigetreten war.

Das Recht eines Vertragsstaates - und damit das CISG - kann über die Vorschaltlösung des Artikel 1 I b) CISG sowohl über den Grundsatz der Parteiautonomie, über die objektive Anknüpfung des autonomen Kollisionsrechts[229] oder ein vorrangig anzuwendendes völkerrechtliches Übereinkommen[230] zur Anwendung kommen.

227OLG München - 8.3.1995, VersR 1996, S.1414 (1415), unter Hinweis darauf das im übrigen auch nach nationalem finnischen Recht ein Kaufvertrag vorgelegen hätte.

228Siehe u.a. LG München I - 3.7.1989, IPRax 1990, S. 316 (316); Rechtbank Alkmaar - 30.11.1989, NIPR 1990 Nr. 289; OLG Koblenz - 23.2.1990, IPRax 1991, S. 241 (243); LG Hamburg - 26.9.1990, IPRax 1991, S. 400 (401); Rechtbank Dordrecht - 21.11.1990, NIPR 1991, Nr. 159; OLG Frankfurt a.M. - 13.6.1991, RIW 1991, S. 591 (591); LG Frankfurt a.M. - 16.9.1991, RIW 1991, S. 952 (953); OLG Koblenz - 27.9.1991 (2 U 1899/89), unveröffentlicht), UNILEX, E.1991-10; Pretura di Locarno-Campagna - 16.12.1991, UNILEX, D.1991-13; Rechtbank Roermond - 19.12.1991, NIPR 1992, Nr. 394; Hof 's Hertogenbosch - 26.2.1992, NIPR 1992, Nr. 374; Cour d' Appel de Paris- 22.4.1992, UNILEX,E.1992-9.1, bestätigt durch Cour de Cassation - 4.1.1995, UNILEX, D.1995-1.; Gerichtspräsident von Laufen - 7.5.1993 (unveröffentlicht), UNILEX,E.1993-15; OLG Düsseldorf - 10.2.1994, RIW 1995, S. 53 (54); Tribunal de Commerce de Bruxelles - 5.10.1994 (R.G./1.205/93, unveröffentlicht), UNILEX, E.1994-24.1; OGH - 6.2.1996, ZfRV 1996, S. 248ff.; Rechtbank van Koophandel Hasselt - 9.10.1996 (A.R.2012/96, unveröffentlicht), UNILEX,E.1996-9.1; ICC Court of Arbitration - 23.1.1997 (8611/HV/JK, unveröffentlicht), UNILEX, E. 1997-3.

229Statt vieler: LG Siegen - 5.12.1995 (6 O 135/94, unveröffentlicht), UNILEX, E.1995-30.1; LG Oldenburg - 27.3.1996 (12 O 2541/95, unveröffentlicht), UNILEX, E.1996-3.5; ICC Court of Arbitration - 23.1.1997 (8611/HV/JK, unveröffentlicht), UNILEX, E. 1997-3.

230Hier kommt insbesondere das Haager Übereinkommen betreffend das auf internationale Kaufverträge über bewegliche Sachen anzuwendende Recht vom 15.6.1955 in Betracht, das für Belgien, Dänemark, Finnland, Frankreich, Italien, Norwegen, Schweden und die Schweiz zu beachten ist. So z.B. Cour d' Appel de Paris - 22.4.1992, UNILEX,E.1992-9.1; Ge-

(a) Wahl des Rechts eines Vertragsstaates

Überwiegend wird davon ausgegangen, daß auch die Wahl der Rechtsordnung eines Vertragsstaates zur Anwendung des CISG führen kann[231]. Eine ablehnende Haltung hat in diesem Zusammenhang lediglich das *Tribunale Civile di Monza* eingenommen und ausgeführt, daß die Anwendung des CISG über Artikel 1 I b) CISG nur in Betracht komme, wenn die Parteien keine Rechtswahl hinsichtlich des anwendbaren Rechts getroffen haben[232].
Dieser Entscheidung steht die ansonsten einheitliche Gerichtspraxis, die auch durch jüngere Rechtsprechung erneut bestätigt und verfestigt wurde[233], entgegen.

Die Wahl des Rechts eines Vertragsstaates kann sowohl ausdrücklich[234], als auch stillschweigend[235] erfolgen. So führte das *OLG Hamm*[236] aus, daß eine stillschweigende Rechtswahl dann anzunehmen sei, wenn die Parteien während des Rechtsstreits von der Anwendung einer bestimmten Rechtsordnung vor allem durch Anführen ihrer Vorschriften ausgehen. In dem der Entscheidung zu-

---

richtspräsident von Laufen - 7.5.1993 (unveröffentlicht), UNILEX,E.1993-15; Tribunal de Commerce de Bruxelles - 5.10.1994 (R.G./1.205/93, unveröffentlicht), UNILEX, E.1994-24.1; Cour d' Appel de Grenoble - 26.4.1995 (RG 93/4879, unveröffentlicht), UNILEX, D.1995-14; Rechtbank van Koophandel Hasselt - 9.10.1996 (A.R.2012/96, unveröffentlicht), UNILEX,E.1996-9.1.

[231]u.a. Tribunal de Commerce de Bruxelles - 13.11.1992 (R.G. 4.825/91, unveröffentlicht), UNILEX, D.1992-25.1; OLG Düsseldorf 8.1.1993, RIW 1993, S. 325 (325); OLG Koblenz - 17.9.1993, RIW 1993, S. 934 (936) ; ICC Court of Arbitration, Case No. 7565/1994, UNILEX,E.1994-30; ICC Court of Arbitration, Case No. 7844/1994, UNILEX,D.1994-32; OLG Köln - 22.2.1994, RIW 1994, S. 972 (972); Internationales Schiedsgericht der Bundeskammer der gewerblichen Wirtschaft (Wien) - 15.6.1994, SCH-4366, RIW 1995, S. 590 (590); Rechtbank van Koophandel Hasselt 1.3.1995 (A.R. 3641/94, unveröffentlicht), UNILEX,E.1995-7.0.

[232]Tribunale Civile di Monza - 14.1.1993, UNILEX, D.1993-3.

[233]Etwa BGH - 23.7.1997 (Benetton II), NJW 1997, S. 3309 (3310); OGH - 12.2.1998, JBl 1999, S. 54 (55).

[234]Siehe Tribunal de Commerce de Bruxelles 13.11.1992 (R.G. 4.825/91, unveröffentlicht), UNILEX, D.1992-25.1.; OLG Koblenz - 17.9.1993, RIW 1993, S. 934 (935 f.); OLG Köln - 22.2.1994, RIW 1994, S. 972 (972), hier wurde im Rahmen der mündlichen Gerichtsverhandlung Einverständnis mit dem deutschen Recht erklärt; Internationales Schiedsgericht der Bundeskammer der gewerblichen Wirtschaft (Wien) - 15.6.1994, SCH-4366, RIW 1995, S. 590 (590).

[235]Dazu OLG Hamm - 9.6.1995, IPRax 1996, S. 269 (270); Schiedsgericht der Handelskammer Hamburg - 21.3.1996, RIW 1996, S. 766 (768), hier führte die Vereinbarung eines ständigen Schiedsgerichts mit Sitz in Deutschland zur Anwendung deutschen Rechts und somit zum CISG.

[236]OLG Hamm - 9.6.1995, IPRax 1996, S. 269 (270).

grundeliegenden Rechtsstreit hatten sich die Parteien im Gerichtsverfahren auf die Bestimmungen des deutschen BGB berufen[237].
Die damit gemäß Artikel 27 II EGBGB vorgenommene Wahl deutschen Rechts führt aber wiederum zur Anwendung des CISG. Nach der herrschenden Rechtsprechung umfaßt das kollisionsrechtlich berufene Recht eines Vertragsstaates generell nicht nur das materielle Sachrecht, das auf nationale Streitigkeiten Anwendung findet, sondern auch die Vorschriften des CISG, das als Teil des nationalen Rechts materielles Recht für den internationalen Warenkaufvertrag normiert und innerhalb seines Anwendungsbereichs dem unvereinheitlichten Recht vorgeht[238]. Somit könne die Rechtswahl des Rechts eines Vertragsstaates nicht als konkludente Abbedingung des CISG (Artikel 6 CISG) angesehen werden[239]. So betonte auch der österreichische *Oberste Gerichtshof (OGH),* daß die Wahl des Rechts eines Vertragsstaates - auch ohne ausdrückliche Erwähnung der Parteien, daß diese die Anwendung des Übereinkommens wünschen - zur Anwendung des CISG führt[240]. Im Rahmen einer schiedsgerichtlichen Entscheidung wurde festgestellt, daß dies selbst dann gilt, wenn die Parteien die Rechtsordnung eines "neutralen" Staates gewählt haben, dem die Parteien weder angehören, noch sich eine Niederlassung in diesem befindet[241].

Für eine Abbedingung des CISG sei es vielmehr erforderlich, daß die Parteien ausdrücklich angegeben haben, daß sie das unvereinheitlichte Kaufrecht angewendet wissen wollen[242]. Dies gelte zumindest dann, wenn keine Anhalts-

---

[237]So auch in der Entscheidung des LG Landshut 5.3.1995 (54 O 644/94, unveröffentlicht), UNILEX, E.1995-12.

[238]Vgl. etwa ICC Court of Arbitration, Case No. 7565/1994, UNILEX,E.1994-30; Internationales Schiedsgericht der Bundeskammer der gewerblichen Wirtschaft (Wien) - 15.6.1994, SCH-4366, RIW 1995, S. 590 (590); OLG Celle - 24.5.1995 (20 U 76/94, unveröffentlicht), UNILEX, E.1995-16; Rechtbank s' Gravenhage - 7.6.1995, NIPR 1995, Nr. 524; OLG Hamm - 9.6.1995, IPRax 1996, S. 269 (270); Cour de Cassation - 17.12.1996, UNILEX, D.1996-11; OLG Karlsruhe - 25.6.1997, RIW 1998, S. 235 (235) ; BGH - 23.7.1997 (Benetton II), NJW 1997, S. 3309 (3310); OGH - 12.2.1998, JBl 1999, S. 54 (55); BGH - 25.11.1998, RIW 1999, S. 385 (385).

[239]OLG München - 8.2.1995 (7 U 3758/94, unveröffentlicht), UNILEX, E.1995-4; dazu LG Düsseldorf - 11.10.1995 (2 O 506/ 94, unveröffentlicht), UNILEX, D. 1995-27.1 (Allerdings wurde im Rahmen dieser Entscheidung nicht beachtet, daß das Kaufobjekt lediglich für den persönlichen Gebrauch des Käufers bestimmt war und somit gemäß Artikel 2 a) CISG nicht in den Anwendungsbereich des CISG fallen sollte); OLG Karlsruhe - 25.6.1997, RIW 1998, S. 235 (235).

[240]OGH - 12.2.1998, JBl 1999, S. 54 (55).

[241]ICC Court of Arbitration, Case No. 7565/1994, UNILEX,E.1994-30.

[242]OLG Celle - 24.5.1995 (20 U 76/94, unveröffentlicht), UNILEX, E.1995-16; dazu auch BGH - 23.7.1997 (Benetton I), NJW 1997, S. 3304 (3306); OLG Karlsruhe - 25.6.1997, RIW 1998, S. 235 (235). Das LG Düsseldorf - 11.10.1995 (2 O 506/ 94, unveröffentlicht) stellte fest, daß auch die ausdrückliche Abbedingung des EKG keinen konkludenten Ausschluß des CISG i.S.d. Artikel 6 CISG beinhaltet.

punkte dafür vorliegen, daß die Parteien mit ihrer stillschweigenden Rechtswahl das CISG gemäß Artikel 6 CISG ausgeschlossen haben.
Hinsichtlich einer nachträglichen Rechtswahl unvereinheitlichten nationalen Rechts durch Prozeßverhalten hat das *OLG Celle* auf das Erfordernis hingewiesen, daß dieses Ausdruck des gemeinsamen Willens sein müsse, das ursprüngliche Vertragsstatut nachträglich zu ändern[243]. Die Ansicht der Parteien, ein bestimmtes Recht sei ohnehin anwendbar, reiche hingegen für die Wahl unvereinheitlichten nationalen Kaufrechts nicht aus.

Im Gegensatz dazu hat das *Arbitral Tribunal-Florenz*[244] aus dem Umstand, daß die Parteien den Vertrag ausschließlich italienischem Recht unterstellt haben geschlossen, daß dies einen konkludenten Ausschluß des CISG beinhalte[245]. Auch die *Cour d' Appel de Colmar*[246] hat in ihrer Entscheidung die Abbedingung des CISG gemäß Artikel 6 CISG lediglich damit begründet, daß die Parteien ausdrücklich französisches Recht gewählt hatten. Allerdings hat die *Cour de Cassation*[247] im Rahmen des Kassationsurteils *obiter dicta* festgestellt, daß die vertragliche Vereinbarung französischen Rechts keineswegs ohne weiteres zum Ausschluß des CISG führt[248].

Somit ist anzunehmen, daß aufgrund der Ausführungen der *Cour de Cassation* die französichen Gerichte in Zukunft nicht der divergierenden Auffassung der *Cour d' Appel de Colmar*, sondern der herrschenden Rechtsprechung folgen werden. Ob dies auch für die italienischen Gerichte gilt, bleibt abzuwarten.

(b) Auswirkung eines Vorbehaltes gemäß Artikel 95 CISG

Probleme können insbesondere auch daraus resultieren, daß der Vertragsstaat, dessen Recht vom Kollisionsrecht des Forumstaates berufen wird, einen nach Artikel 95 CISG zulässigen Vorbehalt erklärt hat, daß Artikel 1 I b) CISG für ihn nicht verbindlich ist[249]. In diesem Fall stellt sich das Problem, ob ein erklärter Vorbehalt lediglich dazu führt, daß die Gerichte des Vorbehaltsstaates

---

[243]OLG Celle - 24.5.1995 (20 U 76/94, unveröffentlicht), UNILEX, E.1995-16; siehe auch OLG Hamm - 6.5.1998, TranspR-IHR 3-1999, S. 40 (41), das auf das Erfordernis hinweist, daß die Parteien den Ausschluß unmißverständlich erklären müssen.

[244]Ad hoc Arbitral Tribunal (Firenze) - 19.4.1994, UNILEX, D.1994-9.

[245]Einer der Schiedsrichter teilte diese Auffassung nicht und hielt das CISG gemäß Artikel 1 I b) CISG für anwendbar.

[246]Cour d' Appel de Colmar - 26.9.1995, UNILEX, E. 1995-25.3.

[247]Cour de Cassation - 17.12.1996, UNILEX, D.1996-11.

[248]Die Entscheidung der Cour d' Appel de Colmar (oben Fn. 246) war hinsichtlich der Anwendbarkeit des CISG von der Revision nicht gerügt worden. Zur Technik der Kassation siehe Witz/Wolter, RIW 1998, S. 278 f.

[249]Einen Vorbehalt gemäß Artikel 95 I CISG haben China, Singapur, die Slowakei, die Tschechische Republik und die USA erklärt.

das CISG nicht anwenden oder, soweit der Forumstaat nicht mit dem Vorbehaltsstaat identisch ist, auch dieser nicht das CISG, sondern das unvereinheitlichte nationale Kaufrecht des Vorbehaltsstaates anzuwenden hat[250]. Entscheidungsdivergenzen könnten zukünftig insbesondere daraus resultieren, daß der deutsche Gesetzgeber die Rechtslage im Gegensatz zu anderen Vertragsstaaten für die deutschen Gerichte in § 2 des Vertragsgesetzes[251] festgelegt und durch eine Erklärung der Bundesregierung bei der Ratifikation völkerrechtlich abgesichert hat[252]. Infolgedessen haben deutsche Gerichte bei Verweisung auf das Recht eines Vertragsstaates zu prüfen, ob es sich um einen Vorbehaltsstaat handelt und soweit dies der Fall ist, dessen unvereinheitlichtes Sachrecht anzuwenden[253].

(c) Divergenzen aufgrund unvereinheitlichten Kollisionsrechts

Eine ständige Gefahr für den internationalen Entscheidungseinklang stellen im Rahmen des Artikel 1 I b) CISG auch die überwiegend unvereinheitlichten Kollisionsnormen der einzelnen Vertragsstaaten dar. Dies wird insbesondere durch die zwei nachfolgenden Entscheidungen deutlich, die allerdings vor Inkrafttreten des Römischen Schuldvertragsübereinkommens (EVÜ)[254], das gemäß Artikel 15 EVÜ eine Sachnormverweisung normiert, in den Gerichtsstaaten ergangen sind[255]. Somit ist ihnen heute zwar für den Rechtskreis der Europäischen Union keine unmittelbare Bedeutung mehr zuzumessen, sie vermögen aber die Grundproblematik zu verdeutlichen. So stellte die *Rechtbank Alkmaar* fest, daß es sich bei der Verweisung des niederländischen Kollisionsrechts auf die Rechtsordnung eines Vertragsstaates um eine sogenannte Gesamtverweisung, d.h. unter Einschluß des Kollisionsrechts, handelt[256]. Dieses Prinzip lag

---

[250]Zu dieser Problematik siehe Caemmerer/Schlechtriem-Herber, Artikel 1 CISG Rn. 43 ff.

[251]Gesetz zu dem Übereinkommen der Vereinten Nationen vom 11. April 1980 über Verträge über den internationalen Warenkauf vom 5. Juli 1989 (BGBl. II, S. 586). Artikel 2 lautet: "Führen die Regeln des internationalen Privatrechts zur Anwendung des Rechts eines Staates, der eine Erklärung nach Artikel 95 des Übereinkommens von 1980 abgegeben hat, so bleibt Artikel 1 I b des Übereinkommens außer Betracht".

[252]Erklärung der Bundesregierung abgedruckt bei Caemmerer/Schlechtriem-Herber, Artikel 1 CISG Fn. 68.

[253]Dazu z.B. OLG Frankfurt a.M. - 13.6.1991, RIW 1991, S. 591 (591); OLG Koblenz - 27.9.1991 (2 U 1899/89), unveröffentlicht), UNILEX, E.1991-10; OLG Düsseldorf - 10.2.1994, RIW 1995, S. 53 (54); dieser Umstand wurde von OLG Düsseldorf - 2.7.1993, RIW 1993, S. 845 f. im Rahmen einer deutsch-amerikanischen Vertragsbeziehung nicht beachtet. Diese Prüfung hat auch ICC Court of Arbitration - 23.8.1994, UNILEX, E.1994-20 vorgenommen.

[254]Römisches EWG-Übereinkommen über das auf vertragliche Schuldverhältnisse anzuwendende Recht vom 19. Juni 1980 (BGBl. 1986 II, S. 810).

[255]Das EVÜ ist in den Niederlanden am 1.9.1991, in Österreich am 1.12.1998 in Kraft getreten.

[256]Rechtbank Alkmaar - 8.2.1990, NIPR 1990, Nr. 460.

auch dem österreichischen IPR-Gesetz zugrunde, das das *Bundesgericht für Handelssachen Wien (BGHS)* anzuwenden hatte, um das Kaufvertragsstatut zu ermitteln[257]. Das *BGHS* wies darauf hin, daß eine Verweisung primär auf das Kollisionsrecht des verwiesenen Staates ziele, so daß eine von diesem vorgenommene Rück- oder Weiterverweisung beachtlich sei. Somit sei eine internationalprivatrechtliche Verweisungskette zunächst völlig unabhängig vom CISG zu verfolgen, bis eine endgültige Verweisung auf ein bestimmtes Sachrecht ermittelt werden könne. Es sei allein maßgeblich, ob dieser Staat Vertragsstaat des CISG ist.
Anders wurde in deutschen Entscheidungen wegen der unterschiedlichen Gesetzeslage (Artikel 35 I EGBGB[258]) eine Sachnormverweisung angenommen[259].

Das CISG vermag allerdings Probleme aufgrund unvereinheitlichten Kollsionsrechts nicht zu überwinden. Zukünftige Divergenzen in diesem Bereich müssen daher hingenommen werden.

bb) Sachlicher Anwendungsbereich

Der sachliche Anwendungsbereich des CISG ist grundsätzlich eröffnet, wenn es sich um einen Warenkaufvertrag ("Contract of sale of goods")[260] oder einen diesen gemäß Artikel 3 I CISG gleichzustellenden Vertrag handelt. Eine ausdrückliche Definition, aus der sich erschließen ließe, wann ein Kaufvertrag bzw. eine Ware i.S.d. CISG vorliegt, fehlt im Übereinkommen. Aus den Vorschriften über die Pflichten des Verkäufers (Artikel 30 CISG) und des Käufers (Artikel 53 CISG) ergibt sich aber mittelbar, daß das CISG alle Verträge erfassen will, durch die die eine Partei zur Lieferung einer Sache, gegebenenfalls zur Aushändigung der diese betreffenden Urkunden, sowie zur Verschaffung des Eigentums daran verpflichtet wird, während die andere Partei den Kaufpreis zu zahlen und die vereinbarten Mitwirkungshandlungen vorzunehmen hat[261]. Auslegungsdivergenzen können in diesem Zusammenhang daher drohen, daß mögli-

[257]Bundesgericht für Handelssachen Wien - 20.2.1992, RdW 1992, S. 239 (239).

[258]Dieser lautet: "Unter dem nach diesem Unterabschnitt anzuwendenden Recht eines Staates sind die in diesem Staat geltenden Sachvorschriften zu verstehen". Mit dieser Vorschrift wurde Artikel 15 EVÜ im Rahmen der IPR Reform von 1986 (Gesetz zur Neuregelung des Internationalen Privatrechts vom 25.7.1986 (BGBl. 1986 I, S. 1142), das gemäß Artikel 7 § 2 des Gesetzes am 1.9.1986 in Kraft getreten ist) in das EGBGB inkorporiert.

[259]OLG Koblenz - 23.2.1990, IPRax 1991, S. 241 (243); LG Hamburg - 26.9.1990, IPRax 1991, S. 400 (401).

[260]Zu den vom Anwendungsbereich ausgeschlossenen Veräußerungsgeschäften siehe Artikel 2 CISG.

[261]Siehe Gerichtspräsident von Laufen - 7.5.1993 (unveröffentlicht), UNILEX, E.1993-15; OLG Köln - 26.8.1994, RIW 1994, S. 970 (971); OGH - 10.11.1994, ZfRV 1995, S. 79 (80); hierzu auch Caemmerer/Schlechtriem-Herber, Artikel 1 Rn. 13; Piltz, Internationales Kaufrecht, § 2 Rn. 20; Karollus, S. 20.

cherweise Verträge in den sachlichen Anwendungsbereich des CISG fallen, die nach nationalem Recht nicht als Warenkaufverträge zu qualifizieren sind.

(1) Vertriebsverträge

Im Rahmen des sachlichen Anwendungsbereichs ist insbesondere fraglich, inwieweit auch Vertriebsverträge (Vertragshändlerverträge etc.) vom CISG erfaßt werden. Hierbei handelt es sich um Rahmenverträge zwischen dem Hersteller und Lieferanten, die die Organisation des Warenabsatzes betreffen. Zur Durchführung der Rahmenvereinbarungen werden zwischen den Parteien einzelne Kaufverträge abgeschlossen.

Aufgrund der Rahmeneigenschaft derartiger Vereinbarungen könnte man davon ausgehen, daß Vertriebsverträge nicht vom Wortlaut des CISG gedeckt sind[262]. Etwas anderes könnte gelten, sofern diese unmittelbar kaufvertragliche Pflichten begründen und die kaufrechtlichen Aspekte im Vordergrund stehen (Artikel 3 II CISG)[263]. Andererseits besteht die Möglichkeit, eine generelle Geltung der Konvention für derartige Vereinbarungen anzunehmen[264] oder lediglich den kaufvertraglichen Teil der Vereinbarung den Vorschriften des CISG zu unterstellen[265].

In der bisherigen Rechtsprechung zum sachlichen Anwendungsbereich des CISG wurde allgemein die Ansicht vertreten, daß Vertriebsvereinbarungen ("distribution agreements") nicht den Vorschriften des CISG unterfallen[266]. So führte das *Obergericht Kanton Luzern*, nachdem es den zwischen den Parteien geschlossenen Alleinvertriebsvertrag als gemischten Vertrag mit Elementen des Agentur- und des Kaufvertrages qualifiziert hatte, aus, daß der Anwendungsbereich des CISG verschlossen bleibe, wenn nach den Vorstellungen der Parteien andere als die typisch kaufrechtlichen Elemente überwiegen[267]. Gemäß Artikel 3 II CISG würden von der Geltung des CISG alle Verträge ausgenommen, in denen der Schwerpunkt der Pflichten des Verkäufers in der Ausführung von Arbeiten oder anderen Dienstleistungen liege. Dies gelte insbesondere für den

---

262So Honnold, Uniform Law, Artikel 2 Rn. 56.2.

263z.B. Staudinger-Magnus, Artikel 1 CISG Rn. 37; Piltz, Internationales Kaufrecht, § 2 Rn. 41; so auch Schlechtriem in seiner Anmerkung zu OLG Düsseldorf - 11.7.1996, EWiR 1996, S. 843 (844); Klima, Anmerkung zu OLG Düsseldorf - 11.7.1996, RIW 1996, S. 1036 (1036).

264Thieffry, Dr. prat. comm. int. 1993, S. 68.

265So anscheinend Kritzer, S. 71.

266Hof Amsterdam - 16.7.1992, NIPR 1992, Nr. 420; Metropolitan Court of Budapest - 19.3.1996 (12.G.75.556/1994/36, unveröffentlicht), CLOUT Case 126; U.S. District Court - 21.7.1997 (Helen Kaminski Pty v. Marketing Australian Products, Inc.), UNILEX 1998; OLG Hamburg - 5.10.1998, TranspR-IHR 3-1999, S. 37 (38); so auch BGH - 23.7.1997 (Benetton II), NJW 1997, S. 3309 (3310) für den Franchisevertrag.

267Obergericht Kanton Luzern - 8.1.1997 (11 95 123/357, unveröffentlicht), UNILEX, E.1997-2.

Vertriebshändlervertrag, den Franchisevertrag und sonstige Vertragsabsprachen, die eher auf die Ausgestaltung des Vertriebskonzeptes, die Fixierung globaler Liefer- und Abnahmeverpflichtungen sowie sonstiger Rahmenbedingungen ausgerichtet seien. Demnach bestimme sich das für die Rahmenvereinbarung anwendbare Recht nach dem Kollisionsrecht der *lex fori*[268].

Etwas anderes gilt nach Auffassung des *OLG München* dann, wenn bereits mit Abschluß eines Vertragshändlervertrages Liefer- und Abnahmepflichten begründet werden[269]. Eine so begründete Lieferpflicht bilde die Grundlage und Voraussetzung für den Abschluß der künftigen Einzelkaufverträge. Aufgrund dessen sei das Bestehen der vertraglichen Lieferpflicht so eng mit den künftigen Kaufverträgen verbunden, daß die Frage ihres Bestehens oder Nichtbestehens dem sachlichen Anwendungsbereich des CISG unterfalle[270].
Ähnlich hat auch ein amerikanisches Gericht argumentiert und festgestellt, daß eine Anwendung des CISG auf Vertriebsverträge lediglich dann in Betracht kommt, wenn die streitgegenständlichen Waren bereits nach dem Vertriebsvertrag ausdrücklich identifizierbar sind[271].

Eine andere Ansicht wurde hingegen in einer französischen Entscheidung vertreten, die das anwendbare Recht für den kaufrechtlichen Teil eines gemischten Vertrages mit kaufrechtlichen und vertriebsvertraglichen Elementen gesondert bestimmt und lediglich die kaufrechtlichen Teile des Vertriebsvertrages dem CISG unterstellt hat[272].

Einigkeit besteht dagegen dahingehend, daß die in Durchführung eines Vertriebsvertrages abgeschlossenen einzelnen Kaufverträge grundsätzlich den Vorschriften des CISG unterliegen[273]. Trotz der Vorgaben des Rahmenvertrages

---

[268] So auch OLG Düsseldorf - 11.7.1996, RIW 1996, S. 958 (959); ICC Court of Arbitration - 23.1.1997 (8611/HV/JK, unveröffentlicht), UNILEX, E. 1997-3.

[269] OLG München - 22.9.1995, RIW 1996, S. 1035 (1036), unter Hinweis auf Caemmerer/Schlechtriem-Schlechtriem, Vor Artikel 14-24 Rn. 7.

[270] OLG München - 22.9.1995, RIW 1996, S. 1035 (1036).

[271] U.S. District Court - 21.7.1997 (Helen Kaminski Pty v. Marketing Australian Products, Inc.), UNILEX 1998.

[272] Cour d' Appel de Grenoble - 26.4.1995 (RG 93/1613, unveröffentlicht), UNILEX, E.1995-15.

[273] Hof Amsterdam - 16.7.1992, NIPR 1992, Nr. 420 (obiter dicta); OLG Koblenz - 17.9.1993, RIW 1993, S. 934 (936); OLG Düsseldorf - 11.7.1996, RIW 1996, S. 958 (959); Obergericht Kanton Luzern - 8.1.1997 (11 95 123/357, unveröffentlicht), UNILEX, E.1997-2, Anm. 3. a. E.; ICC Court of Arbitration - 23.1.1997 (8611/HV/JK, unveröffentlicht), UNILEX, E. 1997-3, unter besonderem Hinweis darauf, daß nur dann auf die Vorschriften des CISG zurückzugreifen ist, soweit der Alleinvertretervertrag nicht bereits Bestimmungen enthält, die die einzelnen Kaufverträge berühren; OLG München - 9.7.1997 (7 U 2070/ 97, un-

handele es sich um rechtlich selbständige Verträge, so daß sich nicht eine akzessorische Anknüpfung an das Recht des Rahmenvertrages, sondern eine gesonderte Ermittlung des anwendbaren Rechts gebiete[274]. Diese Gerichtspraxis wurde vom *BGH* auch hinsichtlich im Rahmen eines Franchisevertrages abgeschlossener Lieferverträge bestätigt[275].

Insofern kommt in diesem Bereich allein die angeführte Entscheidung der *Cour d' Appel de Grenoble*[276] zu einem tatsächlich divergierenden Ergebnis. Die Auffassung der Gerichte, die das CISG auch auf Rahmenvereinbarungen für anwendbar halten, soweit bereits mit deren Abschluß Liefer- und Abnahmepflichten konkreter Waren begründet werden, steht hingegen wohl nicht im Gegensatz zu der ansonsten einheitlichen Rechtsprechung, daß Vertriebsverträge nicht dem CISG unterfallen. Sie stellt scheinbar vielmehr eine Ausnahme für den Fall dar, daß bei einer Rahmenvereinbarung die kaufrechtlichen Elemente überwiegen.

(2) Softwareüberlassungsverträge

Wiederholt stellte sich die Frage, inwieweit Computersoftware als Ware i.S.d. CISG zu qualifizieren ist[277]. Die Problematik resultiert aus der Unklarheit, ob Artikel 1 I CISG als Vertragsgegenstand auch unkörperliche, bewegliche Sachen umfaßt, da eine Überlassung von Software nicht nur mittels eines verkörperten Datenträgers, sondern auch durch elektronische Übermittlung erfolgen kann.

Mittlerweile liegen zu diesem Problembereich mehrere Entscheidungen vor, die allerdings überwiegend der Bundesrepublik Deutschland entstammen. So hat ein Gericht darauf hingewiesen, daß der Begriff "Ware" nur bewegliche körperliche Sachen[278] erfasse, die den Gegenstand von Handelskäufen bilden[279]. Das Gericht vertrat die Auffassung, daß allenfalls Standardsoftware als bewegliche Sache angesehen werden und damit unter den Warenbegriff des CISG fallen

---

veröffentlicht), UNILEX, E.1997-11; OLG München - 9.7.1997 (7 U 2046/ 97, unveröffentlicht), UNILEX, E.1997-12.

[274]So OLG Düsseldorf - 11.7.1996, RIW 1996, S. 958 (959) unter Hinweis auf die deutsche höchstrichterliche Rechtsprechung.

[275]BGH - 23.7.1997 (Benetton II), NJW 1997, S. 3309 ff.

[276]Oben Fn. 272.

[277]Allgemein zu dieser Problematik eingehend Diedrich, S. 159 ff.

[278]Allgemein dazu auch Hungarian Chamber of Commerce Court of Arbitration - 20.12.1993 (AZ Vb 92205, unveröffentlicht), UNILEX, D.1993-27; OGH - 10.11.1994, ZfRV 1995, S. 79 (80).

[279]OLG Köln - 26.8.1994, RIW 1994, S. 970 (971) unter Hinweis auf die authentische englische und französische Fassung.

könne[280]. Auch das *OLG Koblenz* hat das CISG auf den Verkauf von Computer-Software für anwendbar gehalten und festgestellt, daß der Begriff "Ware" grundsätzlich alle "Gegenstände" erfaßt, die den Gegenstand von Handelskäufen bilden[281]. Differenzierter hat das *LG München* angenommen, daß ein "Kaufvertrag über Waren" jedenfalls dann zu bejahen sei, wenn es um die Überlassung von Standardsoftware auf Dauer gegen einmaliges Entgelt gehe[282]. Etwas anderes müsse für die Herstellung von Individualsoftware gelten, da ein derartiger Vertrag als Werkvertrag einzuordnen sei, der nicht in den Anwendungsbereich des CISG falle[283].
Hingegen hat ein niederländisches Gericht den Verkauf eines Computerprogrammes unproblematisch nach dem CISG beurteilt, ohne zwischen Standard- und Individualsoftware zu differenzieren[284].

Mithin besteht Einigkeit unter den bisher ergangenen Entscheidungen, daß zumindest Standardsoftware als "Ware" i.S.d. CISG zu qualifizieren ist. Es bleibt abzuwarten, ob sich die Rechtsprechung der anderen Vertragsstaaten dieser Auffassung anschließen wird. Dies ist aufgrund der in allen Bereichen zunehmenden Bedeutung von Computersoftware wohl zu erwarten, da nur so das CISG den Gegebenheiten der heutigen Zeit Rechnung tragen kann.

(3) Herstellungsverträge

Gemäß Artikel 3 I CISG werden dem Kaufvertrag Verträge, über die Lieferung herzustellender oder zu erzeugender Waren ausdrücklich gleichgestellt, soweit nicht der Besteller einen wesentlichen Teil ("substantial part", "part essentielle") der für die Herstellung oder Erzeugung notwendigen Stoffe selbst zur Verfügung zu stellen hat. Zahlreichen Entscheidungen lagen Verträge über die Lieferung von Waren zugrunde, die bei Vertragsabschluß noch nicht existent waren und unter Hinweis auf Artikel 3 I CISG - oftmals ohne nähere Erläuterung - den Vorschriften des CISG unterstellt wurden[285]. Unproblematisch findet das

---

[280]OLG Köln - 26.8.1994, RIW 1994, S. 970 (971), auf die Notwendigkeit der Verkörperung der Sache geht das Gericht in diesem Zusammenhang nicht mehr ein.
[281]OLG Koblenz - 17.9.1993, RIW 1993, S. 934 (936).
[282]LG München - 8.2.1995 (8 HKO 24667/93, unveröffentlicht), UNILEX, E.1995-3.1.
[283]Dazu OLG Köln - 26.8.1994, RIW 1994, S. 970 (971).
[284]Hof's Hertogenbosch - 19.11.1996, NIPR 1997, Nr. 123.
[285]So z.B. U.S. District Court- 14.4.1992 (Filanto S.p.A. v. Chilewich International Corporation), 789 Federal Supplement (1992), S.1229 (1237); Zivilgericht Basel-Stadt - 21.12.1992, UNILEX, E.1992-31; ICC Court of Arbitration - 23.8.1994, UNILEX, E.1994-20; OLG Oldenburg - 1.2.1995 (11 U 64/94, unveröffentlicht), UNILEX, E.1995-1.2; BGH - 15.2.1995, RIW 1995, S. 505 f.

CISG somit auf Herstellungsverträge[286] Anwendung, wenn überhaupt keine Lieferung der o.g. Stoffe seitens des Bestellers erfolgt ist[287].

Um im Einzelfall eine Abwägung vornehmen zu können, die über die Anwendbarkeit des CISG bestimmt, stellt sich die grundsätzliche Frage, wie der Begriff des "wesentlichen" Teils i.S.d. Artikel 3 I CISG zu interpretieren ist. So liegt es nahe, auf das Werteverhältnis der von beiden Parteien zu liefernden Materialien abzustellen[288]. Das *Schiedsgericht der Ungarischen Industrie- und Handelskammer* hat in diesem Zusammenhang festgestellt, daß es auf das Verhältnis des Wertes der zur Verfügung gestellten zu dem der vom Hersteller selbst beigestellten Stoffe zwar nicht unbedingt ankommt, dieses Verhältnis aber ein Anhaltspunkt für die Anwendbarkeit oder Nichtanwendbarkeit des CISG sein kann[289]. In dem dem Schiedsspruch zugrundeliegenden Fall hatte der Käufer dem Verkäufer u.a. für die Herstellung von 12 Containern Schmiedeteile und Zubehör im Wert von öS 23.000 (weniger als öS 2.000 je Container) zugeliefert. Der Kaufpreis der fertigen Container betrug durchschnittlich zwischen öS 12.000 und öS 20.000. Das Gericht entschied, daß aufgrund dieses Werteverhältnisses nicht von der Beibringung eines wesentlichen Teiles i.S.v. Artikel 3 I 2 HS CISG gesprochen werden kann. An dieser Beurteilung würde sich auch dann nichts ändern, wenn der Käufer im Einzelfall verhältnismäßig teurere Teile zur Verfügung stellt, da der Vertrag rechtlich als Ganzes zu sehen sei.

Auf der anderen Seite stellt sich das Problem, wie Fallkonstellationen zu behandeln sind, in denen der Käufer kein Fertigungsmaterial, wohl aber andere Leistungen - etwa durch Vorgabe von Spezifikationen - erbringt. So hat das *OLG Frankfurt a.M.* entschieden, daß die Herstellung von Schuhen nach einem vom Käufer vorgegebenen Design nicht dazu führt, daß der Besteller einen wesentlichen Teil der für die Herstellung oder Erzeugung notwendigen Stoffe zur Verfügung stellt[290]. Zu einer gegenteiligen Auffassung gelangte hingegen die *Cour d' Appel de Chambéry* und hat die Anwendung des Übereinkommens un-

---

[286]Um auf die Verwendung national-rechtlich geprägter Rechtsbegriffe zu verzichten, wird allgemein von Herstellungsverträgen gesprochen. Zu dieser Problematik: Piltz, Internationales Kaufrecht, § 1 Rn. 20.

[287]Gerichtspräsident von Laufen - 7.5.1993 (unveröffentlicht), UNILEX, E.1993-15; OLG München - 8.2.1995 (7 U 3758/94, unveröffentlicht), UNILEX, E.1995-4; LG Oldenburg - 15.2.1995 (12O2028/93, unveröffentlicht), UNILEX, 1995-5.

[288]Caemmerer/Schlechtriem-Herber, Artikel 3 CISG Rn. 3; Staudinger-Magnus, Artikel 3 Rn. 14; Piltz, Internationales Kaufrecht, § 2 Rn. 32; a.A. Karollus, S. 22 f.

[289]Hungarian Chamber of Commerce and Industry Court of Arbitration - 5.12.1995, UNILEX, E.1995-29.

[290]OLG Frankfurt a.M. - 17.9.1991, NJW 1992, S. 633 (634). So auch kommentarlos LG Kassel - 15.2.1996, NJW-RR 1996, S. 1146 f. bezüglich Herstellung entsprechend vom Käufer vorgegebenen Spezifikationen.

ter Hinweis auf den Wortlaut des Artikel 3 I 2 HS CISG aufgrund der vom Besteller vorgegebenen Spezifizierungen und des Designs der herzustellenden Ware verneint[291].

Nach Ansicht des *OGH* findet das CISG auch dann keine Anwendung, wenn der Besteller die in seinem Eigentum verbleibenden Materialien dem "Erwerber" lediglich zur Bearbeitung zur Verfügung stellt[292].

Somit bestehen im Rahmen der bisherigen Rechtsprechung zur Anwendbarkeit des CISG auf Herstellungsverträge lediglich dann unterschiedliche Auffassungen, wenn der Käufer bestimmte Vorgaben bezüglich der herzustellenden Ware gemacht hat.

(4) Verträge mit zusätzlicher Leistungsverpflichtung

Gemäß Artikel 3 II CISG findet das Übereinkommen auch auf Verträge, bei denen der überwiegende Teil ("preponderant part", "part prépondérante") der Pflichten des Lieferanten in der Ausführung von Arbeiten oder anderen Dienstleistungen besteht, keine Anwendung[293]. Die Gerichte wurden wiederholt mit der Frage konfrontiert, wann letztere den überwiegenden Teil der Pflichten bilden. Im Zusammenhang mit einem Kauf mit Montageverpflichtung hat das *Handelsgericht Zürich*[294] festgestellt, daß dieser in aller Regel ohne weiteres unter das CISG fällt[295]. Dies sei jedenfalls dann der Fall, wenn die Montageleistung lediglich eine untergeordnete Rolle spiele. In dem der Entscheidung zugrundeliegenden Sachverhalt hatten die Parteien einen Kaufvertrag über eine Sache mit der Pflicht des Verkäufers kombiniert, die Sache zu installieren. Zur Ermittlung, ob der Installation lediglich eine untergeordnete Bedeutung zukommt, hat das Gericht sowohl auf das Verhältnis zwischen dem Wert der Sache[296] und der Montageverpflichtung abgestellt, als auch auf den Umstand verwiesen, daß die Montageleistung letztlich lediglich dazu diene, die Kaufsache überhaupt nutzbar zu machen. So hat auch die *Cour d' Appel de Grenoble* auf das Wertverhältnis der Kaufsache und der Serviceleistungen abgestellt und entschieden, daß es sich nicht um einen überwiegenden Teil i.S.d. Artikel 3 II

---

[291] Cour d' Appel de Chambéry - 25.5.1993, UNILEX, D.1993-17.

[292] So OGH - 27.10.1994, ZfRV 1995, S. 159 (161), unter Hinweis darauf, daß sich dies zudem auch aus Artikel 3 II CISG ergibt.

[293] Reine Werkverträge fallen somit gemäß Artikel 3 CISG nicht in den Anwendungsbereich des CISG, dazu: OLG Köln - 26.8.1994, RIW 1994, S. 970 (971).

[294] Handelsgericht Zürich - 26.4.1995 (HG920670, unveröffentlicht), UNILEX, E.1995-15.1.

[295] Dazu auch ICC Court of Arbitration, Case No. 7153/1992, unveröffentlicht, UNILEX, D.1992.-1.

[296] So auch ICC Court of Arbitration, Case No. 7153/1992, unveröffentlicht, UNILEX, D.1992.-1.

CISG handelt, wenn auf letztere lediglich 25 Prozent der zu zahlenden Gesamtsumme entfällt[297].

Hingegen hat der *Corte Suprema di Cassazione* im Rahmen eines Vertrages über die Herstellung und Lieferung von Lederartikeln, die mit dem Markenzeichen des Bestellers zu kennzeichnen waren, ein anderes Abgrenzungskriterium zur Beurteilung, ob der überwiegende Teil der Pflichten des Lieferanten in der Ausführung von Arbeiten oder anderen Dienstleistungen besteht, herangezogen und auf subjektive Bewertungskriterien, insbesondere auf den dem Vertrag zugrundeliegenden Zweck abgestellt[298].

cc) Nicht erfaßte Rechtsmaterien

Immer wieder haben sich die nationalen Gerichte mit der grundsätzlichen Frage zu beschäftigen, welche Rechtsmaterien vom CISG erfaßt werden. Selbst bei einem weitgreifenden Übereinkommen wie dem CISG, das die Kaufvertragsbeziehungen der Parteien abschließend regeln will, kommt diesem zwangsläufig nur ein fragmentarischer Charakter zu[299]. Insoweit kommt es zu einem oftmals problematischen Zusammenspiel mit dem unvereinheitlichten nationalen Recht[300].

Gemäß Artikel 4 CISG regelt das Übereinkommen ausschließlich den Abschluß des Kaufvertrages und die aus diesem erwachsenen Rechte und Pflichten der Vertragsparteien. Insbesondere regelt das CISG grundsätzlich weder Fragen der Gültigkeit des Vertrages[301], einzelner Vertragsbestimmungen oder von Gebräuchen, noch die Wirkungen, die der Vertrag auf das Eigentum an der verkauften Sache[302] haben kann. Zur Beantwortung dieser nicht geregelten Rechtsfragen muß auf das nach dem Kollisionsrecht der *lex fori* anwendbare unvereinheitlichte Sachrecht zurückgegriffen werden.
Im Einzelfall kann die Abgrenzung, ob es sich um eine nicht geregelte Rechtsmaterie i.S.d. Artikel 4 CISG oder lediglich um einen nicht ausdrücklich geregelten Gegenstand ("interne Lücke") i.S.d. Artikel 7 II CISG handelt, Schwierigkeiten bereiten[303]. Handelt es sich um eine "interne Lücke" muß zur Lücken-

---

[297]Cour d' Appel de Grenoble - 26.4.1995 (RG 93/4879, unveröffentlicht), UNILEX, D.1995-14.
[298]Corte Suprema di Cassazione - 9.6.1995, UNILEX, D.1995-17.1.
[299]Magnus, RabelsZ 59 (1995), S. 472.
[300]Siehe dazu die eingehende Abhandlung von Schmid.
[301]Dazu z.B. BGH - 23.7.1997 (Benetton II), NJW 1997, S. 3309 (3310).
[302]Hierzu OLG Koblenz - 16.1.1992, IPRax 1994, S. 46 (47); Tribunal Cantonal de Vaud - 17.5.1994 (01 93 1308, unveröffentlicht), UNILEX 1998; Federal District Court Adelaide - 28.4.1995, 57 Federal Court Reports (1995), S. 216 (222).
[303]Dazu auch Magnus, RabelsZ 59 (1995), S. 475.

füllung primär auf die dem Übereinkommen zugrunde liegenden allgemeinen Grundsätze[304] zurückgegriffen werden.

So enthält das CISG nach der überwiegenden Rechtsprechung keine Regelung zur Frage der Vertretungsmacht[305]. Im Gegensatz dazu scheint das *AG Alsfeld* die Auffassung zu vertreten, daß es sich hierbei um eine Lücke i.S.d. Artikel 7 II CISG handelt[306].

Auch die Anfechtung wegen eventueller Willensmängel wird gemäß Artikel 4 a) CISG nicht vom Regelungsbereich des CISG erfaßt[307]. Allerdings kommt nach Auffassung des *LG Aachen* die Anfechtung wegen Irrtums über eine verkehrswesentliche Eigenschaft der gekauften Sache nach nationalen Recht nicht in Betracht, da dieses Rechtsinstitut durch die Regelungen des CISG verdrängt werde[308].

Aus dem Wortlaut des Artikel 4 CISG ergibt sich, daß es sich dabei nicht um eine abschließende Aufzählung nicht geregelter Rechtsgebiete handelt. Überdies sind insbesondere Rechtsinstitute, die nicht auf speziell kaufrechtlichen Regeln beruhen, nach dem anwendbaren nationalen Recht zu beurteilen[309].

So erfaßt das CISG weder die rechtsgeschäfliche Abtretung[310], noch die *cessio legis*[311]. Hingegen scheint die *Cour d' Appel de Grenoble* davon auszugehen, daß es sich hier um eine Lücke i.S.d. Artikel 7 II CISG handelt[312].

Divergent wird überdies die Frage beantwortet, ob sich auch die Aufrechnung nach den Vorschriften des Übereinkommens richtet. Die überwiegende Rechtsprechung ist der Ansicht, daß die Aufrechnung grundsätzlich nicht vom CISG

---

[304]Eingehend Magnus, RabelsZ 59 (1995), S. 478 ff.

[305]KG Berlin - 24.1.1994, RIW 1994, S. 683 (683); LG Kassel - 22.6.1995 (8 O 2391/93, unveröffentlicht), UNILEX, E.1995-17.2; Appelationsgericht Tessin - 12.2.1996 (12.95.00300, unveröffentlicht), UNILEX, E.1996-3.1.1; OGH - 20.3.1997, JBl 1997, S. 592 (594); dazu auch LG Hamburg - 26.9.1990, IPRax 1991, S. 400 (401).

[306]AG Alsfeld - 12.5.1995, NJW-RR 1996, S. 120 (121).

[307]Handelsgericht St. Gallen - 24.8.1995 (HG48/1994, unveröffentlicht), UNILEX,E.1995-23; OGH - 20.3.1997, JBl 1997, S. 592 (594); Metropolitan Court of Budapest- 1.7.1997, CLOUT Case 172; OLG Hamburg - 5.10.1998, TranspR-IHR 3-1999, S. 37 (39).

[308]LG Aachen - 14.5.1993, RIW 1993, S. 760 (761).

[309]Dazu BGH - 12.2.1998, TranspR 1999, S. 125 (127).

[310]Bezirksgericht Arbon - 9.12.1994 (BG9341/94, unveröffentlicht), UNILEX, D.1994-29.1; OLG Hamm - 8.2.1995 (11 U 206/93, unveröffentlicht), UNILEX, E.1995-2; BGH - 12.2.1998, TranspR 1999, S. 125 (127); OGH - 25.6.1998, ÖJZ 1998, S. 922 (923).

[311]BGH - 12.2.1998, TranspR 1999, S. 125 (127).

[312]Cour d' Appel de Grenoble - 13.9.1995, UNILEX, D.1995-24.

erfaßt wird[313]. Hingegen handelt es sich nach Auffassung anderer Gerichte bei der Aufrechnung um eine Frage, die nicht ausdrücklich vom CISG entschieden wird (Artikel 7 II CISG)[314].
Weiter besteht keine Einheitlichkeit bezüglich der Behandlung sog. konventionsinterner (Schadensersatz-)Ansprüche. Die überwiegende Rechtsprechung folgt der selbständigen Anknüpfung des Aufrechnungsstatuts auch dann, wenn es sich um die Aufrechnung derartiger konventionsinterner Ansprüche handelt[315]. Einige deutsche Gerichte scheinen einer anderen Ansicht zu folgen und haben ohne nähere Begründung eine Aufrechnung ohne Rückgriff auf das nach dem IPR der *lex fori* zu ermittelnden Sachrecht zugelassen, soweit es sich um Geldforderungen handelte, die demselben Rechtsverhältnis entstammten[316]. Insoweit müssen die Gerichte von einem allgemeinen Grundsatz i.S.d. Artikel 7 II CISG ausgegangen sein[317].

Ferner wird auch die Verjährung nicht vom Regelungsbereich des CISG erfaßt[318]. So hat das *LG Düsseldorf* festgestellt, daß sich die Verjährung nach

---

[313]Rechtbank Arnhem - 25.2.1993, NIPR 1993, Nr. 445; Rechtbank Roermond - 6.5.1993 (920150, unveröffentlicht), UNILEX, E.1993-14; LG München I - 20.3.1995, IPRax 1996, S. 31 (33); OLG Hamm - 9.6.1995, IPRax 1996, S. 269 (270); OLG Stuttgart - 21.8.1995, RIW 1995, S. 943 (944); LG Duisburg - 17.4.1996, RIW 1996, S. 774 (776); Tribunal Cantonal de Vaud - 11.3.1996 (01 93 1061, unveröffentlicht), UNILEX 1998; OLG Düsseldorf - 11.7.1996, RIW 1996, S. 958 (960); OLG Düsseldorf - 24.4.1997, ForInt 1997, S. 161 (166); OLG München - 9.7.1997 (7 U 2070/ 97, unveröffentlicht), UNILEX, E.1997-11; Kantonsgericht Freiburg - 23.1.1998 (27/97, unveröffentlicht), zusammenfassend SZIER 1999, S. 194 (194).

[314]So unter ausdrücklichem Hinweis auf Artikel 7 II CISG: Rechtbank Middelburg - 25.1.1995, NIPR 1996, Nr. 127; ebenso Hamburger freundschaftliche Arbitrage - 29.12.1998, NJW-RR 1999, S. 780 (782).

[315]z.B. Rechtbank Arnhem - 25.2.1993, NIPR 1993, Nr. 445; Rechtbank Roermond - 6.5.1993 (920150, unveröffentlicht), UNILEX, E.1993-14; LG München I - 20.3.1995, IPRax 1996, S. 31 (33); AG München - 23.6.1995 (unveröffentlicht), UNILEX, E.1995-17.3.

[316]So z.B. OLG München - 2.3.1994, RIW 1994, S. 595 (596), unter Hinweis darauf, daß die Aufrechnung erklärt werden müsse; LG Trier - 12.10.1995, NJW-RR 1996, S. 564 (565); LG Oldenburg - 28.2.1996 (12 O 2943/94, unveröffentlicht), UNILEX, D.1996-3.2.0; Schiedsgericht der Handelskammer Hamburg - 21.3.1996, RIW 1996, S. 766 (768); OLG München - 9.7.1997 (7 U 2070/ 97, unveröffentlicht), UNILEX, E.1997-11; kritisch dazu Piltz, NJW 2000, S. 556 (unter Hinweis auf die für die Aufrechnung recht strengen Voraussetzungen ausländischer Rechtsordnungen).

[317]Siehe dazu auch Magnus, RabelsZ 59 (1995), S. 485 f.

[318]Hierzu OLG Hamm - 9.6.1995, IPRax 1996, S. 269 (271); ICC Court of Arbitration - 23.8.1994, UNILEX, E.1994-20; LG Düsseldorf - 11.10.1995 (2 O 506/94, unveröffentlicht), UNILEX, D. 1995-27.1; Cour de Justice Genève - 10.10.1997 (1230, unveröffentlicht), UNILEX 1998, die allerdings eine Anpassung der nationalen Schweizer Verjährungsregelung an Artikel 39 II CISG vorgenommen hat; OGH - 25.6.1998, ÖJZ 1998, S. 922 (923). Die Regelung der Verjährung unterblieb im Hinblick auf das Übereinkommen der Vereinten Natio-

dem vom IPR der *lex fori* berufenen nationalen Recht bestimmt[319]. Ist deutsches Sachrecht maßgeblich, ist Artikel 3 des Vertragsgesetzes[320] zu berücksichtigen, der eine spezielle Verjährungsregel für Ansprüche des Käufers wegen Vertragswidrigkeit der Ware nach Artikel 45 CISG enthält[321].

Die im Einzelfall schwierige Abgrenzung, ob es sich um eine nicht geregelte Rechtsmaterie (Artikel 4 CISG) oder um eine Lücke (Artikel 7 II CISG) handelt, wird auch bei der Einordnung der Beweislast deutlich.
So hat der *ICC Court of Arbitration* entschieden, daß sich die Frage der Beweislast hinsichtlich der fehlenden Vertragsgemäßheit der Ware in Ermangelung einer ausdrücklichen Regelung nach dem unvereinheitlichten nationalen Recht bestimmt[322]. Eine andere Ansicht wird vom *Handelsgericht Zürich* vertreten, das festgestellt hat, daß, soweit Rechtsgebiete im CISG geregelt werden, auch die dazugehörigen, nicht ausdrücklich geregelten Einzelfragen nach diesem zu entscheiden sind[323]. Als zwar nicht ausdrücklich, wohl aber implizit geregelt müsse auch die Frage der Beweislast angesehen werden. So trage der Besteller die Beweislast dafür, daß die Anzeige eines Rechts- oder Sachmangels rechtzeitig erfolgt ist[324]. In einer späteren Entscheidung hat das Gericht dies bestätigt und darauf hingewiesen, daß der Käufer auch die Mangelhaftigkeit der Ware zu beweisen habe[325]. In einer jüngeren Entscheidung hat das *Handelsgericht Zürich* hingegen ausgeführt, daß sich aus der Systematik des CISG ergebe, daß grundsätzlich den Verkäufer die Beweislast hinsichtlich der Mängelfreiheit bzw. Vertragsmäßigkeit der Ware bei Gefahrenübergang treffe[326]. Nach rügeloser Abnahme der Ware durch den Käufer habe jedoch dieser ihre Vertragswidrigkeit darzulegen und zu beweisen[327].

---

nen vom 14.Juni 1974 über die Verjährung beim internationalen Warenkauf, das durch das Wiener Änderungsprotokoll vom 11. April 1980 an die Bestimmungen des CISG angepaßt wurde (abgedruckt bei Caemmerer/Schlechtriem-Schlechtriem, Anh. II).

319 LG Düsseldorf - 11.10.1995 (2 O 506/94, unveröffentlicht), UNILEX, D. 1995-27.1; so auch OGH - 25.6.1998, ÖJZ 1998, S. 922 (923).

320 Siehe oben Fußnote 244.

321 LG Düsseldorf - 11.10.1995 (2 O 506/94, unveröffentlicht), UNILEX, D. 1995-27.1; LG Heidelberg - 2.10.1996 (O 37/96, unveröffentlicht), UNILEX 1998.

322 ICC Court of Arbitration, Case No. 6653/1993, UNILEX, D.1993-1.

323 Handelsgericht Zürich - 9.9.1993 (HG930138.U/HG.93, unveröffentlicht), UNILEX, E.1993-22.

324 So auch Handelsgericht Zürich - 26.4.1995 (HG920670, unveröffentlicht), UNILEX, E.1995-15.1, das diese Beweislastverteilung als allgemeinen Grundsatz qualifizierte. Siehe ferner LG Stuttgart - 31.8.1989, RIW 1989, S. 984 (985); LG Kassel - 22.6.1995 (8 O 2391/93, unveröffentlicht), UNILEX, E.1995-17.2.

325 Handelsgericht Zürich - 26.4.1995 (HG920670, unveröffentlicht), UNILEX, E.1995-15.1.

326 Handelsgericht Zürich - 30.11.1998 (HG930634, unveröffentlicht), zusammenfassend SZIER 1999, S. 185 (188).

327 So auch BGH - 8.3.1995, RIW 1995, S. 595 (595).

Mithin bestehen bei der Frage, welche Rechtsinstitute nicht vom CISG erfaßt werden, insbesondere bezüglich der selbständigen Anknüpfung der Aufrechnung und der Beweislast, aber auch der Stellvertretung und der Abtretung unterschiedliche Auffassungen.

b) Grundsatz der Parteiautonomie (Artikel 6 CISG)

Artikel 6 CISG trägt dem Grundsatz der Parteiautonomie Rechnung[328], indem er den Parteien ermöglicht, die Anwendung des CISG auszuschließen oder, vorbehaltlich des Artikel 12 CISG, von dessen Bestimmungen abzuweichen oder deren Wirkung zu ändern[329]. Nach der herrschenden Rechtsprechung kann eine Abbedingung der Bestimmungen des CISG nicht nur ausdrücklich[330], sondern auch konkludent[331] erfolgen. In diesem Zusammenhang hat das *KG Berlin* festgestellt, daß es zum Ausschluß der Anwendung des CISG notwendig ist, daß dies im wirklichen Willen der Parteien und nicht nur in deren hypothetischen Parteiwillen zum Ausdruck kommt[332]. Hinsichtlich einer partiellen Abbedingung der Vorschriften des CISG hat das *LG Stuttgart* angenommen, daß, soweit Allgemeine Geschäftsbedingungen zwischen den Parteien wirksam vereinbart wurden, diese gemäß Artikel 6 CISG Vorrang gegenüber den Regelungen des CISG haben[333]. Ein anderes deutsches Gericht hatte zu entscheiden, ob bei dem zwischen den Parteien geschlossenen Kaufvertrag, der die Beförderung der Ware vorsah, die Preisgefahr gemäß Artikel 67 I i.V.m. Artikel 31 a) CISG bereits vor Übergabe der Ware an den Käufer auf diesen übergegangen war[334]. Das Gericht stellte fest, daß dies aufgrund der vorrangigen vertraglichen Vereinbarung, die den Verkäufer verpflichtete die Ware auf eigene Gefahr an die Niederlassung des Käufers zu liefern[335], nicht zutraf. Ebenso hat das *LG Gießen* in

---

[328]Dazu LG Stuttgart - 13.8.1991 (16 S 40/91, unveröffentlicht), UNILEX, E.1991-6; Juzgado Nacional de Primera Instancia en lo Comercial - 6.10.1994, UNILEX, D.1994-24.2.

[329]Siehe auch bereits oben IV 2 a) aa) (2) (a).

[330]So aber U.S. Court of International Trade - 24.10.1989 (Orbissphere Corporation v. U.S.), 726 Federal Supplement (1990), S.1344 (1355, Fn. 7); LG Landshut - 5.4.1995 (54 O 644/94, unveröffentlicht), UNILEX, E.1995-12; dazu auch U.S. Court of Appeals - 6.12.1995 (Delchi Carrier S.p.A. v. Rotorex Corp.), 71 F.3d(1995), S. 1024 (1027 f., Fn.1).

[331]LG Stuttgart - 13.8.1991 (16 S 40/91, unveröffentlicht), UNILEX, E.1991-6; OLG Karlsruhe - 20.11.1992, NJW-RR 1993, S. 1316 (1317); ICC Court of Arbitration - 23.8.1994, UNILEX, D.1994-20; OLG Celle - 24.5.1995 (20 U 76/94, unveröffentlicht), UNILEX, E.1995-16; Rechtbank van Koophandel Hasselt - 18.10.1995, R.W. 1995-96, S. 1378 (1379); OLG München 9.7.1997 (7 U 2070/97, unveröffentlicht), UNILEX, E.1997-11; Arbitration Institute of the Stockholm Chamber of Commerce - 5.6.1998 (unveröffentlicht), UNILEX 1998; siehe dazu auch oben IV 2 a) aa) (2) (a).

[332]KG Berlin - 24.1.1994, RIW 1994, S. 683 (683).

[333]LG Stuttgart - 13.8.1991 (16 S 40/91, unveröffentlicht), UNILEX, E.1991-6.

[334]OLG Karlsruhe - 20.11.1992, NJW-RR 1993, S. 1316 (1317).

[335]Das Gericht hat in diesem Zusammenhang die Klausel "frei Haus" nicht nur als Kostenregel, sondern auch als Gefahrtragungsregel angesehen.

anderem Zusammenhang festgestellt, daß eine Vereinbarung zwischen den Parteien, daß Reklamationen innerhalb von acht Tagen nach Erhalt der Ware geltend gemacht werden müssen, nach Artikel 6 CISG beachtlich ist, da es sich bei Artikel 39 CISG nicht um eine zwingende Vorschrift handelt[336].

Damit kommt es im Bereich der Parteiautonomie - außer der bereits im Rahmen der Frage der konkludenten Abbedingung des CISG durch Wahl des Rechts eines Vertragsstaates angeführten, unterschiedlichen Auffassungen[337] - bislang nur bezüglich der generellen Zulässigkeit einer konkludenten Abdingbarkeit zu divergierenden Ergebnissen.

c) Formfreiheit (Artikel 11 CISG)

Gemäß Artikel 11 CISG unterliegt der Kaufvertrag keinen Formvorschriften[338]. In diesem Zusammenhang ist allerdings ein erklärter Vorbehalt gemäß Artikel 12 i.V.m. Artikel 96 CISG[339] zu beachten. Hat eine der Parteien ihre Niederlassung in einem Vorbehaltsstaat, findet Artikel 11 CISG keine Anwendung, so daß das Formstatut nach dem Kollisionsrecht der *lex fori* zu bestimmen ist[340].

Zu Diskrepanzen kam es im Bereich der Formfreiheit mit einigen US-amerikanischen Entscheidungen, die ohne Rücksicht auf die Anwendbarkeit des CISG die sogenannte parol evidence rule[341], oder Bestimmungen des Statute of Frauds[342] berücksichtigten[343]. Hingegen kommt nach Ansicht des *U.S. District*

---

[336]LG Gießen - 5.7.1994, NJW-RR 1995, S. 438 (439); zur Verkürzung der Ausschlußfrist des Artikel 39 II CISG siehe ICC Court of Arbitration - 23.8.1994, UNILEX, D.1994-20.

[337]Siehe oben IV 2 a) aa) (2) (a).

[338]Dazu u.a. COMPROMEX - 4.5.1993, UNILEX, D.1993-13 (dictamen). Handelsgericht St. Gallen - 5.12.1995 (HG45/1994, unveröffentlicht), UNILEX, E.1995-30; OGH - 6.2.1996, ZfRV 1996, S. 248 (251); U.S. District Court - 6.4.1998 (Calzaturificio Claudia s.n.c. v. Olivieri Footwear Ltd.), UNILEX 1998.

[339]Diesen Vorbehalt haben Argentinien, Belarus, Chile, China, Estland, Lettland, Litauen, die Russische Föderation, Ukraine und Ungarn erklärt.

[340]Dazu Metropolitan Court of Budapest - 24.3.1992 (AZ12.G.41.471/1991, unveröffentlicht), UNILEX, D.1992-8; Rechtbank van Koophandel Hasselt - 2.5.1995 (A.R.1849/94, unveröffentlicht), UNILEX,E.1996-15.1.2; COMPROMEX - 29.4.1996, UNILEX, 1996-5.2.1 (dictamen); Hoge Raad - 7.11.1997, NIPR 1998, Nr. 91.

[341]Die parol evidence rule räumt bei der Auslegung eines Vertrages schriftlichen Vereinbarungen Ausschließlichkeit ein und läßt den Beweis, daß mündlich etwas anderes vereinbart oder eine andere Bedeutung gemeint war, nicht zu. Dazu auch Caemmerer/Schlechtriem-Schlechtriem, Artikel 11 Rn.13.

[342]Schreiben zur Vermeidung von Arglist und Betrug für bestimmte Verträge Schriftform vor.

[343]U.S. Court of Appeals - 15.6.1993 (Beijing Metals & Minerals Import-Export Cooperation v. American Business Center Inc)., 993 F.2d (1993), S. 1178 ff. (parol evidence rule); Court of Appeals of Oregon - 12.4.1995 (GPL Treatment v. Louisiana-Pacific), UNILEX, E.1995-13, siehe aber die dissenting opinion von Judge Leeson (Statute of Frauds).

Court im Rahmen des CISG sowohl die Anwendung des Statute of Frauds, als auch der parol evidence rule gemäß Artikel 11 und Artikel 8 III CISG nicht in Betracht[344]. Hinsichtlich der parol evidence rule hat dies der *U.S. Court of Appeals* nunmehr - unter ausdrücklicher Zurückweisung der gegenteiligen Auffassung - bestätigt[345]. Insbesondere wurde das Argument des Käufers zurückgewiesen, daß es sich bei der parol evidence rule um eine prozessuale Regelung handele, die deshalb nicht in den Regelungsbereich des CISG falle.
Es sei nicht zulässig, im Rahmen des CISG auf nationale Rechtsprinzipien zurückzugreifen, wenn das Übereinkommen eine andere Lösung vorsehe und so das Vertrauen der Parteien in dieses zu erschüttern[346]. Nur so könne der Entstehungsgeschichte und den Zielen des Übereinkommens Rechnung getragen werden.

Aufgrund der nunmehr einheitlichen jüngeren Rechtsprechung der amerikanischen Gerichte scheinen die oben genannten Diskrepanzen überwunden.

3. Vertragsabschlußregeln des CISG (Artikel 14 ff. CISG)

a) Voraussetzungen für das Vorliegen eines Angebotes (Artikel 14 CISG)

Gemäß Artikel 14 CISG ist für das Vorliegen eines Angebotes erforderlich, daß sich dieses an eine oder mehrere bestimmte Personen richtet, es den Bindungswillen des Offerenten erkennen läßt[347] und bestimmt genug ist. Hinsichtlich der Bestimmtheit eines Vorschlages zum Vertragsabschluß ist gemäß Artikel 14 I 2 CISG als Mindestinhalt die Bezeichnung der Ware und die ausdrückliche oder stillschweigende Bestimmung bzw. Bestimmbarkeit des Preises und der Menge erforderlich, um zu einer Offerte zu gereichen[348].

---

344 U.S. District Court - 14.4.1992 (Filanto S.p.A. v. Chilewich International Corporation), 789 Federal Supplement (1992), S. 1229 (1238, Fn. 7).

345 U.S. Court of Appeals - 29.6.1998 (MCC-Marble Ceramic Center, Inc. v. Ceramica Nuova D' Agostino, S.p.A.), 144 F.3d (1998), S. 1384 (1389 ff.); so auch U.S. District Court - 6.4.1998 (Calzaturificio Claudia s.n.c. v. Olivieri Footwear Ltd.), UNILEX 1998; U.S. District Court - 28.10.1998 (Mitchel Aircraft Spares Inc. v. European Aircraft Service AB), 23 F.Supp.2d (1998), S. 915 (920).

346 U.S. Court of Appeals - 29.6.1998 (MCC-Marble Ceramic Center, Inc. v. Ceramica Nuova D' Agostino, S.p.A.), 144 F.3d (1998), S. 1384 (1391).

347 Handelsgericht St. Gallen - 5.12.1995, HG45/1994, unveröffentlicht), UNILEX, E.1995-30.

348 Dazu z.B. OLG Frankfurt a.M. - 4.3.1994 (10 U 80/93, unveröffentlicht), UNILEX, E.1994-7.1, betreffend die Bestimmtheit einer Gegenofferte; LG München - 8.2.1995 (8 HKO 24667/93, unveröffentlicht), UNILEX, E.1995-3.1; Tribunal of International Commercial Arbitration at the Russian Federation Chamber of Commerce - 3.3.1995, CLOUT Case 139.

Der *Metropolitan Court of Budapest* hat diesbezüglich entschieden, daß es ausreicht, wenn die Qualität, Menge und Preis der Ware aufgrund der zwischen den Vertragsparteien entstandenen Gepflogenheiten bestimmbar ist[349]. In dem der Entscheidung zugrunde liegenden Fall hatten die Vertragsparteien, zwischen denen bereits eine lange Geschäftsbeziehung bestand, mündlich einen Warenkaufvertrag geschlossen, ohne die Menge und den Preis zu spezifizieren. Das Gericht führte aus, daß das Angebot im Hinblick auf Artikel 9 I CISG ausreichend bestimmt gewesen sei, da bereits wiederholt entsprechende Waren vom Verkäufer geliefert und der Kaufpreis vom Käufer entrichtet worden war.

Der *OGH* hat in einer Entscheidung die Ansicht vertreten, daß eine Offerte auch dann hinreichend bestimmt ist, wenn der erforderliche Mindestinhalt gemäß Artikel 8 II CISG von "einer vernünftigen Person der gleichen Art" wie der Empfänger "unter gleichen Umständen" ausreichend konkret aufgefaßt werden kann[350].
In einer anderen Entscheidung wies der *OGH* darauf hin, daß in diesem Zusammenhang gemäß Artikel 8 III CISG alle erheblichen Umstände zu berücksichtigen seien, um den Willen einer Partei oder die Auffassung festzustellen, die eine vernünftige Partei gehabt hätte[351]. Dabei seien insbesondere die Verhandlungen zwischen den Parteien, die zwischen ihnen entstandenen Gepflogenheiten, die Bräuche und das spätere Verhalten der Parteien zu beachten[352]. Unter Berücksichtigung dieser Grundsätze hat das Gericht entschieden, daß die "Bestellung einer größeren Menge von Chinchilla-Fellen" hinreichend bestimmt ist. Davon müsse aufgrund des späteren Verhaltens der Parteien ausgegangen werden, da der Käufer die übersandten Felle nahezu vollständig weiterverkaufte, ohne Vorbehalte über die Menge der zugesandten Waren zu machen[353].

Hinsichtlich der Bestimmbarkeit des Preises hat der *OGH* festgestellt, daß die Absprache eines Preisrahmens für Chinchilla-Felle mittlerer bis besserer Qualität von DM 35 bis DM 65 eine hinreichende Fixierung des Preises darstellt[354]. Dem Erfordernis der Bestimmtheit des Preises werde schon dann entsprochen, wenn sich die Parteien auch ohne nähere Bezeichnung der für die Preisbestimmung maßgeblichen Faktoren stillschweigend auf einen zumindest bestimmbaren Preis bezogen haben. Die Parteien hätten durch die Vereinbarung des Preisrahmens ausreichende Anhaltspunkte festgelegt, aus denen je nach Qualität der gelieferte Felle ein bestimmter Preis entnommen werden konnte.

---

[349] Metropolitan Court of Budapest - 24.3.1992 (AZ12.G.41.471/1991, unveröffentlicht), UNILEX, D.1992-8.
[350] OGH - 20.3.1997, JBl 1997, S. 592 (593).
[351] OGH - 10.11.1994, ZfRV 1995, S. 79 (80).
[352] So auch OGH - 6.2.1996, ZfRV 1996, S. 248 (251).
[353] OGH - 10.11.1994, ZfRV 1995, S. 79 (80 f.).
[354] OGH - 10.11.1994, ZfRV 1995, S. 79 (81).

Nach Auffassung der *Cour de Cassation* ist der Preis auch dann bestimmbar, wenn sich im Angebot eine Preisrevisionsklausel befindet[355].

Auch der *Supreme Court of Hungary* mußte sich mit der Frage der Bestimmbarkeit des Preises befassen. In dem der Entscheidung zugrundeliegenden Fall hatte der amerikanische Verkäufer gleichzeitig in zwei alternativen Offerten unterschiedliche Flugzeugmotoren angeboten, ohne die Preise für alle angebotenen Motoren zu benennen. Das Gericht entschied, daß das Angebot weder hinreichend bestimmt noch - mangels eines Basispreises - bestimmbar und somit für den Käufer nicht annahmefähig war[356]. Auch eine Bestimmung des Kaufpreises gemäß Artikel 55 CISG kam nach Ansicht des Gerichts in Ermangelung eines Marktpreises nicht in Betracht[357].

Ein wirksamer Vertragsschluß wurde auch vom *Schiedsgericht der Industrie- und Handelskammer der Russischen Föderation* verneint[358]. Der Verkäufer hatte im Rahmen seines Angebotes zwar die Art und Menge der Waren bestimmt, hinsichtlich des Preises aber lediglich vorgeschlagen, daß dieser erst später - 10 Tage vor Beginn des neuen Jahres - festgelegt werden sollte. Der Käufer hatte dieses Angebot angenommen. Das Gericht stellte fest, daß die Vereinbarung einer späteren Preisfestlegung nicht als eine Möglichkeit gewertet werden kann, den Preis der Ware zu bestimmen, sondern lediglich eine Vereinbarung zwischen den Parteien darstellt, daß zu einem späteren Zeitpunkt eine Einigung über den Preis zwischen den Parteien erfolgen soll. Da es später nicht zu einer einvernehmlichen Preisfestlegung gekommen sei, sei kein Vertrag zwischen den Parteien zustandegekommen. Das Gericht wies darauf hin, daß in einem so gelagerten Fall eine Festsetzung des Preises auch nicht über Artikel 55 CISG erfolgen könne, da zwischen den Parteien Einvernehmen über die Notwendigkeit einer späteren Preisfestlegung herrschte.

Auch das *OLG Frankfurt a.M.* verneinte das Vorliegen eines Angebotes für den Fall, daß bei einer nicht teilbaren Lieferung für einen Teil der bestellten Waren die Preise weder bekannt noch bestimmbar sind[359].

---

[355]Cour de Cassation - 4.1.1995, UNILEX, D.1995-1. So auch die Vorinstanz Cour d' Appel de Paris - 22.4.1992, UNILEX,E.1992-9.1. Dazu auch ICC Court of Arbitration, Case No. 8324/1995, UNILEX, D.1995-35.

[356]Supreme Court of Hungary - 25.9.1992, 13 J.L.&Com (1993), S. 31 (42 ff.). Das durch diese Entscheidung aufgehobene Urteil war davon ausgegangen, daß das Angebot hinreichend bestimmt war, siehe Metropolitan Court of Budapest - 10.1.1992, 13 J.L.&Com (1993), S. 49 (67 ff.).

[357]Supreme Court of Hungary - 25.9.1992, 13 J.L.&Com (1993), S. 31 (43).

[358]Tribunal of International Commercial Arbitration at the Russian Federation Chamber of Commerce - 3.3.1995, CLOUT Case 139.

[359]OLG Frankfurt a.M. - 4.3.1994 (10 U 80/93, unveröffentlicht), UNILEX, E.1994-7.1.

Somit ist festzustellen, daß es hinsichtlich der Frage, ob ein Angebot i.S.d. Artikel 14 CISG vorliegt, bisher nicht zu sich widersprechenden Entscheidungen gekommen ist. Dies ist wohl nicht zuletzt darauf zurückzuführen, daß die Voraussetzungen für das Vorliegen eines Angebotes im Übereinkommen normiert sind und sich bisher keine generellen Auslegungsprobleme ergeben haben. Positiv anzumerken ist, daß auch die bestehende Diskrepanz zwischen Artikel 14 und Artikel 55 CISG[360] bisher zu keinen Auslegungsdivergenzen geführt hat.

b) Annahme (Artikel 18 CISG)

Die Annahme eines Angebotes ist in Artikel 18 CISG geregelt. Im Rahmen dieser Vorschrift ist insbesondere fraglich, ob ein Vertrag auch durch Schweigen auf eine Offerte hin zustande kommen kann. Grundsätzlich kommt Schweigen gemäß Artikel 18 I 2 CISG nicht die Bedeutung einer Annahme zu. Der *U.S. District Court* hat diesbezüglich entschieden, daß der Empfänger eines Angebotes, der es - obwohl er weiß, daß der Offerent bereits Schritte zur Vertragserfüllung eingeleitet hat[361] - unterläßt, diesen innerhalb einer angemessenen Frist über die Ablehnung des Angebotes zu informieren, unter bestimmten Umständen so behandelt werden kann, als habe er zugestimmt[362]. Das Gericht wies darauf hin, daß das CISG selbst diese Möglichkeit im Rahmen des Artikel 18 I 1 CISG vorsehe. In diesem Zusammenhang könnten insbesondere frühere Beziehungen zwischen den Parteien bedeutsam werden (Artikel 8 III CISG), um zu beurteilen, ob das Verhalten des Erklärungsempfängers als Annahme zu werten sei.

So hat auch die *Cámara Nacional en lo Commercial* festgestellt, daß zwar Schweigen oder Untätigkeit allein gemäß Artikel 18 I CISG keine Annahme darstellen, aber durch Hinzutreten weiterer Umstände - insbesondere die Vornahme einer Handlung i.S.d. Artikel 18 III CISG - eine Zustimmung zum Angebot bedeuten können[363].

Ein anderer Fall lag einer Entscheidung der *Cour de Cassation* zugrunde. Hier hatte der Verkäufer auf Anfrage des Käufers die technischen Spezifikationen der zu liefernden Ware geändert und dem Käufer eine diese Änderungen dokumentierende Zeichnung zukommen lassen, die der Käufer vorbehaltlos akzeptierte. Das Gericht bestätigte die Entscheidung der Vorinstanz, daß es sich hier

---

[360] Hierzu Caemmerer/Schlechtriem-Schlechtriem, Artikel 14 Rn. 9 ff.; Honsell-Schnyder/Straub, Artikel 14 Rn. 50 ff.; Bianca/Bonell-Eörsi, Artikel 14, Anm. 3.4.

[361] Hier durch die Eröffnung eines Akkreditivs.

[362] U.S. District Court - 14.4.1992 (Filanto S.p.A. v. Chilewich International Corporation), 789 Federal Supplement (1992), S. 1229 (1239 f.).

[363] Cámara Nacional en lo Commercial - 14.10.1993, UNILEX,D.1993-24.

um einen Fall handelt, in dem das Schweigen des Käufers als Zustimmung zu werten ist[364].

Besondere Relevanz kommt in diesem Zusammenhang der Problematik zu, inwieweit ein Vertrag durch Schweigen auf ein kaufmännisches Bestätigungsschreiben mit dem aus dem Bestätigungsschreiben ersichtlichen Inhalt zustande kommen kann.
In der Gerichtspraxis besteht Einigkeit, daß ein Vertrag auf diese Weise nur dann zustande kommen kann, wenn es sich im konkreten Fall um einen Handelsbrauch i.S.d. Artikel 9 CISG, insbesondere um einen internationalen Handelsbrauch i.S.d. Artikel 9 II CISG handelt[365]. So führt das *OLG Frankfurt a.M* aus, daß es für das in Artikel 9 II CISG statuierte Internationalitätserfordernis zur Geltung eines bestimmten Handelsbrauches nicht ausreiche, wenn dieser lediglich in einem der beiden Staaten, in denen die Vertragsparteien ihre Niederlassung haben, Gültigkeit hat[366]. Voraussetzung für das Vorliegen eines internationalen Handelsbrauches sei daher, daß die Regeln über das kaufmännische Bestätigungsschreiben in beiden beteiligten Ländern Geltung haben und davon auszugehen ist, daß beide Parteien die Wirkungen kannten[367]. Ist dies nicht der Fall, könne einem Bestätigungsschreiben aber im Rahmen der Beweiswürdigung für das Vorliegen eines Vertragsschlusses eine erhebliche Bedeutung zukommen[368]. Hingegen wies das *LG Düsseldorf* in anderem Zusammenhang lediglich pauschal darauf hin, daß das Institut des kaufmännischen Bestätigungsschreibens dem CISG fremd sei[369].

c) Modifizierte Annahme (Artikel 19 CISG)
Gemäß Artikel 19 I CISG stellt eine Antwort auf ein Angebot keine Annahme, sondern ein Gegenangebot dar, wenn sie Ergänzungen, Einschränkungen oder sonstige Änderungen enthält. Dieser Grundsatz wird durch Artikel 19 II CISG dahingehend eingeschränkt, daß dies nur gilt, soweit es sich um eine wesentliche Änderung handelt. Bei lediglich unwesentlichen Änderungen werden diese Vertragsinhalt, sofern nicht der Offerent diese unverzüglich mündlich beanstandet oder eine entsprechende Mitteilung absendet.

---

364 Cour de Cassation - 27.1.1998 (180 P, unveröffentlicht), UNILEX 1998.
365 Zivilgericht Basel - 21.12.1992, UNILEX, E.1992-31; OLG Frankfurt a.M. - 5.7.1995 (9 U 81/94, unveröffentlicht), UNILEX, E.1995-17.4, so auch die Vorinstanz LG Frankfurt a.M. - 6.7.1994 (2/1 O 7/94, unveröffentlicht), UNILEX, E.1994-18.1; wohl auch Hof 's Hertogenbosch - 24.4.1996, NIPR 1996, Nr. 235.
366 OLG Frankfurt a.M. - 5.7.1995 (9 U 81/94, unveröffentlicht), UNILEX, E.1995-17.4.
367 So auch Zivilgericht Basel - 21.12.1992, UNILEX, E.1992-31.
368 So auch bereits OLG Köln - 22.2.1994, RIW 1994, S. 972 (972).
369 LG Düsseldorf - 25.8.1994 (31 O 27/92, unveröffentlicht), UNILEX, E.1994-20.1, betreffend die Wirksamkeit einer Vereinbarung zur Rücknahme der Ware.

Somit stellt sich hier die entscheidende Frage, welche Änderungen als lediglich unwesentlich und welche als wesentlich anzusehen sind. Artikel 19 III CISG enthält eine nicht abschließende Aufzählung als wesentlich anzusehender Abweichungen[370]. Für die Beantwortung dieser Frage kommt es daher auf die besonderen Umstände des Einzelfalles an.

So entschied das *OLG Hamm*, daß auch die Änderung der Verpackungsart eine wesentliche Abweichung darstellen kann[371]. Der Käufer hatte beim Verkäufer 200t Schweinespeck, verpackt in Säcken aus Polyäthylen bestellt. In seiner Antwort lehnte der Verkäufer die Verpackungsart "in Säcken" ab und bot eine "lose" Verpackungsart an. Das Gericht stellte fest, daß es sich hierbei um ein Gegenangebot i.S.d. Artikel 19 I CISG handelt.

Das *OLG München* hat die Auffassung vertreten, daß es sich auch bei einer Annahme, die die im Angebot vorgesehene Lieferzeit abändert, um eine wesentliche Abweichung handelt und somit eine Ablehnung des ursprünglichen Angebotes und mithin ein Gegenangebot darstellt[372].

Dagegen hatte sich der *OGH* mit der Frage zu befassen, ob eine Annahmeerklärung, die eine Abänderung der angebotene Menge von "+/- 5% nach Wahl des Schiffes" auf "+/- 10% nach Wahl des Schiffes" beinhaltet, als Gegenangebot gewertet werden muß[373]. Das Gericht führte aus, daß es sich bei der in Artikel 19 III CISG enthaltenen Aufzählung um eine im Einzelfall widerlegbare Auslegungsregel handele und es nicht ausgeschlossen sei, daß auch Änderungen zu diesen Punkten in der Annahmeerklärung aufgrund der besonderen Umstände des Falles, der Parteigepflogenheiten, der Vorverhandlungen oder aufgrund von Bräuchen als unwesentlich bewertet werden dürfen. Das Gericht stellte diesbezüglich fest, daß es sich insbesondere dann um eine unwesentliche Änderung handelt, wenn die Änderung dem Offerenten lediglich günstig ist[374].

Auch bei einer im Rahmen einer Auftragsbestätigung vorgenommenen Bezugnahme auf eine Klausel, die eine Frist für die Reklamation der Ware beinhaltet, handelt es sich nach Auffassung des *LG Baden-Baden* lediglich um eine unwe-

---

[370]Dazu OLG Frankfurt a.M. - 31.3.1995 (25 U 185/94, unveröffentlicht), UNILEX,E.1995-11.1 betreffend Qualitätsabweichung; OLG Frankfurt a.M. - 23.5.1995 (5 U 209/94, unveröffentlicht), UNILEX,E.1995-15.3 hinsichtlich einer Mengenabweichung; Cour de Cassation - 16.7.1998 (1309 P, unveröffentlicht), UNILEX 1998 (Gerichtsstandsklausel).

[371]OLG Hamm - 22.9.1992 (19 U 97/91, unveröffentlicht), UNILEX, E.1992-18.

[372]OLG München - 8.2.1995 (7 U 1720/94, unveröffentlicht), UNILEX,E.1995-3.

[373]OGH - 20.3.1997, JBl 1997, S. 592 (593 f.).

[374]OGH - 20.3.1997, JBl 1997, S. 592 (593 f.); zustimmend Piltz, NJW 2000, S. 557.

sentliche Änderung i.S.d. Artikel 19 II CISG, die Vertragsbestandteil wird, soweit sie vom Offerenten nicht beanstandet wird[375].

Die *Cour d' Appel de Paris* stellte fest, daß auch die Antwort auf ein Angebot, das eine Preisrevisionsklausel hinsichtlich einer etwaigen Senkung des Marktpreises vorsah, mit der Ergänzung, daß eine Anpassung des Kaufpreises auch bei einer Erhöhung des Marktpreises erfolgen könne, eine Annahme i.S.d Artikel 19 II CISG darstellt[376].

Als eine unwesentliche Änderung i.S.d. Artikel 19 II CISG wertete der *Metropolitan Court of Budapest* auch die in der schriftlichen Annahmeerklärung geäußerte Bitte um vertrauliche Behandlung[377].

Es handelt sich hier um Entscheidungen, die den besonderen Umständen des Einzelfalles Rechnung tragen. Divergenzen sind bisher nicht zu verzeichnen.

d) Einbeziehung von Allgemeinen Geschäftsbedingungen

aa) Allgemeines

Oftmals sollen Allgemeine Geschäftsbedingungen (AGB), etwa Verkaufs- oder Einkaufsbedingungen, Inhalt des Kaufvertrages werden. Von Interesse ist daher, ob sich auch die Einbeziehung von AGB nach den Artikel 14 ff. CISG richtet.

So hat eine niederländische Entscheidung die Frage der Einbeziehung AGB nach der unvereinheitlichten *lex causae* bestimmt[378].

Im Gegensatz dazu hat die überwiegende Rechtsprechung die Einbeziehung von AGB nach dem CISG beurteilt.
Der *OGH* hat im Rahmen einer Entscheidung darauf hingewiesen, daß das CISG für die Einbeziehung standardisierter Geschäftsbedingungen keine besonderen Voraussetzungen aufstellt[379]. Die erforderlichen Regeln seien daher nach den Artikel 14 ff. CISG, welche das äußere Zustandekommen des Vertrages abschließend regeln, zu entwickeln[380]. Demnach müßten AGB, um in einen Vertrag einbezogen werden zu können, nach dem dem Adressaten erkennbaren

---

[375] LG Baden-Baden - 14.8.1991, RIW 1992, S. 62 (63).
[376] Cour d' Appel de Paris - 22.4.1992, UNILEX,E.1992-9.1, bestätigt durch Cour de Cassation - 4.1.1995, UNILEX, D.1995-1.
[377] Metropolitan Court of Budapest - 10.1.1992, 13 J.L.&Com (1993), S. 49 (70).
[378] Rb Zwolle - 1.3.1995, NIPR 1996, Nr. 95.
[379] OGH - 6.2.1996, ZfRV 1996, S. 248 (251).
[380] So wohl auch LG Oldenburg - 28.2.1996 (12 O 2943/94, unveröffentlicht), UNILEX, D.1996-3.2.0.

Willen der erklärenden Partei (Artikel 8 I, II CISG) Bestandteil des Angebotes geworden sein. Dies könne sowohl stillschweigend geschehen als sich auch aus zwischen den Parteien entstandenen Gepflogenheiten ergeben[381]. Hierfür reiche es nicht aus, wenn der Verwender dem Vertragspartner keine Kenntnis von den AGB verschaffe.

Auch ein deutsches Gericht hat für die inhaltliche Einbeziehung von AGB auf die Artikel 14 ff. CISG abgestellt. Konkret hat das Gericht im Rahmen eines deutsch-italienischen Kaufvertrages über Schuhe ausgeführt, daß es ausreiche, wenn die AGB auf der Rückseite des Auftragsformulars in deutscher und italienischer Sprache abgedruckt sind und auf der Vorderseite auf diese hingewiesen[382] wird, um diese gemäß Artikel 14 CISG zum wirksamen Vertragsbestandteil zu machen[383].

Ebenso hat das *AG Kehl* die Auffassung vertreten, daß den AGB-Verwender eine Kenntnisverschaffungspflicht hinsichtlich der AGB in der maßgeblichen Vertragssprache trifft[384].
Hingegen ließ es das *Tribunal Commercial de Nivelles* bereits ausreichen, wenn sich auf dem Angebot ein ausdrücklicher und deutlich hervorgehobener Hinweis auf etwaige AGB befindet, die Annahme keine Modifikation bezüglich der Anwendbarkeit der AGB beinhaltet und der Annehmende aufgrund der Verhandlungen den Inhalt der AGB kannte bzw. nicht in Unkenntnis sein konnte (Artikel 8 I, III CISG)[385].

Das *OLG Saarbrücken* hat in seiner Entscheidung darauf hingewiesen, daß die Einbeziehung von AGB auch konkludent durch das Verhalten des Empfängers erfolgen kann[386]. In dem der Entscheidung zugrundeliegenden Fall hatte der Verkäufer dem Käufer seine AGB mit der jeweiligen Auftragsbestätigung übersandt. Das Gericht stellte fest, daß der Käufer dadurch, daß er die der ersten

---

[381]Der OGH ist der Ansicht, daß eine Gepflogenheit auch schon bei Abschluß des ersten Vertrages bestehen kann, wenn sich z.B aus Vorgesprächen ergibt, daß die andere Partei zur Durchführung des Geschäfts nur bei Zugrundelegung bestimmter AGB bereit ist; kritisch dazu Magnus, ZEuP 1997, S. 834, Fn. 119.

[382]Zu diesem Erfordernis auch Cour d' Appel de Paris - 13.12.1995 (95-018179, unveröffentlicht), UNILEX, E.1995-33, unter Hinweis darauf, daß es für die Einbeziehung der AGB nicht ausreiche, wenn diese lediglich auf der Rückseite des Bestellformulars abgedruckt sind und ein Hinweis auf der Vorderseite fehlt.

[383]AG Nordhorn - 14.6.1994 (3 C 75/94, unveröffentlicht), UNILEX, E.1994-12.

[384]AG Kehl - 6.10.1995, NJW-RR 1996, S. 565 (565 f.).

[385]Tribunal Commercial de Nivelles - 19.9.1995 (R.G.1707/93, unveröffentlicht), UNILEX, D.1995-24.1.

[386]OLG Saarbrücken - 13.1.1993 (1 U 69/92, unveröffentlicht), UNILEX, E.1993-2.1; zur Annahme von vom Angebot abweichender AGB durch Vertragsdurchführung siehe auch OLG München - 11.3.1998, ForInt. 1998, S. 106 (106).

Auftragsbestätigung entsprechende Lieferung des Verkäufers entgegengenommen und in der Folgezeit weitere Bestellungen bei diesem aufgegeben hatte, die auf der Vorderseite der jeweiligen Auftragsbestätigung in Bezug genommene und auf der Rückseite abgedruckte AGB gemäß Artikel 8 II, 18 I S. 1, 19 I CISG konkludent akzeptiert hatte.

Hingegen richtet sich die Gültigkeit der AGB gemäß Artikel 4 a) CISG nicht nach den Vorschriften des Übereinkommens, sondern nach dem auf die Vertragsbeziehung anzuwendenden materiellen Recht[387].

Somit ist es bisher sowohl bei der Beantwortung der Frage, ob sich die Einbeziehung von AGB nach dem CISG richtet als auch hinsichtlich der Problematik, ob den Verwender von AGB eine Kenntnisverschaffungspflicht in der maßgeblichen Vertragssprache trifft, zu unterschiedlichen Auffassungen gekommen.

bb) Rechtswahl- und Gerichtsstandsklauseln

Häufig befinden sich in AGB auch Rechtswahl- oder Gerichtsstandklauseln, deren Einbeziehung möglicherweise besonderen Voraussetzungen unterliegt.

So gehen das *LG Duisburg* und das *LG München I* davon aus, daß die Frage der Einbeziehung einer in AGB enthaltenen Rechtswahlklausel nicht dem Regelungsbereich des CISG unterfällt und sich - ohne Berücksichtigung der in den AGB enthaltenen Rechtswahlklausel - nach der unvereinheitlichten *lex causae* beurteilt[388]. Hingegen scheint das *AG Kehl* die Auffassung zu vertreten, daß sich auch die Einbeziehung von einer in AGB enthaltenen Rechtswahlklausel nach den Artikel 14 ff. CISG richtet[389].

Hinsichtlich der Einbeziehung von Gerichtsstandsklauseln haben zwei deutsche Entscheidungen festgestellt, daß sich diese im Bereich des EuGVÜ[390] ausschließlich nach diesem und nicht nach dem CISG bestimmt, auch wenn die Gerichtsstandsklausel Teil allgemeiner Geschäftsbedingungen ist[391].

---

[387]Dazu AG Nordhorn - 14.6.1994 (3 C 75/94, unveröffentlicht), UNILEX, E.1994-12; siehe auch oben IV 2 a) cc).

[388]LG Duisburg- 17.4.1996, RIW 1996, S. 774 (775); LG München I - 29.5.1995, NJW 1996, S. 401 (402); so wohl auch Rechtbank van Koophandel Hasselt - 24.1.1995 (A.R.2532/93, unveröffentlicht), UNILEX, E.1995-1.0; OLG München - 9.7.1997 (7 U 2070/ 97, unveröffentlicht), UNILEX, E.1997-11. Kritisch hierzu Magnus, ZEuP 1997, S. 837.

[389]AG Kehl - 6.10.1995, NJW-RR, 1996, S. 565 (565).

[390]Brüsseler EWG-Übereinkommen über die gerichtliche Zuständigkeit und die Vollstreckung gerichtlicher Entscheidungen in Zivil- und Handelssachen vom 27. September 1968 (BGBl. 1972 II, S. 774).

[391]Dazu LG München I - 29.5.1995, NJW 1996, S. 401 (402); LG Duisburg- 17.4.1996, RIW 1996, S. 774 (776).

Außerhalb des Anwendungsbereichs des EuGVÜ scheint die *Cámara Nacional en lo Commercial* die Auffassung zu vertreten, daß sich zwar die Frage der Wirksamkeit der Gerichtsstandsklausel gemäß Artikel 4 a) CISG nach dem anwendbaren nationalen Recht bestimmt, die Frage der Einbeziehung sich aber nach Artikel 14 ff. CISG richtet[392]. So hat auch das *Tribunal Commercial de Nivelles* hinsichtlich der Einbeziehung einer Gerichtsstandsklausel und der Einbeziehung sonstiger AGB keine Differenzierung vorgenommen und die Beurteilung der Einbeziehung der in AGB enthaltenen Gerichtsstandsklausel nach den Vorschriften der Artikel 14 ff. i.V.m Artikel 8 CISG vorgenommen[393]. Allerdings hat ein niederländisches Gericht auch im Anwendungsbereich des EuGVÜ eine Einbeziehung einer in AGB enthaltenen Gerichtsstandsklausel nach den Artikel 14 ff. CISG beurteilt[394] und lediglich am Schluß der Entscheidung darauf hingewiesen, daß auch die Voraussetzungen des Artikel 17 EuGVÜ erfüllt sind[395].

Im Hinblick auf das wirksame Zustandekommen einer Schiedsgerichtsvereinbarung zwischen einem finnischen Verkäufer und einem deutschen Käufer hat das *OLG München* entschieden, daß für die behauptete Schiedsvereinbarung das UN-Übereinkommen über die Anerkennung und Vollstreckung ausländischer Schiedssprüche[396] maßgeblich ist. In diesem Zusammenhang hat der *U.S. District Court* darauf hingewiesen, daß aber die Beurteilung der Frage, ob eine "schriftliche Vereinbarung" i.S.d Artikel 2 II dieses Übereinkommens vorliegt, unter Beachtung der Vorschriften des CISG erfolgen müsse, wenn der Anwendungsbereich des CISG eröffnet ist[397].

Mithin bestehen sowohl Divergenzen in der Rechtsprechung, ob sich die Einbeziehung von Rechtswahl-, als auch von Gerichtsstandsklauseln nach den Vorschriften des CISG oder nach unvereinheitlichtem, nationalen Recht richtet.

cc) Battle of forms

Abweichungen in der Annahmeerklärung von der Offerte resultieren oftmals aus der Einbeziehung von AGB. Beziehen sich sowohl der Offerent als auch der Annehmende auf ihre AGB und bestehen zwischen diesen Divergenzen, stellt

---

392 Cámara Nacional en lo Commercial - 14.10.1993, UNILEX,D.1993-24.
393 Tribunal Commercial de Nivelles - 19.9.1995 (R.G.1707/93, unveröffentlicht), UNILEX, D.1995-24.1; wohl auch Cour d' Appel de Paris - 13.12.1995 (95-018179, unveröffentlicht), UNILEX, E.1995-33.
394 So anscheinend auch Cour de Cassation - 16.7.1998 (1309 P, unveröffentlicht), UNILEX 1998.
395 Hof's Hertogenbosch - 19.11.1996, NIPR 1997, Nr. 123.
396 Siehe oben Fn.183.
397 U.S. District Court - 14.4.1992 (Filanto S.p.A. v. Chilewich International Corporation), 789 Federal Supplement (1992), S. 1229 (1237).

sich die Frage, ob ein Vertrag, bzw. zu welchen Bedingungen dieser geschlossen wurde.

Mit einer konkreten Lösung hinsichtlich dieses Problembereiches der "battle of forms" haben sich erst wenige Entscheidungen beschäftigt[398].
In dem einer deutschen Entscheidung zugrundeliegenden Fall hatten sich sowohl der Offerent, als auch der Annehmende auf ihre eigenen AGB bezogen, welche hinsichtlich des anwendbaren Rechts divergierten. Das Gericht hat in diesem Zusammenhang darauf hingewiesen, daß es sich grundsätzlich um ein Gegenangebot i.S.d. Artikel 19 I CISG handeln würde[399], soweit die AGB in der Vertragssprache abgefaßt und dem Offerenten übersendet worden seien[400]. Im konkreten Fall ging das Gericht allerdings davon aus, daß die Parteien auf die Geltung ihrer widersprechenden AGB verzichtet hatten oder von der Anwendung des Artikel 19 CISG in Anwendung ihrer Parteiautonomie nach Artikel 6 CISG abgewichen seien, da aufgrund der Durchführung des Vertrages Einigkeit zwischen den Parteien hinsichtlich der *essentialia negotii* bestanden habe.

Es bleibt abzuwarten, ob sich in diesem Bereich eine einheitliche Gerichtspraxis entwickeln wird.

4. Rechte und Pflichten der Vertragsparteien

a) Primärpflichten des Verkäufers

aa) Lieferung der Ware (Artikel 31 CISG)

Artikel 31 CISG regelt die Lieferpflicht des Verkäufers und den Ort, an dem er die Lieferpflicht zu erfüllen hat.

Dem Grundsatz der Parteiautonomie (Artikel 6 CISG) Rechnung tragend, gilt diese Regelung nur soweit der Verkäufer die Ware nicht vertraglich an einen anderen Ort zu liefern hat[401]. So hat das *OLG Karlsruhe* entschieden, daß die Klausel "frei Haus" den Verkäufer verpflichtet, die Ware auf eigene Kosten und auf eigene Gefahr beim Käufer anzuliefern, so daß der Verkäufer seine Ver-

---

398 AG Kehl - 6.10.1995, NJW-RR, 1996, S. 565 (565); Hof's Hertogenbosch - 19.11.1996, NIPR 1997, Nr. 123.

399 AG Kehl - 6.10.1995, NJW-RR, 1996, S. 565 (565); dazu auch OLG München - 11.3.1998, ForInt. 1998, S. 106 (106).

400 AG Kehl - 6.10.1995, NJW-RR, 1996, S. 565 (565).

401 dazu OLG Koblenz - 23.2.1990, IPRax 1991, S. 241 (243), "ab ital. Kellerei Turin"; ICC Court of Arbitration, Case No. 7197/1992, unveröffentlicht, UNILEX, D.1992-2, "Delivered at Frontier".

tragspflichten nicht schon mit Übergabe der Ware an den von ihm beauftragten Spediteur (Artikel 31 a) CISG) erfüllt hatte[402]. Dem folgt auch das *OLG Köln* indem es feststellt, daß es sich bei einer vereinbarten Lieferung "frei Haus" um eine Bringschuld handelt, bei der die Lieferung durch Übergabe an den Käufer zu erfolgen hat[403]. Das Gericht führt weiter aus, daß im Gegensatz dazu die Klausel "ab Werk" in der Regel keinen von Artikel 31 CISG abweichenden Ort normiere. Etwas anderes gelte dann, wenn sich in den Lieferangaben der Zusatz "geladen auf LKW" befindet und der Verkäufer die Ware mit eigenen Transportmitteln zum Käufer zu schaffen hat[404].

Nach Ansicht des *BGH* bleibt es auch bei der vom Verkäufer verwendeten Vertragsklausel "Preise gelten frei S. (Sitz des Käufers)" bei der Regelung des Artikel 31 CISG. Es handele sich lediglich um eine Kostentragungsregel, wenn das Wort "frei" nur in einen Zusammenhang mit den Preisen und nicht mit dem Ort, an dem der Verkäufer seine Lieferpflicht zu erfüllen hat, gestellt werde[405].

Divergierende Entscheidungen sind insoweit bisher nicht ersichtlich.

bb) Vertragsmäßigkeit der Ware (Artikel 35 CISG)
Artikel 35 CISG bestimmt die Pflichten des Verkäufers hinsichtlich der sachlichen Beschaffenheit der Ware.

Gemäß Artikel 35 I CISG hat der Verkäufer solche Ware zu liefern, die in Menge, Qualität und Art sowie hinsichtlich der Verpackung oder Behältnis den Anforderungen des Vertrages entspricht[406]. So hat ein deutsches Gericht ausgeführt, daß somit für die Festlegung der Vertragsmäßigkeit die im konkreten Vertrag durch quantitative und qualitative Daten und Beschreibungen festgelegten Eigenschaften der Ware maßgeblich wären[407]. Qualitative Daten seien dabei alle tatsächlichen und rechtlichen Verhältnisse der Sache zur Umwelt, ohne daß es auf die Beeinträchtigung der Brauchbarkeit oder des Wertes der Sache ankomme.

---

[402]OLG Karlsruhe - 20.11.1992, NJW-RR 1993, S. 1316 (1317).
[403]OLG Köln - 8.1.1997 (27 U 58/95, unveröffentlicht), UNILEX, E.1997-1; entsprechend hat auch der OGH festgestellt, daß bei Verwendung dieser Klausel Erfüllungsort die Niederlassung des Käufers ist, OGH - 10.9.1998, JBl 1999, S. 333 (333).
[404]OLG Köln - 8.1.1997 (27 U 58/95, unveröffentlicht), UNILEX, E.1997-1.
[405]BGH - 11.12.1996, ZIP 1997, S. 519 (520 f.).
[406]Dazu LG Berlin 15.9.11994 (52 S 247/94, unveröffentlicht), UNILEX, E.1994-22.1; BGH - 8.3.1995, RIW 1995, S. 595 (595); U.S. Court of Appeals - 6.12.1995 (Delchi Carrier S.p.A. v. Rotorex Corp.), 71 F.3d (1995), S. 1024 (1028). COMPROMEX - 29.4.1996, UNILEX, 1996-5.2.1 (dictamen).
[407]OLG Köln - 21.5.1996 (22 U 4/96, unveröffentlicht), UNILEX, E.1996-5.5.

Haben die Parteien keine Vereinbarungen getroffen, gelten die Voraussetzungen des Artikel 35 II CISG für die Beurteilung, ob die Ware dem Vertrag entspricht. So ist die Ware insbesondere dann vertragsgemäß, wenn sie sich für gewöhnliche Zwecke[408] oder für einen bestimmten Zweck eignet, der dem Verkäufer bekannt ist (Artikel 35 II a) und b) CISG)[409]. Nach Ansicht des *LG Berlin* muß die Ware aber von durchschnittlicher Qualität sein, so daß es nicht genügt, wenn sie gerade noch handelbar ist[410]. Hingegen scheint eine kanadische Entscheidung entsprechend der Common Law-Rule davon auszugehen, daß bereits handelbare Ware ausreicht[411].

Verschiedene Gerichte wurden im Rahmen dieser Vorschrift mit dem Problem konfrontiert, ob die Nichteinhaltung von nationalen öffentlich-rechtlichen Bestimmungen, die z.B. zum Schutz des Verbrauchers erlassen wurden, zur Vertragswidrigkeit der Ware führt.
Der *BGH* hat diesbezüglich die Auffassung vertreten, daß dies bei Nichteinhaltung öffentlich-rechtlicher Vorschriften des Importlandes grundsätzlich nicht der Fall ist[412]. In dem der Entscheidung zugrundeliegenden Fall wies das vom Verkäufer in die Bundesrepublik Deutschland importierte Muschelfleisch eine Cadmiumbelastung auf, die erheblich über dem vom Bundesgesundheitsamt herausgegebenen, unverbindlichen Richtwert lag. Das Gericht wies *obiter dicta* darauf hin, daß es auf bestimmte Vorgaben im Land des Käufers nur dann ankomme, wenn diese auch im Verkäuferstaat bestehen oder der Käufer dem Verkäufer einen entsprechenden Hinweis erteilt hat (Artikel 35 II b) CISG) und möglicherweise auch dann, wenn dem Verkäufer im Einzelfall die maßgeblichen Bestimmungen bekannt sind oder sein müßten[413]. Auch die Vereinbarung eines Liefer- oder Bestimmungsortes würde für sich allein nicht ausreichen, um eine Bindung an die öffentlich-rechtlichen Vorschriften des Exportlandes zu bewirken.
Zur Begründung führt der *BGH* aus, daß es dem Verkäufer nicht zuzumuten sei, die öffentlich-rechtlichen Vorschriften all derer Länder zu kennen, in die ein

---

[408]Cour de Cassation - 17.12.1996, UNILEX, D.1996-11.
[409]Dazu LG Berlin - 15.9.1994 (52 S 247/94, unveröffentlicht), UNILEX, E.1994-22.1.
[410]LG Berlin - 15.9.1994 (52 S 247/94, unveröffentlicht), UNILEX, E.1994-22.1. Die Frage, ob die Eignung zum gewöhnlichen Gebrauch erfordert, daß Gattungsware von durchschnittlicher Qualität ist oder ob "handelbare" Ware genügt hat der BGH hingegen offengelassen, BGH - 8.3.1995, RIW 1995, S. 595 (595). So auch die Vorinstanz OLG Frankfurt a. M. - 20.4.1994, RIW 1994, S. 593 (594).
[411]Ontario Superior Court of Justice - 31.8.1999 (La San Giuseppe v. Forti Moulding Ltd.), http://cisgw3.law.pace.edu/cases/990831c4.html.
[412]BGH - 8.3.1995, RIW 1995, S. 595 (596), unter Hinweis auf die h.M. in der internationalen Literatur; siehe auch die Vorinstanz OLG Frankfurt a. M. - 20.4.1994, RIW 1994, S. 593 (595) unter Hinweis auf Artikel 7 I CISG.
[413]BGH - 8.3.1995, RIW 1995, S. 595 (596).

Export in Betracht kommt. Vielmehr könne ein entsprechender Hinweis des Käufers hinsichtlich etwaiger Bestimmungen im Importland erwartet werden.

In diesem Zusammenhang ist besonderes Augenmerk auf eine jüngere Entscheidung eines amerikanischen Gerichts zu richten[414]. Hier waren im Rahmen einer Vertriebsvereinbarung zwischen einem italienischen Verkäufer und einem amerikanischen Käufer Waren geliefert worden, die von der amerikanischen Gesundheitsbehörde (Food and Drug Administration) beschlagnahmt wurden, weil sie bestimmten öffentlich-rechtlichen Vorschriften nicht entsprachen. Ein Schiedsgericht hatte in Anwendung des CISG ein Vertragsaufhebungsrecht des amerikanischen Käufers wegen wesentlichen Vertragsbruchs angenommen und den italienischen Verkäufer zu Schadensersatz verurteilt. Auf Antrag des Käufers hatte der *U.S. District Court* über die Bestätigung und Vollstreckbarkeit des Schiedsspruches zu entscheiden[415]. Der Verkäufer hatte hier "manifest disregard of international sales law", insbesondere des CISG, vorgetragen und die Nichtberücksichtigung der obigen Entscheidung des *BGH*[416] gerügt. Das Gericht legte die deutsche Entscheidung seiner Beurteilung zugrunde und bestätigte die Entscheidung des Schiedsgerichts, das nicht auf die vom *BGH* aufgestellte Grundregel abgestellt, sondern eine zulässige Ausnahme aufgrund der besonderen Umstände des Einzelfalles angenommen und für die Bestimmung der vertragsgemäßen Beschaffenheit die öffentlich-rechtlichen Vorschriften des Käuferlandes für maßgeblich gehalten hatte.

Entsprechend der Rechtsprechung des *BGH* hat auch das *LG Trier* entschieden, daß die Lieferung von Wein mit einem Zuckerzusatz von ca. 9%, der somit gemäß EG-Recht sowohl im Verkäuferstaat als auch im Käuferstaat nicht verkehrsfähig war, als vertragswidrig (Artikel 35 II a) CISG) anzusehen ist[417].

Gleichsam hat die *Cour de Cassation* unter Hinweis auf Artikel 35 ff. CISG die Vertragswidrigkeit von Weißwein angenommen, der aufgrund erhöhter Alkoholkonzentration durch Beifügung von Rübenzucker sowohl im Verkäuferstaat als auch im Käuferstaat[418] nicht für den Verzehr geeignet war[419]. Allerdings hat das Gericht in seiner Entscheidung nicht explizit erwähnt, daß ein Nachzukkern des Weins auch nach dem Weinrecht des Verkäuferstaates (Italien) verbo-

---

[414]U.S. District Court - 17.5.1999 (Medical Marketing International, Inc. v. Internazionale Medico Scientifica, S.r.l.), http://cisgw3.law.pace/edu/cases/990517 ul.html.
[415]Die Überprüfung gemäß 9 U.S.C. § 9 kann sich nur auf bestimmte Punkte beziehen.
[416]BGH - 8.3.1995, RIW 1995, S. 595 ff.
[417]LG Trier - 12.10.1995, NJW-RR 1996, S. 564 (565).
[418]Die Weinrechte beider Länder beruhen auf der EWG-Verordnung Nr. 822/87 vom 16.3.1987 über die gemeinsame Marktorganisation für Wein (Abl. EG 1987 Nr. L 84/1).
[419]Cour de Cassation - 23.1.1996, UNILEX, D.1996-2.

ten war[420]. Eine Klarstellung, daß es auf die Frage, auf welche öffentlich-rechtlichen Vorschriften abzustellen ist, im konkreten Fall nicht ankommt, fehlt. Somit liegt der Verdacht nahe, daß das Gericht der Ansicht der Vorinstanzen gefolgt ist, die allein auf das französische Weinrecht, als das Recht des Käuferlandes abgestellt hatten[421]. Damit würde die Entscheidung der *Cour de Cassation* im Gegensatz zur der soeben angeführten Rechtsprechung des *BGH* stehen.

Ein anderer Fall lag der Entscheidung des *LG Ellwangen* zugrunde[422]. Hier hatten die Parteien vereinbart, daß die Ware nach deutschem Lebensmittelrecht verkehrsfähig sein muß. Das Gericht entschied, daß die Ware, die zum Zeitpunkt der Lieferung einen über dem vom deutschen Lebensmittelrecht tolerierten Ethylenoxidanteil aufwies, gemäß Artikel 35 I CISG nicht dem Vertrag entspricht. Der Verkäufer könne hier nicht einwenden, daß ihm das deutsche Lebensmittelrecht nicht bekannt sei[423].

Zu einem ähnlichen Ergebnis kommt auch die *Cour d' Appel de Grenoble*[424]. Das Gericht hatte zu beurteilen, ob der von einem italienischen Verkäufer an einen französischen Käufer gelieferte Käse auf dessen Verpackung weder die Zusammensetzung des Produktes, noch das Verfalldatum vermerkt war und die Verpackung somit nicht dem französischen Recht bezüglich der Verkaufsfähigkeit von Lebensmitteln entsprach, vertragsgemäß i.S.d Artikel 35 CISG ist. Das Gericht stellte fest, daß der Verkäufer - aufgrund der Geschäftsbeziehungen zwischen den Parteien - wußte, daß die Ware in Frankreich weiterverkauft werden sollte[425]. Gemäß Artikel 8 I CISG hätte der Verkäufer die Erklärungen des Käufers dahingehend zu interpretieren gehabt, daß der Käufer Waren bestellen wollte, die dem französischen Recht entsprachen, so daß die gelieferte Ware aufgrund der nicht dem französischen Recht entsprechenden Verpackung nicht vetragsgemäß gewesen sei[426].

Soweit der Verkäufer dem Käufer eine Probe oder ein Muster vorgelegt hat, muß die Ware - bei Fehlen anderweitiger Vereinbarungen - deren Eigenschaften besitzen, um vertragsgemäß zu sein (Artikel 35 II c) CISG)[427]. In diesem Zu-

---

[420]Kritisch dazu Witz/Wolter, RIW 1998, S. 280 f.
[421]Siehe auch Schlechtriem, IPRax 1997, S. 132.
[422]LG Ellwangen - 21.8.1995 (1KfH O 32/95, unveröffentlicht), UNILEX, E. 1995-20.
[423]LG Ellwangen - 21.8.1995 (1KfH O 32/95, unveröffentlicht), UNILEX, E. 1995-20.
[424]Cour d' Appel de Grenoble - 13.9.1995, UNILEX, D.1995-24.
[425]Kritisch dazu Witz/Wolter, RIW 1998, S. 283 f.
[426]Cour d' Appel de Grenoble - 13.9.1995, UNILEX, D.1995-24.
[427]Dazu U.S. Court of Appeals - 6.12.1995 (Delchi Carrier S.p.A. v. Rotorex Corp.), 71 F.3d (1995), S. 1024 (1028).

sammenhang hat das *LG Berlin* festgestellt, daß ein Muster aber nur dann verbindlich ist, wenn die Parteien dies vereinbart haben[428].

Im Ergebnis bestehen im Rahmen des Artikel 35 CISG somit zum einen Unterschiede bei der Beantwortung der Frage, ob es für die Vertragsmäßigkeit der Ware ausreicht, daß diese handelbar ist oder, ob durchschnittliche Qualität erforderlich ist. Hierbei handelt es sich um eine Problematik, die aus den unterschiedlichen Rechtsauffassungen der Common Law- und der Civil Law-Staaten resultiert.
Zum anderen kommt es möglicherweise auch bei der Behandlung der Nichteinhaltung öffentlich-rechtlicher Vorschriften des Käuferlandes zu Divergenzen. Ob die Rechtsprechung der *Cour de Cassation*[429] tatsächlich im Gegensatz zur Rechtsprechung des *BGH* [430]steht, muß abgewartet werden.

b) Die Untersuchung und Rüge nach Artikel 38 und 39 CISG
Die Artikel 38, 39 CISG sehen vor, daß der Käufer jede Vertragswidrigkeit, die bei einer ordnungsgemäßen Untersuchung erkennbar war bzw. gewesen wäre, fristgerecht rügen muß, um sich seine Rechte zu erhalten.

aa) Die Untersuchung der Ware (Artikel 38 CISG)
Gemäß Artikel 38 I CISG hat der Käufer die Ware innerhalb so kurzer Frist auf etwaige Mängel zu untersuchen bzw. untersuchen zu lassen, wie es die Umstände erlauben. Der Ablauf der Untersuchungsfrist setzt die bedeutende Rügefrist des Artikel 39 I CISG in Gang.

Bei der Anwendung dieser Vorschrift ergeben sich insbesondere zwei Problembereiche, mit denen sich die Rechtsprechung der Vertragsstaaten wiederholt beschäftigt hat: Zum einen, welcher Umfang und Intensität der normierten Untersuchungsobliegenheit des Käufers zuzumessen ist, zum anderen die Bestimmung der Frist, innerhalb derer der Käufer die Untersuchung vorzunehmen hat[431].

(1) Art und Weise der Untersuchung
Probleme im Rahmen des CISG können daraus resultieren, daß Artikel 38 CISG keine Kriterien hinsichtlich Art und Umfang der Untersuchung der Ware aufstellt. Bestehen zwischen den Vertragsparteien keine konkretisierenden Parteivereinbarungen oder bestimmte Gepflogenheiten, tragen die nationalen Gerichte

---

[428]LG Berlin - 15.9.1994 (52 S 247/94, unveröffentlicht), UNILEX, E.1994-22.1; dazu auch LG München - 8.2.1995 (8 HKO 24667/93, unveröffentlicht), UNILEX, E.1995-3.1.
[429]Oben Fn. 419.
[430]Oben Fn. 412.
[431]Siehe dazu auch die Übersicht von Magnus, TranspR-IHR 3-1999, S. 29 (30 f.).

die Last, einheitliche Maßstäbe und Kriterien für diese Obliegenheit des Käufers zu entwickeln.

So hat ein schweizerisches Gericht entschieden, daß der Käufer grundsätzlich die Ware entsprechend ihrer Art, Menge und Verpackung und unter Berücksichtigung aller weiteren Umstände zu untersuchen hat[432], wobei ein objektiver Maßstab zugrunde zu legen sei[433]. Insbesondere müsse die Untersuchung geeignet sein, erkennbare Mängel zu offenbaren. Einschränkend weist das *OLG Köln* darauf hin, daß der Käufer aber nur im Rahmen des Zumutbaren und Üblichen zu Untersuchungen verpflichtet ist[434]. In jedem Fall habe aber eine angemessene handelsübliche und bei Gefahr hoher Mangelfolgeschäden besonders gründliche Untersuchung stattzufinden, zu der, wenn es auf schwer überprüfbare Eigenschaften der Ware ankommt, auch Sachverständige einzuschalten sind. Nach einer schweizerischen Entscheidung ist bei Lieferung einer Anlage für Salzwasserbäder eine genaue Untersuchung, insbesondere eine Prüfung der Leitungen und Dichtungen erforderlich[435]. Die bloße Besichtigung der Anlage reiche in diesem Zusammenhang nicht aus.

Soweit es sich um die Lieferung größerer Mengen handelt, hat nach Auffassung des *Obergericht Kanton Luzern* der Käufer aber nicht die gesamte Ware auf Qualitätsmängel zu untersuchen, sondern kann sich auf Stichproben beschränken[436]. Allerdings sei der Käufer auch dann zu Stichproben verpflichtet, wenn die Untersuchung einen Eingriff in die Substanz oder das Öffnen der Verpackung erfordere. Die gelte selbst dann, wenn die untersuchte Ware (hier steril verpackte Blutleitungen) bei diesem Vorgang unbrauchbar bzw. unverkäuflich werde. So hat auch das *OLG Saarbrücken* darauf hingewiesen, daß es einer Untersuchung nicht entgegenstehe, wenn die Ware (hier Türblätter) palettenweise und in Plastikfolie eingeschweißt angeliefert werde[437]. Eine niederländische Entscheidung führt aus, daß es der Untersuchungspflicht ebenfalls nicht entgegenstehe, wenn es sich um eingefrorene Produkte handelt, da ein kleiner Teil der Ware zwecks Untersuchung aufgetaut werden könne[438].

---

[432]So auch OLG Karlsruhe - 25.6.1997, RIW 1998, S. 235 (236), unter Hinweis auf die Möglichkeiten des typischen Käufers.

[433]Obergericht Kanton Luzern - 8.1.1997 (11 95 123/357, unveröffentlicht), UNILEX, E.1997-2.

[434]OLG Köln - 21.8.1997 (18 U 121/96, unveröffentlicht), UNILEX 1998.

[435]Handelsgericht Zürich - 26.4.1995 (HG920670, unveröffentlicht), UNILEX, E. 1995-15.1.

[436]Obergericht Kanton Luzern - 8.1.1997 (11 95 123/357, unveröffentlicht), UNILEX, E.1997-2. Etwas anderes gilt bei Quantitätsmängeln, dazu auch LG Landshut - 5.4.1995 (54 O 644/94, unveröffentlicht), UNILEX, E.1995-12.

[437]OLG Saarbrücken - 13.1.1993 (1 U 69/92, unveröffentlicht), UNILEX, E.1993-2.1.

[438]Rechtbank Roermond - 19.12.1991, NIPR 1992, Nr. 394.

Nach Ansicht des *OLG Karlsruhe* sind auch bei einer langjährigen Geschäftsbeziehung Stichproben stets zumutbar und ist eine sogenannte Probeverarbeitung geboten[439], wenn sich der Mangel, auf den hin untersucht werden soll, nur nach Verarbeitung erkennen läßt[440]. Hier hatte der Verkäufer selbstklebende Oberflächenschutzfolie zu liefern, die ohne Kleberückstände von geschliffenen Edelstahlblechen ablösbar sein sollte. Der Käufer hatte die Folie zwar auf Vollständigkeit und Mangelhaftigkeit untersucht, nicht aber eine Probeverarbeitung vorgenommen.

In einem anderen Fall hat ein niederländisches Gericht eine stichprobenhafte Untersuchung entsprechend der Umstände des Einzelfalles für nicht ausreichend erachtet. Die *Rechtbank Zwolle* hat es bezüglich einer Lieferung von tiefgefrorenem Fisch, der vom Käufer filetiert und weiterverkauft werden sollte, für erforderlich gehalten, daß die gesamte Lieferung bei, bzw. kurz nach Anlieferung hätte untersucht werden müssen[441]. Dies insbesondere deshalb, weil die AGB des Verkäufers eine kurze Reklamationszeit für gefrorene Ware vorsahen, die Ware durch den Filetierprozeß verändert wurde und es sich um verderbliche Ware handelte, die überdies ins Ausland verkauft werden sollte. Der Produktionsprozeß der Filtetierung des Fisches selbst hätte dem Käufer die Möglichkeit gegeben, die gesamte Lieferung zu untersuchen.

Einer deutschen Entscheidung wiederum lag ein Fall zugrunde, wo bei einer stichprobenhaften Untersuchung einer Schuhlieferung keine Mängel festgestellt worden waren[442]. Hier hatte der Käufer dem Verkäufer 16 Tage nach Lieferung mitgeteilt, daß sich Reklamationen ergeben hätten, weil die Verarbeitung der Ware nicht einwandfrei gewesen sei[443]. Das Gericht stellte fest, daß es sich bei den gerügten Mängeln[444] um offene Mängel handelte, die nicht erst beim Tragen der Schuhe zutage treten würden. Der Käufer hätte aufgrund seiner Sachkunde eine fachmännische, gründliche Untersuchung vornehmen müssen, die zu einer Entdeckung der behaupteten Mängel geführt hätte. Dies gelte um so mehr, wenn bereits bei einer vorangegangenen Lieferung Mängel vorgelegen hätten und der Käufer somit "vorgewarnt" gewesen sei. Folglich habe der Käufer die

---

[439]Offengelassen von BGH - 25.11.1998, RIW 1999, S. 385 f.; kritisch dazu Escher, RIW 1998, S. 499.

[440]OLG Karlsruhe - 25.6.1997, RIW 1998, S. 235 (236).

[441]Rechtbank Zwolle - 5.3.1997, NIPR 1997 Nr. 230.

[442]LG Stuttgart - 31.8.1989, RIW 1989, S. 984 f.

[443]Allerdings hat das Gericht, obwohl es das CISG gemäß Artikel 1 I b) CISG für anwendbar hielt offengelassen, ob Artikel 39 i.V.m. Artikel 38 CISG anwendbar ist oder über Artikel 7 II i.V.m. Artikel 32 II EGBGB die Regelung des § 377 HGB subsidiär heranzuziehen ist.

[444]Es wurde geltend gemacht, daß das Blatt oftmals unterschiedlich lang sei, die Schuhwaren teilweise sehr unsauber vernäht seien und viele Kunden über starkes Abfärben klagen würden.

an eine sachgerechte Untersuchung zu stellende Sorgfaltspflichten nicht beachtet.

Auf die besondere Sachkunde des Käufers hat auch das *OLG München* abgestellt und bezüglich einer Lieferung von Cashmere-Pullovern ausgeführt, daß einem Kaufmann, der hochwertige Bekleidungsartikel verkaufe, am "gröberen Griff" der Ware deren mindere Qualität auffallen müsse[445]. Bei einer von einem Kaufmann und Großbetrieb, der über mehrere Einzelhandelsfilialen verfüge, zu erwartenden gründlichen und fachmännischen Untersuchung hätte der Mangel innerhalb kürzester Zeit bei Stichproben festgestellt werden müssen. Auf eine eingehende wissenschaftliche Untersuchung könne es nicht ankommen. In dem der Entscheidung zugrunde liegenden Fall hatten erst wiederholte Kundenbeschwerden hinsichtlich der mangelhaften Weichheit des Materials zu einer Mängelrüge geführt.

Wie die Entscheidung des *OLG München* bereits andeutet[446], stellt sich oftmals die Frage, welche konkreten Anforderungen an das Prüfungsverfahren zu stellen sind. Das *LG Trier* hat in diesem Zusammenhang ausgeführt, daß ein Weinkäufer nicht verpflichtet sei, ohne besondere Anhaltspunkte eine nicht zu der herkömmlichen chemischen Analyse gehörende Untersuchung auf einen Wasserzusatz durchführen zu lassen[447]. Das Gericht hat überdies festgestellt, daß die Lieferung eines mit Wasser versetzten Weines, der nicht verkehrsfähig ist, ein arglistiges Verhalten darstellt, so daß sich der Verkäufer gemäß Artikel 40 CISG nicht auf die Artikel 38 und 39 CISG berufen kann.

Einer anderen deutschen Entscheidung lag ein Fall zugrunde, in dem der Käufer den nicht ausreichendem Titandioxydgehalt von geliefertem Granulat nur durch eine quantitative chemische Analyse hätte feststellen können[448]. Auch hier war das Gericht der Ansicht, daß der Käufer eine derartige Analyse nicht durchzuführen hat, um seiner Untersuchungsobliegenheit gemäß Artikel 38 CISG zu genügen[449].

Auch eine Pflicht zum probeweisen Waschen gelieferter Bekleidungsstücke, um das Einlaufen der Ware zu prüfen, bestehe nicht[450].

---

[445] OLG München - 11.3.1998, ForInt. 1998, S. 106 (107).

[446] Ibid.

[447] LG Trier - 12.10.1995, NJW-RR 1996, S. 564 (565).

[448] LG Paderborn - 25.6.1996 (7 O 147/94, unveröffentlicht), UNILEX, E.1996-8.

[449] Ebenso LG Ellwangen - 21.8.1995 (1KfH O 32/95, unveröffentlicht), UNILEX, E. 1995-20, für die Untersuchung einer Paprikalieferung durch ein Fachinstitut auf Ethylenoxidbelastungen.

[450] LG Landshut - 5.4.1995 (54 O 644/94, unveröffentlicht), UNILEX, E.1995-12.

Soweit die Art und Weise der Untersuchung betroffen ist, können bisher keine Divergenzen in der Rechtsprechung festgestellt werden. Dies liegt wohl primär daran, daß von der Rechtsprechung weitestgehend einheitliche Maßstäbe und Kriterien für diese Obliegenheit des Käufers entwickelt wurden und es hier im besonderen Maße auf die Umstände des Einzelfalles ankommt.

(2) Beginn und Dauer der Untersuchungsfrist

Die Untersuchung der Ware hat innerhalb "so kurzer Frist...wie es die Umstände erlauben" zu erfolgen.

(a) Beginn der Untersuchungsfrist

Grundsätzlich beginnt die Untersuchungsfrist mit Anlieferung der Ware beim Käufer zu laufen[451]. Gemäß Artikel 38 III CISG kann die Untersuchung aber, wenn die Ware vom Käufer weiterversendet wird und er keine ausreichende Gelegenheit zur Untersuchung der Ware hatte, bis nach dem Eintreffen der Ware am endgültigen Bestimmungsort aufgeschoben werden, wenn der Verkäufer von der Weiterversendung wußte[452]. Ein schweizerisches Gericht hat diesbezüglich festgestellt, daß der bloße Weiterverkauf ohne zusätzlichen Transport[453] nicht unter Artikel 38 III CISG fällt[454]. Das Gericht hielt es in diesem Zusammenhang für maßgeblich, daß der Käufer die Ware als Gesamtheit nicht weitergeleitet, sondern einen bedeutend größeren Teil der gelieferten Ware an sein Lager genommen hatte. Allerdings sei die Tatsache des Weiterverkaufs, ohne daß der Käufer ausreichende Gelegenheit zur Untersuchung der Ware hatte, im Rahmen des Artikel 38 I CISG sowohl im Hinblick auf die Form der Untersuchung, als auch im Hinblick auf die Dauer der Untersuchungsfrist zu berücksichtigen.

(b) Fristdauer

Hinsichtlich der Dauer der Untersuchungsfrist hat ein deutsches Gericht allgemein darauf hingewiesen, daß es sich um eine den Umständen des Einzelfalles Rechnung tragende flexible Frist handele[455]. Auch das *OLG Düsseldorf* ist der

---

[451]Dazu z.B. LG Hannover - 1.12.1993 (22 O 107/93, unveröffentlicht), UNILEX, E.1993-25.1; OLG Düsseldorf - 12.3.1993 (17 U 136/92, unveröffentlicht), UNILEX, E. 1993-6.1; OLG Düsseldorf - 10.2.1994, RIW 1995, S. 53 (55); Obergericht Kanton Luzern - 8.1.1997 (11 95 123/357, unveröffentlicht), UNILEX, E.1997-2; OLG Köln - 21.8.1997 (18 U 121/96, unveröffentlicht), UNILEX 1998.

[452]Dazu OLG Köln - 22.2.1994, RIW 1994, S. 972 (973).

[453]Wie es insbesondere im Einzelhandel üblich ist, wo der Käufer die Ware zunächst in sein eigenes Lager nimmt und von diesem aus weiterliefert.

[454]Obergericht Kanton Luzern - 8.1.1997 (11 95 123/357, unveröffentlicht), UNILEX, E.1997-2; dazu auch bereits OLG Saarbrücken - 13.1.1993 (1 U 69/92, unveröffentlicht), UNILEX, E.1993-2.1.

[455]OLG Karlsruhe - 25.6.1997, RIW 1998, S. 235 (236).

Auffassung, daß für die Bestimmung der Dauer der mit Ablieferung der Ware beim Käufer beginnenden Untersuchungsfrist die Umstände des Einzelfalles und die angemessenen Möglichkeiten der Vertragsparteien maßgeblich sind[456], wobei ein strenger Maßstab angelegt werden müsse[457]. So sei es bei Lieferung von Hemden ohne weiteres möglich, die Hemden unmittelbar nach der Anlieferung - zumindest stichprobenartig - zu untersuchen.
Das *Obergericht Kanton Luzern* führt weiter aus, daß zu den für die Bestimmung der Frist heranzuziehenden Umständen unter anderem der Ort, an dem sich die Ware befindet, und die Art der Verpackung gehören[458]. Besonderer Bedeutung würde der Art der Ware zukommen.
So weist auch der *OGH* in einer jüngeren Entscheidung darauf hin, daß sich die kurze Frist für die Untersuchung insbesondere nach der Größe des Unternehmens des Käufers, der Art der zu untersuchenden Ware, ihrer Komplexität oder Verderblichkeit, dem Charakter als Saisonware, der Aufwendigkeit der Untersuchung etc. richte[459].

Mithin besteht über die Kriterien, welche für die Dauer der Untersuchungsfrist zu berücksichtigen sind, weitgehende Einigkeit.

Aufgrund der Notwendigkeit, die Umstände des Einzelfalles zu berücksichtigen, ist es nicht weiter verwunderlich, daß die bisherige Rechtsprechung keinen einheitlichen Lösungsweg für eine konkrete Fristdauer aufweist. Tendenziell wird aber für die Untersuchungsfrist ein eher kurzer Zeitraum zugebilligt.
So führt das *Obergericht Kanton Luzern* aus, daß bei dauerhaften Gütern - selbst bei größeren Mengen - eine sofortige Untersuchung auf Anzahl und Gattungszugehörigkeit erwartet werden könne[460]. Hingegen sei die sofortige genauere Untersuchung hinsichtlich Qualitätsabweichungen nicht zumutbar, wenn andere Geschäfte den Käufer in Anspruch nähmen. Das Gericht hat für die Untersuchung von 14.000 steril zu haltenden Blutleitungen eine Untersuchungsfrist von 10 Tagen für angemessen gehalten.
Eine deutsche Entscheidung hat für die Feststellung von Mindermengen eine Frist von einer Woche als eine den Umständen entsprechende kurze Frist be-

---

[456]So auch Obergericht Kanton Luzern - 8.1.1997 (11 95 123/357, unveröffentlicht), UNILEX, E.1997-2 ; OLG Köln - 21.8.1997 (18 U 121/96, unveröffentlicht), UNILEX 1998; OGH - 15.10.1998, JBl 1999, S. 318 (320).
[457]OLG Düsseldorf - 10.2.1994, RIW 1995, S. 53 (55), so auch bereits OLG Düsseldorf - 12.3.1993 (17 U 136/92, unveröffentlicht), UNILEX, E. 1993-6.1.
[458]Obergericht Kanton Luzern - 8.1.1997 (11 95 123/357, unveröffentlicht), UNILEX, E.1997-2.
[459]OGH - 15.10.1998, JBl 1999, S. 318 (320).
[460]Obergericht Kanton Luzern - 8.1.1997 (11 95 123/357, unveröffentlicht), UNILEX, E.1997-2; so auch LG Landshut - 5.4.1995 (54 O 644/94, unveröffentlicht), UNILEX, E.1995-12.

wertet[461]. Dies gelte auch dann, wenn zu diesem Zeitpunkt der erforderliche Mitarbeiter ortsabwesend gewesen sei, da der Käufer für eine Zählung der gelieferten Ware zu sorgen habe.

Nicht verwunderlich ist es auch, daß das *LG Aachen* entschieden hat, daß die Untersuchung von Schuhen am Tage der Lieferung fristgemäß ist[462].

Nach Auffassung des *LG Düsseldorf* handelt es sich bei der Frist des Artikel 38 I CISG um eine dem Käufer eben noch zumutbare sehr kurze Frist[463]. Allerdings könne ein für die Untersuchung erforderlicher Einbau gelieferter Motoren nicht innerhalb weniger Arbeitstage erfolgen. Eine Prüfungszeit von etwa vier Monaten, könne aber nicht mehr als kurze Frist i.S.d. Artikel 38 I CISG angesehen werden.

Als "Mittelwert" für die Untersuchungsfrist i.S.d. Artikel 38 I CISG, der je nach Lage des Falles nach oben oder unten zu korrigieren sei, kann nach Auffassung des *OLG Karlsruhe* auch bei dauerhaften Gütern von drei bis vier Tagen ausgegangen werden[464]. Für eine dem Käufer zur Untersuchung obliegende notwendige Probeverarbeitung hat das Gericht einen Zeitraum von maximal 7 Tagen zugebilligt[465].

In einer Entscheidung zum EKG hat das *AG Riedlingen* für die Untersuchung von geliefertem Schinken einen Zeitraum von höchstens 3 Tagen eingeräumt[466]. Dies gelte auch dann, wenn eine vollständige Untersuchung innerhalb kurzer Frist durch Feiertage erschwert gewesen sei, da es dem Käufer zuzumuten sei, Stichproben der Ware zu nehmen.

Ein Käufer, der im Juli von dem Endabnehmer eines Teils der Ware Reklamationen erhalten hat, darf nach Ansicht des *Hoge Raad* mit einer Untersuchung der Ware zumindest nicht bis Mitte August warten. Dies gelte selbst im Hinblick auf in diesen Zeitraum fallende Sommerferien[467].

Ein schweizerisches Gericht hat entschieden, daß bei einer Lieferung einer Wohnzimmergarnitur zwischen Kaufleuten der Käufer diese sofort bei Liefe-

---

[461]LG Landshut - 5.4.1995 (54 O 644/94, unveröffentlicht), UNILEX, E.1995-12.
[462]LG Aachen - 3.4.1990, RIW 1990, S. 491 (492).
[463]LG Düsseldorf - 23.6.1994 (31 O 231/94, unveröffentlicht), UNILEX, E.1994-16.
[464]OLG Karlsruhe - 25.6.1997, RIW 1998, S. 235 (236).
[465]So wohl auch OLG Koblenz - 11.9.1998, UNILEX 1998.
[466]AG Riedlingen - 21.10.1994 (2 C 395/93, unveröffentlicht), UNILEX, E.1994-25.
[467]Hoge Raad - 20.2.1998, NedJur 1998, Nr. 480.

rung untersuchen muß[468]. Dies gelte auch dann, wenn es sich um Ware handelt, die weiterverkauft werden soll.

Handelt es sich um Waren, die mit anderem gleichartigem Material vermischt werden, so daß nicht mehr ohne weiteres festgestellt werden kann, aus welcher Lieferung das gegebenenfalls mangelhafte Material stammt, hat eine Untersuchung vor der Vermischung zu erfolgen[469]. Bei dem der Entscheidung des *OLG Köln* zugrundeliegenden Fall wurde vom Käufer Ware in ein Silo eingefüllt, in dem sich bereits andere Ware befand. Das Gericht wies darauf hin, daß dies selbst dann gelte, wenn die gesamte Ware vom gleichen Verkäufer geliefert wird und die alte Ware ihrerseits nicht mehr gerügt werden kann. Das gelieferte Aluminiumhydroxid hätte somit sofort nach der Ankunft beim Käufer untersucht werden müssen. Eine sofortige Untersuchung jeder Lieferung sei diesem auch zumutbar gewesen, da hierfür kein besonderes, aufwendiges Prüfungsverfahren erforderlich war.
Die Untersuchungspflicht bestünde ungeachtet dessen, daß zuvor mangelfreie Ware geliefert wurde, der Verkäufer Qualitätssicherungsanalysen durchführt und jeder Lieferung ein Rückstellmuster entnommen hat.

Abschließend ist auf eine Entscheidung des *LG Hannover* hinzuweisen. Nach Auffassung des Gerichts hat der Käufer, auch wenn die Ware direkt vom Verkäufer i.S.d Artikel 38 III CISG an einen Abnehmer des Käufers geliefert wurde, dafür zu sorgen, daß der Abnehmer die Ware unverzüglich untersucht[470]. Das Risiko der Verspätung trage allein der Käufer.

bb) Die Rüge (Artikel 39 CISG)
Gemäß Artikel 39 I CISG verliert der Käufer sein Recht, sich auf die Vertragswidrigkeit der Ware zu berufen, wenn er sie dem Verkäufer nicht innerhalb angemessener Frist nach dem Zeitpunkt, in dem er sie festgestellt hat oder hätte feststellen müssen, anzeigt und dabei die Art der Vertragsverletzung genau bezeichnet[471]. Gemäß Artikel 39 II CISG verliert der Käufer dieses Recht spätestens zwei Jahre nach Übergabe der Ware, falls nicht eine vertragliche Garantie ihm weitergehende Rechte gewährt.
Die den Käufer treffende Obliegenheit zur Mängelrüge dient zum einen dem allgemeinen Interesse des Handelsverkehrs an einer raschen und endgültigen Abwicklung von Rechtsgeschäften, zum anderen den Belangen des Verkäufers, der in die Lage versetzt werden soll, entsprechende Feststellungen und notwen-

---

[468]Pretura die Locarno-Campagna - 27.4.1992, UNILEX, D.1992-10.
[469]OLG Köln - 21.8.1997 (18 U 121/96, unveröffentlicht), UNILEX 1998, dies gelte auch für die Rüge gemäß § 39 I CISG.
[470]LG Hannover - 1.12.1993 (22 O 107/93, unveröffentlicht), UNILEX, E.1993-25.1.
[471]Hingegen verlangte Art 39 I EKG noch eine Anzeige innerhalb "kurzer Frist".

dige Dispositionen - vor allem zur Schadensabwendung - zu treffen, um sich nicht längere Zeit nach Ablieferung mangelbedingten, mit zunehmendem Zeitablauf nur unsicher klärbaren Ansprüchen ausgesetzt zu sehen[472]. Eine Einschränkung finden diese Regelungen dann, wenn der Verkäufer bösgläubig war (Artikel 40 CISG[473]) oder dem Käufer ein vernünftiger Entschuldigungsgrund zur Seite steht (Artikel 44 CISG[474]).

Hat also der Käufer die Ware untersucht und nimmt er sie dem Verkäufer gegenüber ausdrücklich als vertragsgemäß ab, kann er nicht mehr - auch nicht binnen angemessener Frist - solche Fehler rügen, die bei der Untersuchung feststellbar waren[475]. Anderenfalls würde er sich mit dem eigenen Verhalten in Widerspruch setzen und gegen das Gutglaubensgebot des Artikel 7 I CISG verstoßen.

Somit muß der Käufer gemäß Artikel 39 I CISG jede Vertragswidrigkeit, die er bei ordnungsgemäßer Untersuchung i.S.d. Artikel 38 CISG festgestellt hat bzw. hätte feststellen können, sowie jede später erkannte Vertragswidrigkeit ohne Rücksicht auf den Entstehungsgrund fristgerecht rügen[476]. Mißlingt z.B. eine vom Verkäufer vorgenommene Nachbesserung, liegt hierin eine erneute Nichterfüllung seiner Pflichten. Gemäß Artikel 39 I CISG verliert der Käufer sein Recht, sich auf die Vertragswidrigkeit der Ware zu berufen, wenn er die Vertragswidrigkeit nicht erneut rügt[477].

(1) Anzeige

(a) Inhalt der Anzeige
Artikel 39 I CISG verlangt vom Käufer, daß er die "Art der Vertragswidrigkeit" genau bezeichnet[478]. In diesem Zusammenhang hat eine deutsche Entscheidung ausgeführt, daß der Verkäufer der Mängelanzeige inhaltlich Art und Umfang der Mängel entnehmen können muß[479]. Die bloße Mitteilung, daß die Ware

---

[472]LG Kassel - 15.2.1996, NJW-RR 1996, S. 1146 (1146); OLG Düsseldorf 8.1.1993, RIW 1993, S. 325 (325).

[473]Siehe dazu Arbitration Institute of the Stockholm Chamber of Commerce - 5.6.1998 (unveröffentlicht), UNILEX 1998.

[474]Dazu u.a. OLG Karlsruhe - 25.6.1997, RIW 1998, S. 235 (236); Hoge Raad - 20.2.1998, NedJur 1998, Nr. 480; OLG Koblenz - 11.9.1998, UNILEX 1998; OGH - 15.10.1998, JBl 1999, S. 318 (321).

[475]Dazu LG Saarbrücken - 26.3.1996 (7 IV 75/95, unveröffentlicht), UNILEX 1998.

[476]Dazu auch Hungarian Chamber of Commerce and Industry Court of Arbitration - 5.12.1995, UNILEX, E.1995-29.

[477]LG Oldenburg - 9.11.1994, RIW 1996, S. 65 (65).

[478]Siehe dazu auch die Übersicht von Magnus, TranspR-IHR 3-1999, S. 31 f.

[479]LG Hannover - 1.12.1993 (22 O 107/93, unveröffentlicht), UNILEX, E.1993-25.1.

mangelhaft sei, reiche hierfür nicht aus[480]. Die Vertragswidrigkeit müsse substantiiert angegeben werden[481]. Bei lediglich pauschalen Angaben werde der Zweck der Mängelrüge, kurzfristig Klarheit über die Beanstandungen zu schaffen, nicht erfüllt[482]. Der Verkäufer soll in die Lage versetzt werden, sich ein Bild über die Vertragswidrigkeit zu machen und die erforderlichen Schritte zu ergreifen[483].
Diese Voraussetzung sei nicht erfüllt, wenn lediglich erklärt werde, daß die Ware (hier Trüffel) "weich" sei, ohne auf eine Madenbildung hinzuweisen[484].
Das *OLG Koblenz* hat es nicht für ausreichend spezifiziert gehalten, wenn der Verkäufer Rollen Acryldecken mit unterschiedlichem Design in Rechnung stellt und der Käufer lediglich das Fehlen von "fünf Rollen" rügt[485]. Diese Angabe versetze den Verkäufer nicht in die Lage, eine Ersatz- oder Nachlieferung in die Wege zu leiten.
Ein anderes deutsches Gericht hat festgestellt, daß auch die Mitteilung des Käufers "...dieser Artikel wurde nicht gemäß unseren Vorgaben gefertigt und kann nicht dem Kunden übergeben werden..." ebenfalls nicht den Anforderungen des Artikel 39 I CISG genügt[486]. Auch in diesem Fall könne sich der Verkäufer nicht verläßlich darüber klar werden, wie er reagieren soll.

Ebenfalls nicht ausreichend sei es, wenn lediglich behauptet wird, daß "alle Stühle in der Polsterung mangelhaft" seien, ohne vorzutragen was an der Polsterung nicht in Ordnung ist[487]. Entsprechendes gelte, wenn der Käufer von Chrysanthemen-Büschen lediglich "Miserabilität" und "uneinheitliche Sortierung" rügt oder "schlechten Wuchs" beanstandet[488].

480So auch Handelsgericht Zürich - 21.9.1998 (HG960527, unveröffentlicht), zusammenfassend SZIER 1999, S. 188 (189).

481u.a. LG Hannover - 1.12.1993 (22 O 107/93, unveröffentlicht), UNILEX, E.1993-25.1, dazu auch LG München I - 3.7.1989, IPRax 1990, S. 316 (317); OLG Saarbrücken - 13.1.1993 (1 U 69/92, unveröffentlicht), UNILEX, E.1993-2.1; LG München I - 20.3.1995, IPRax 1996, S. 31 (32); LG Marburg - 12.12.1995, NJW-RR 1996, S. 760 (760); OLG Köln - 8.1.1997 (27 U 58/95, unveröffentlicht), UNILEX, E.1997-1.

482So LG München I - 3.7.1989, IPRax 1990, S. 316 (317), wenn sich die Bezeichnung der Mängel auf die Geltendmachung schlechter Verarbeitung und Paßform beschränke; dazu auch LG Saarbrücken - 26.3.1996 (7 IV 75/95, unveröffentlicht), UNILEX 1998.

483LG Saarbrücken - 26.3.1996 (7 IV 75/95, unveröffentlicht), UNILEX 1998; BGH - 4.12.1996, NJW-RR 1997, S. 690 (691); BGH - 3.11.1999, RIW 2000, S. 381 (382).

484LG Bochum - 24.1.1996, ForInt 1996, S. 93 (94).

485OLG Koblenz - 31.1.1997 (2 U 31/96, unveröffentlicht), UNILEX,E.1997-4; kritisch dazu Magnus, ZEuP 1999, S. 659.

486OLG München - 9.7.1997 (7 U 2070/ 97, unveröffentlicht), UNILEX, E.1997-11.

487LG Saarbrücken - 26.3.1996 (7 IV 75/95, unveröffentlicht), UNILEX 1998.

488OLG Saarbrücken - 3.6.1998, NJW-RR 1999, S. 780 (780).

Auf der anderen Seite hat der *BGH* entschieden, daß bei Lieferung von rostfreiem Walzdraht der Fehler ausreichend substantiiert ist, wenn der Käufer rügt "das Material hat Splitter" bzw. "das Material ist gespalten und hat Splitter[489].

Der *BGH* hat im Rahmen einer anderen Entscheidung darauf hingewiesen, daß die Anforderungen an die Spezifizierung jedenfalls nicht überspannt werden dürfen[490]. Das Gericht hielt es aber nicht für hinreichend substantiiert, eine Rüge bezüglich des Fehlens der gesamten Dokumentation einer gelieferten Drukkeranlage bestehend aus Drucker, Monitor, Rechner und Software anzunehmen, wenn der Käufer als "offenen Punkt" lediglich das Fehlen der "Dokumentation des Druckers" rügt[491]. Die Mehrdeutigkeit des Begriffes "Drucker" gehe zu Lasten des Käufers.

Ebenso genüge es nicht, wenn der Käufer rügt, daß sich der gelieferte Stoff nach dem Waschen aufblähe und nicht mehr ordnungsgemäß falle[492] oder der Käufer lediglich pauschale Ausführungen macht, daß der Verkäufer seinen "Verpflichtungen nicht nachgekommen" sei und "falsche Teile", "full of breakages" geliefert habe[493].

Nach einer jüngeren Entscheidung des *BGH* hat der Käufer jedenfalls die gerügten Qualitätsabweichungen zu bezeichnen, wobei bei Maschinen und technischen Geräten nur die Darlegung der Symptome, nicht aber die Angabe der diesen zugrundeliegenden Ursachen gefordert werden kann[494].

Die Tatsache, daß die Problematik der genauen Bezeichnung der Vertragswidrigkeit bisher lediglich in der deutschsprachigen Rechtsprechung zum Tragen gekommen ist, kann darauf zurückzuführen sein, daß die englische und französische Version des Übereinkommens lediglich von einer Spezifizierung ("specifying the lack of conformity"; "en précisant la nature de ce défaut"), nicht aber von einer genauen Bezeichnung der Vertragswidrigkeit sprechen[495].

---

[489]BGH - 25.6.1997, NJW 1997, S. 3311 (3312).

[490]BGH - 4.12.1996, NJW-RR 1997, S. 690 (691); so auch Handelsgericht Zürich - 21.9.1998 (HG960527, unveröffentlicht), zusammenfassend SZIER 1999, S. 188 (189).

[491]Anders die Vorinstanz OLG Nürnberg - 20.9.1995 (12 U 2919/94, unveröffentlicht), http://www.jura.uni-freiburg.de/ipr1/cisg/.

[492]LG Regensburg - 24.9.1998, ForInt 1998, S. 109 f., kritisch dazu Magnus, ZEuP 1999, S. 659 f.

[493]Kantonsgericht Nidwalden - 3.12.1997 (15/96 Z, unveröffentlicht), UNILEX 1998.

[494]BGH - 3.11.1999, RIW 2000, S. 381 (382).

[495]So auch Caemmerer/Schlechtriem-Schwenzer, Artikel 39 Rn. 6; Gerny, S. 196.

(b) Form der Anzeige

Die Mängelanzeige kann nicht nur schriftlich, sondern auch mündlich[496], insbesondere auch telefonisch erfolgen[497]. In diesem Zusammenhang hat das *LG Kassel* ausgeführt, daß bei telefonischen Rügen den Käufer die Darlegungs- und Beweislast dahingehend treffe, daß er das Datum des Anrufs beim Verkäufer, den Namen des Gesprächspartners und den Inhalt der Rüge angeben müsse[498], um nicht darlegungs- und beweisfällig zu bleiben[499]. Um dem Normzweck der Mängelrüge zu genügen, müsse die Anzeige dem Verkäufer zugehen oder zumindest mit einem den Umständen nach geeigneten Mittel abgesendet werden (Artikel 27 CISG)[500].

(2) Frist der Anzeige

Der Käufer hat gemäß Artikel 39 I CISG die Vertragswidrigkeit der Ware innerhalb einer angemessenen Frist nach deren tatsächlichen bzw. möglichen Feststellung anzuzeigen.

Einigkeit besteht darüber, daß für die Berechnung der Frist, wie auch bereits im Rahmen der Untersuchungsfrist erwähnt[501], die Umstände des Einzelfalles, insbesondere auch die Art der Sache berücksichtigt werden müssen[502].
So hat die *Rechtbank Roermond* entschieden, daß bei verderblichen Produkten wie Käse die Art des Transportes und der Lagerung die Qualität des Produktes stark beeinflussen kann und die Rügefrist daher kurz zu bemessen ist[503]. Ebenso hat das *OLG Karlsruhe* darauf hingewiesen, daß die Anzeigefrist bei ver-

---

[496]OGH - 15.10.1998, JBl 1999, S. 318 (320); einschränkend Rechtbank van Koophandel Kortrijk - 27.6.1997 (651/97, unveröffentlicht), UNILEX 1998 wenn auf eine mündliche Rüge keinerlei Reaktion seitens des Verkäufers erfolgt. Nach Ansicht des Gerichts könne in diesem Fall in aller Redlichkeit erwartet werden, daß der Käufer seine anfängliche mündliche Rüge schriftlich wiederholt.

[497]LG Frankfurt a.M. - 9.12.1992 (3/3 O 37/92, unveröffentlicht), UNILEX, E.1992-30.

[498]Dazu auch LG Stuttgart - 31.8.1989, RIW 1989, S. 984 (985); LG Frankfurt a.M. - 13.7.1994, NJW-RR 1994, S. 1264 (1265); LG Marburg - 12.12.1995, NJW-RR 1996, S. 760 (760).

[499]LG Kassel - 22.6.1995 (8 O 2391/93, unveröffentlicht), UNILEX, E.1995-17.2.

[500]LG Kassel - 15.2.1996, NJW-RR 1996, S. 1146 (1146).

[501]Siehe oben IV 4 b) aa) (2) (b).

[502]z.B. Rechtbank Roermond - 19.12.1991, NIPR 1992, Nr. 394; OGH - 15.10.1998, JBl 1999, S. 318 (320).

[503]Rechtbank Roermond - 19.12.1991, NIPR 1992, Nr. 394; so wohl auch OLG Düsseldorf 8.1.1993, RIW 1993, S. 325 (325), das eine Rüge 7 Tage nach Lieferung von Einlegegurken für verspätet gehalten hat. Auch eine deutsche Entscheidung zum EKG bezüglich einer Lieferung von Schinken hat eine kurze Rügefrist angenommen. Eine Mitteilung an den Verkäufer hätte innerhalb drei Tage nach der Untersuchung erfolgen können. Dies ergebe sich aus dem Umstand, daß der Schinken spätestens 2-3 Stunden nach dem Auspacken zu schimmeln began, AG Riedlingen - 21.10.1994 (2 C 395/93, unveröffentlicht), UNILEX, E.1994-25.

derblicher Ware oft nur wenige Stunden betrage[504]. Nach Auffassung des *OLG Saarbrücken* ist dem Käufer auch im internationalen Blumenhandel ein sofortiges Handeln am Tag der Empfangnahme zuzumuten[505]. Die Rüge müsse demnach gemäß Artikel 39 I CISG innerhalb einer insoweit anzusetzenden knappen Frist von einem Tag erhoben werden.
Auch der *OGH* hat in einer jüngeren Entscheidung festgestellt, daß bei der Prüfung, ob eine angemessene Frist i.S.d. Artikel 39 I CISG vorliegt, die objektiven und subjektiven Umstände des konkreten Falls - wie die betrieblichen und persönlichen Verhältnisse des Käufers, Eigenarten der Ware, Umfang der Warenlieferung oder die Art des gewählten Rechtsbehelfs - zu berücksichtigen sind[506].

Hinsichtlich der Bestimmung der konkreten Frist - insbesondere für dauerhafte Güter - bestehen allerdings oftmals starke Divergenzen in der Rechtsprechung[507], die gerade in diesem Bereich auf die unterschiedlichen nationalen Traditionen zurückzuführen sind[508].
So kommt es zu Konflikten zwischen Entscheidungen, die einen Mittelwert von einem Monat und solchen, die sich immer noch stark an der Praxis zu §§ 377, 378 HGB[509] orientieren und eher kurze Fristen für angemessen erachten.

So haben zahlreiche Gerichte wiederholt auf die Notwendigkeit hingewiesen, daß aufgrund der bestehenden nationalen Unterschiede eine Annäherung der Standpunkte unabdingbar sei, um dadurch Auslegungsdivergenzen vorzubeugen und dem Dogma des Artikel 7 I CISG Rechnung zu tragen.
Unter ausdrücklichem Hinweis auf diese Problematik[510] folgt das *Obergericht Kanton Luzern* einem Vorschlag in der deutschen Literatur[511], bei dauerhaften Gütern eine Rügefrist von einem Monat als angemessen zu betrachten[512].
Bereits in einer früheren Entscheidung hatte auch der *BGH obiter dicta* eine Frist von einem Monat ab dem Zeitpunkt, in dem der Käufer die Vertragswidrigkeit der Ware hätte feststellen können, für angemessen gehalten[513]. Auch hier wies das Gericht ausdrücklich darauf hin, daß es sich hierbei um einen sehr

---

504 OLG Karlsruhe - 25.6.1997, RIW 1998, S. 235 (236).
505 OLG Saarbrücken - 3.6.1998, NJW-RR 1999, S. 780 (780).
506 OGH - 15.10.1998, JBl 1999, S. 318 (320).
507 Siehe auch die Übersicht von Magnus, TranspR-IHR 3-1999, S. 32 f.
508 Siehe hierzu bereits oben Teil I 3.
509 Nach den §§ 377 I, III, 378 HGB hat der Käufer bei einem inländischen Handelskauf die Ware "unverzüglich" zu untersuchen und einen etwaigen Mangel "unverzüglich" anzuzeigen.
510 Siehe hierzu die näheren Ausführungen des Gerichts.
511 Caemmerer/Schlechtriem-Schwenzer, Artikel 39 Rn. 17.
512 Obergericht Kanton Luzern - 8.1.1997 (11 95 123/357, unveröffentlicht), UNILEX, E.1997-2.
513 BGH - 8.3.1995, RIW 1995, S. 595 (597).

großzügig bemessenen "groben Mittelwert" handele, durch den den unterschiedlichen nationalen Rechtstraditionen Rechnung getragen werde[514]. Hervorzuheben ist in diesem Zusammenhang allerdings, daß der Entscheidung des *BGH* eine Lieferung neuseeländischer Muscheln - mithin verderbliche Ware - zugrunde lag. Der *BGH* hat auch in einer jüngeren Entscheidung die einmonatige Rügefrist als Regelfall bestätigt[515]. Allerdings hat der *BGH* im Rahmen dieser Entscheidung dem Käufer zudem eine zusätzliche, der eigentlichen Rügefrist vorgeschaltete Frist zur Entscheidung des Käufers über das weitere Vorgehen und die Einleitung der erforderlichen Maßnahmen - wie Auswahl und Beauftragung eines Sachverständigen - zugebilligt[516].
Die *Cour d' Appel de Grenoble* hat ebenfalls eine Frist von einem Monat als angemessen gewertet[517]. Das *AG Augsburg* hat selbst für Saisonwaren - unter Hinweis darauf, daß bei Saisonwaren eine rasche Rüge geboten sei[518] - eine maximale Frist von einem Monat ab Kenntniserlangung von dem Mangel für rechtzeitig erachtet[519].
Dieser Tendenz folgt auch das *OLG München*, das eine Gesamt-Rügefrist - unter Einschluß der Untersuchungsfrist - von einem Monat für angemessen gehalten hat[520].

Auch das *OLG Koblenz* hat festgestellt, daß sich die Rügefrist aus der Untersuchungs- und Anzeigefrist zusammensetzt[521]. Entgegen der oben angeführten Rechtsprechung hat das Gericht aber entschieden, daß diese Gesamtfrist regelmäßig lediglich 14 Tage beträgt[522].

Für eine Gesamtfrist von 14 Tagen hat sich nun erstmals ausdrücklich auch eine höchstrichterliche Instanz ausgesprochen. Nach Auffassung des *OGH* ist wegen der unterschiedlichen nationalen Rechtstraditionen in den Vertragsstaaten - un-

---

[514]So auch OLG Stuttgart - 21.8.1995, RIW 1995, S. 943 (944); LG Heidelberg - 2.10.1996 (O 37/96, unveröffentlicht), UNILEX 1998; OLG Köln - 21.8.1997 (18 U 121/96, unveröffentlicht), UNILEX 1998, für Waren, bei denen keine Veränderung zu besorgen ist.

[515]BGH - 3.11.1999, RIW 2000, S. 381 (382).

[516]Ablehnend Piltz, NJW 2000, S. 558.

[517]Cour d' Appel de Grenoble - 13.9.1995, UNILEX, D.1995-24.

[518]So auch AG Kehl - 6.10.1995, NJW-RR 1996, S. 565 (565 f.), das in diesem Zusammenhang eine Rüge über 5 Wochen nach Lieferung für verspätet hielt.

[519]AG Augsburg - 29.1.1996 (11 C 4004/95, unveröffentlicht), UNILEX, E.1996-2.3, allerdings hat das Gericht hier die Rüge für einen Fall der verspäteten Lieferung für erforderlich gehalten.

[520]OLG München - 11.3.1998, ForInt. 1998, S. 106 (107).

[521]OLG Koblenz - 11.9.1998, UNILEX 1998, unter Hinweis auf Staudinger-Magnus, Artikel 38 CISG Rn. 1 und Artikel 39 CISG, Rn. 30.

[522]So auch OLG Karlsruhe - 25.6.1997, RIW 1998, S. 235 (236); wohl auch Handelsgericht Zürich - 30.11.1998 (HG930634, unveröffentlicht), zusammenfassend SZIER 1999, S. 185 (186).

ter Ablehnung der vom *BGH* angenommenen "sehr großzügigen" Frist von vier Wochen - eine Gesamtfrist von 14 Tagen als angemessen anzusehen, wenn keine besonderen Umstände für die Verkürzung oder Verlängerung sprechen[523].

Ebenso hat ein ungarisches Schiedsgericht einen Zeitraum von einem Monat, allerdings aufgrund der sonstigen raschen Abwicklung der Geschäfte zwischen den Parteien, für nicht mehr angemessen erachtet[524].

Auch zahlreiche andere Gerichte haben eher kürzere Fristen für angemessen gehalten.
So ist das *OLG München* der Ansicht, daß im Normalfall bei dauerhaften, nicht saisonabhängigen Waren ein Zeitraum von ca. 8 Tagen für die Rügefrist zugrundezulegen ist[525].

Eine belgische Entscheidung hat lediglich allgemein darauf hingewiesen, daß es sich bei der angemessenen Frist i.S.d. Artikel 39 I CISG um eine sehr kurze Frist handele[526].

Nach Auffassung einer anderen deutschen Entscheidung, ist es bei Lieferung von Hemden ohne weiteres möglich, etwaige Mängel innerhalb weniger Tage zu rügen[527]. Eine Rügefrist von über zwei Monaten seit Lieferung sei nicht mehr "angemessen" i.S.d. Artikel 39 I CISG.
Hinsichtlich einer Minderlieferung hat das *LG Landshut* entschieden, daß diese keinen versteckten Mangel darstellt, so daß auch hier eine Anzeigefrist nur wenige Tage läuft[528]. Ähnlich hat ein schweizerisches Gericht argumentiert und festgestellt, daß offensichtliche Mängel unmittelbar zu rügen sind[529]. Eine Mitteilung, die vier Monate nach Lieferung anläßlich von Beschwerden des Endabnehmers des Käufers erfolgt, sei mithin nicht rechtzeitig.
Auch das *OLG Düsseldorf* hat die Rüge von leicht erkennbaren Webfehlern 25 Tage nach Lieferung für nicht mehr angemessen gehalten[530]. In diesem Zusammenhang hat eine italienische Entscheidung allgemein darauf hingewiesen,

---

[523]OGH - 15.10.1998, JBl 1999, S. 318 (320), mit zustimmender Anmerkung von Karollus. Zustimmend auch Magnus, TranspR-IHR 3-1999, S. 33.
[524]Hungarian Chamber of Commerce and Industry Court of Arbitration - 5.12.1995, UNILEX, E.1995-29.
[525]OLG München - 8.2.1995 (7 U 3758/94, unveröffentlicht), UNILEX, E.1995-4; ebenso OLG Karlsruhe - 25.6.1997, RIW 1998, S. 235 (236).
[526]Rechtbank van Koophandel Hasselt - 21.1.1997 (A.R. 1972/96, unveröffentlicht), UNILEX, E.1997-2.1.
[527]OLG Düsseldorf - 10.2.1994, RIW 1995, S. 53 (55).
[528]LG Landshut - 5.4.1995 (54 O 644/94, unveröffentlicht), UNILEX, E.1995-12.
[529]Pretura die Locarno-Campagna - 27.4.1992, UNILEX, D.1992-10.
[530]OLG Düsseldorf - 12.3.1993 (17 U 136/92, unveröffentlicht), UNILEX, E. 1993-6.1.

daß die Angemessenheit der Frist i.S.d. Artikel 39 I CISG unweigerlich mit der Untersuchungspflicht i.S.d. Artikel 38 CISG verbunden sei. Bei Mängeln, die leicht bei einer sofortigen Untersuchung feststellbar seien, müsse die Rügefrist entsprechend verkürzt werden[531]. So hat das Gericht eine Rüge 23 Tage nach Lieferung von Sportbekleidung für nicht mehr rechtzeitig gehalten.

So ist wohl auch eine schweizerische Entscheidung dieser eher strengen Rechtsprechung zuzuordnen, die eine Anzeige von Wasseraustritt wegen Schlauchundichtigkeit 25 Tage nach Entdeckung des Mangels für eindeutig zu spät gehalten hat[532]. Die Anzeigefrist sei kurz zu bemessen, wenn salzhaltiges Wasser austrete, das zu erheblichen Schäden am Gebäude führt, und nicht feststeht, wo sich die undichte Stelle befindet.

Die *Rechtbank Roermond* hat lediglich allgemein festgestellt, daß unter einer angemessenen Frist "so schnell wie möglich" zu verstehen ist[533]. Das Gericht hat eine Frist von über drei Monaten seit Entdeckung des Mangels für "jedenfalls verspätet" gehalten[534]. So hat auch der *Hoge Raad* entschieden, daß eine Mängelrüge, die vier Monate nachdem der Käufer einen versteckten Mangel hätte entdecken können, erfolgt, nicht mehr angemessen ist. Dies gelte selbst dann, wenn der Käufer bis zu diesem Zeitpunkt an dem Vorliegen eines Mangels zweifelte[535] und den Verkäufer daher nicht vorher informierte[536]. Der Käufer hätte insbesondere die Möglichkeit gehabt, den Verkäufer im Rahmen der Mängelrüge über seine Zweifel in Kenntnis zu setzen.

Somit kommt es bei der Rügefrist im Rahmen des Artikel 39 I CISG, im Gegensatz zu den bisher festgestellten Divergenzen, zu zahlreichen von einander abweichenden Entscheidungen. Sicherlich darf in diesem Zusammenhang nicht vergessen werden, daß sich auch hier die besonderen Umstände des Einzelfalles auf die Bemessung der Rügefrist in den einzelnen Entscheidungen ausgewirkt

---

[531]Tribunale Civile di Cuneo - 31.1.1996 (45/96, unveröffentlicht), UNILEX, D.1996-3, unter Hinweis auf Pretura die Locarno-Campagna - 27.4.1992, UNILEX, D.1992-10 und LG Stuttgart - 31.8.1989, RIW 1989, S. 984 f.

[532]Handelsgericht Zürich - 26.4.1995 (HG920670, unveröffentlicht), UNILEX, E. 1995-15.1.

[533]Rechtbank Roermond - 6.5.1993 (920150, unveröffentlicht), UNILEX, E.1993-14; so auch bereits Rechtbank Roermond - 19.12.1991, NIPR 1992, Nr. 394.

[534]So auch z.B. LG Berlin - 16.9.1992 (99 O 29/92, unveröffentlicht), UNILEX, E.1992-17 (dreieinhalb Monate nach Lieferung); Tribunal de Commerce de Bruxelles - 5.10.1994 (R.G./1.205/93, unveröffentlicht), UNILEX, E.1994-24.1 (neun Monate nach Lieferung); Rechtbank Rotterdam - 21.11.1996, NIPR 1997, Nr. 223 (vier Monate nach Lieferung); Pretura di Torino - 30.1.1997, UNILEX 1998 (sieben Monate nach Lieferung); Hof Arnhem - 17.6.1997, NIPR 1997, Nr. 341.

[535]Hier hatten sich bei den an den Endabnehmer gelieferten Bodenfliesen Abnutzungen, sowie eine Veränderung der Oberfläche (schwarze Verfärbungen und Mattheit) gezeigt.

[536]Hoge Raad - 20.2.1998, NedJur 1998, Nr. 480.

haben. Dennoch besteht ein deutlicher Unterschied zwischen den Entscheidungen, die grundsätzlich von einer eher kurzen Rügefrist ausgehen und jenen, die auch eine Rügefrist von einem Monat noch für angemessen halten. Insoweit läuft die Rechtsprechung hier dem Ziel des Artikel 7 I CISG aktiv zuwider.

(3) Stillschweigender Verzicht auf den Einwand der verspäteten Mängelrüge

Mehrfach wurden die Gerichte der Vertragsstaaten mit der Frage konfrontiert, ob, und unter welchen Voraussetzungen, ein stillschweigender Verzicht des Verkäufers auf den Einwand der verspäteten Rüge der Vertragswidrigkeit vorliegt.

Läßt sich der Verkäufer auf eine Prüfung der Ware ein, liegt darin noch kein schlüssiger Verzicht auf die Rechtsfolge des Artikel 39 I CISG[537]. Eine deutsche Entscheidung hat in diesem Zusammenhang die deutsche Rechtsprechung zu § 377 HGB herangezogen, daß eine bloße Verhandlungsbereitschaft des Verkäufers noch nicht zu einem Verlust des Verspätungseinwands führt, sondern daß ein Verzicht nur dann angenommen werden kann, wenn eindeutige Umstände dafür vorliegen[538]. Dieser Rechtsprechung läge der im nationalen wie im internationalen Handelsverkehr zutreffende Gedanke zugrunde, daß auch bei verspäteten Mängelrügen der Versuch einer gütlichen Einigung zwischen den Kaufvertragsparteien wünschenswert sei und dem Verkäufer deshalb ein Freiraum bleiben müsse, innerhalb dessen er nicht mit dem Verlust seines Verspätungseinwandes zu rechnen brauche. Hat der Verkäufer die Ware nicht vorbehaltlos zurückgenommen, sondern nur um eine Prüfung vorzunehmen, könne hierin kein Verzicht auf die Rechtsfolge des Artikel 39 CISG gesehen werden. Entsprechendes gelte wenn der Verkäufer eine Gutschrift mit dem Zusatz "pro forma" erteilt habe.

Nach Auffassung eines österreichischen Schiedsgerichts reicht auch allein der Umstand, daß der Verkäufer es unterlassen hat, eine verspätet erfolgte Reklamation zurückzuweisen, nicht aus, um einen Verzicht auf den Verspätungseinwand anzunehmen[539]. Im Interesse der Rechtssicherheit müsse ein entsprechender Parteiwille eindeutig feststellbar sein. Das Gericht hat allerdings entschieden, daß auf eine Rechtsstellung nicht nur willentlich verzichtet, sondern

---

[537]OLG Düsseldorf - 12.3.1993 (17 U 136/92, unveröffentlicht), UNILEX, E. 1993-6.1; OLG Koblenz - 11.9.1998, UNILEX 1998; so wohl auch Handelsgericht Zürich - 30.11.1998 (HG930634, unveröffentlicht), zusammenfassend SZIER 1999, S. 185 (186).

[538]Siehe OLG Düsseldorf - 12.3.1993 (17 U 136/92, unveröffentlicht), UNILEX, E. 1993-6.1 m.w.N.

[539]Internationales Schiedsgericht der Bundeskammer der gewerblichen Wirtschaft (Wien) - 15.6.1994, SCH-4318, RIW 1995, S. 591 (591).

diese auch objektiv verwirkt werden kann[540]. Dies folge aus dem allgemeinen Grundsatz von Treu und Glauben und dem damit eng verbundenen Grundsatz des *venire contra factum proprium*, wenn der Verkäufer sich so verhält, daß der Käufer darauf vertrauen durfte, daß die Einrede der verspäteten Mängeleinrede nicht mehr erhoben werden wird.

So hat auch das *OLG Koblenz* darauf hingewiesen, daß es noch keinen Verzicht darstelle, wenn der Verkäufer lediglich die Ware überprüft oder Gespräche mit dem Käufer führt, um die Berechtigung einer Mängelrüge festzustellen, oder wenn der Verkäufer eine Rüge nicht zugleich als verspätet zurückweist[541].

Selbst aus der Tatsache, daß der Verkäufer von der Berechnung nicht gelieferter Ware abgesehen hat, kann nach einer deutschen Entscheidung nicht gefolgert werden, daß dieser konkludent auf den ihm zustehenden Einwand der verspäteten Rüge verzichten wollte, wenn der Verkäufer die Rechnungen zu einem Zeitpunkt erstellt hat, zu dem er noch keine Kenntnis von einer Minderlieferung hatte[542]. Eine solche Nichtberechnung stelle keine vorbehaltlose Anerkennung der Vertragswidrigkeit dar.

Auch der *BGH* hat darauf hingewiesen, daß ein Verzicht auf den Einwand der nicht rechtzeitigen Rügeerhebung nach dem CISG grundsätzlich möglich ist[543]. Das Gericht hat entschieden, daß der Verkäufer durch die Entgegennahme von Materialbeanstandungen und deren Weiterleitung an das Werk und die weitere Erklärung, auch bei erneuten, berechtigten Reklamationen seiner Lieferung für diese geradezustehen und ordentlich abzuwickeln, die Rechtzeitigkeit der Mängelrüge anerkannt und für spätere Beanstandungen auf den Einwand der nicht rechtzeitigen Rügeerhebung verzichtet hat.

Es bleibt abzuwarten, ob auch die Gerichte der Vertragsstaaten, die nicht der deutsch-rechtlichen Tradition entstammen, sich der Auffassung der hier dargestellten Entscheidungen anschließen werden.

Gerade in diesem Bereich wird aber deutlich, daß auch zwischen den einzelnen Gerichten eines Vertragsstaates aufgrund von Wertungsunsicherheiten divergente Auffassungen bestehen.
So hat der *BGH* ein Berufungsurteil, daß einen stillschweigenden Verzicht des Verkäufers auf die Geltendmachung des Verspätungseinwandes angenommen

---

540 Kritisch dazu Anm. Schlechtriem, RIW 1995, S. 592 (594).

541 OLG Koblenz - 11.9.1998, UNILEX 1998.

542 LG Landshut - 5.4.1995 (54 O 644/94, unveröffentlicht), UNILEX, E.1995-12, kritisch dazu Magnus, ZEuP 1997, S. 843.

543 BGH - 25.6.1997, NJW 1997, S. 3311 (3312); dazu auch BGH - 25.11.1998, RIW 1999, S. 385 (386).

hatte[544], aufgehoben und das erstinstanzliche Urteil[545] - allerdings mit einer anderen Begründung - bestätigt[546].
Den Entscheidungen lag ein Fall zugrunde, in dem sich der Verkäufer über 15 Monate, ohne sich auf die Verspätung der Mängelrüge zu berufen, auf Verhandlungen über zu leistenden Schadensersatz eingelassen hatte.

Das Berufungsgericht hatte hier entschieden, daß das vorprozessuale Verhandeln des Verkäufers über die Vertragswidrigkeit in Verbindung mit der Tatsache, daß dieser dabei die verspätete Rüge der Vertragswidrigkeit der Ware nicht zum Verhandlungsgegenstand gemacht hat, nicht dazu führt, daß dieser im Rechtsstreit nach Artikel 7 I, 80 CISG mit dem Vorbringen, der Käufer habe nicht rechtzeitig gerügt, ausgeschlossen ist[547]. Dieser im Geltungsbereich des § 377 HGB anerkannte Grundsatz sei auch im Geltungsbereich des CISG anzuwenden[548]. Es wäre nicht sachgerecht, wenn jede Verhandlungsbereitschaft - auch aus Kulanzgründen - die Gefahr mit sich brächte, den Verspätungseinwand zu verlieren. Insbesondere bei längeren Geschäftsbeziehungen habe der Verkäufer ein erhebliches Interesse an derartigen Verhandlungen. Für die Annahme eines Verzichtes müßten besondere Umstände des Einzelfalles vorliegen, die auf einen solchen schließen lassen[549].

Hingegen hat der *BGH* die Auffassung vertreten, daß hier das Verhalten des Verkäufers nicht lediglich als Ausdruck einer Verhandlungsbereitschaft gewertet werden durfte[550]. Verhandelt dieser nach eigener Überprüfung des gerügten Mangels nahezu 15 Monate über Höhe und Modalitäten der Schadensregulierung, ohne sich ausdrücklich bzw. für den Käufer erkennbar den Verspätungseinwand vorzubehalten, unterbreitet Schadensersatzangebote und erstattet sogar Gutachterkosten, durfte der Käufer von einem stillschweigenden Verzicht auf den Einwand der verspäteten Mängelrüge ausgehen. Das Gericht wies darauf hin, daß der Verkäufer den Kulanzcharakter seines Verhaltens durch Hinweis auf die Fristversäumung und Vorbehalt seiner Rechte hätte klarstellen können[551].

---

[544]OLG Karlsruhe - 25.6.1997, RIW 1998, S. 235 ff.
[545]LG Heidelberg - 2.10.1996 (O 37/96, unveröffentlicht), UNILEX 1998. Das Gericht hatte die Rüge für rechtzeitig gehalten und war davon ausgegangen, daß die Verjährung des Schadensersatzanspruches durch Anerkenntnis nach § 208 BGB unterbrochen worden war.
[546]BGH - 25.11.1998, RIW 1999, S. 385 f.
[547]OLG Karlsruhe - 25.6.1997, RIW 1998, S. 235 (237).
[548]So auch der BGH - 25.11.1998, RIW 1999, S. 385 (386).
[549]So auch OLG Koblenz - 11.9.1998, UNILEX 1998.
[550]BGH - 25.11.1998, RIW 1999, S. 385 (386).
[551]BGH - 25.11.1998, RIW 1999, S. 385 (386).

(4) Sonstiges

Eine rechtzeitige Rüge ist nach Ansicht des *OLG Düsseldorf* auch dann erforderlich, wenn es sich um eine nicht offene Minderlieferung handelt, d.h. die sich nicht aus der Rechnung oder den Lieferscheinen ergibt[552]. Auch insoweit müsse der Grundsatz gelten, daß der Verkäufer davon ausgehen könne, daß seine Kaufpreisforderung keinen rechtlichen Zweifeln ausgesetzt ist, soweit nicht innerhalb der angemessenen Frist gerügt wird. Aus diesem Grund sei eine Kaufpreisminderung wegen zu geringer Liefermenge unzulässig, wenn eine rechtzeitige Rüge unterblieben ist.

Mehreren Entscheidungen lagen Fälle zugrunde, in denen die Parteien die Rügefrist vertraglich festgelegt hatten[553]. In diesem Zusammenhang hat das *LG Gießen* näher ausgeführt, daß eine derartige Vereinbarung nach Artikel 6, 12 CISG wirksam sei, da es sich bei Artikel 39 CISG nicht um eine zwingende Vorschrift handele[554]. Somit könnten die Parteien an Stelle der "angemessenen", eine bestimmte Frist setzen.

Zur Frage des Anzeigeadressaten hat eine deutsche Entscheidung festgestellt, daß der Käufer, der die Rüge nicht direkt gegenüber dem Verkäufer, sondern einer für die Entgegennahme von Rügen unzuständigen Person abgegeben hat, das Risiko dafür trägt, daß die Rüge auch tatsächlich an den Verkäufer weitergegeben wird[555]. Da die gebotene Anzeige in gewährleistungsrechtlicher Hinsicht schwerwiegende Auswirkungen auf das Vertragsverhältnis habe, sei eine mündliche Beanstandung gegenüber einem nicht im Lager des Verkäufers stehenden Dritten[556] regelmäßig ungeeignet[557].

c) Das Recht des Käufers zur Vertragsaufhebung (Artikel 49 CISG)

Bei Nichterfüllung einer dem Verkäufer gemäß dem Vertrag oder dem CISG obliegenden Pflichten kann der Käufer die in Artikel 45 CISG geregelten Rechtsbehelfe ausüben. Artikel 49 CISG bestimmt, unter welchen Vorausset-

---

[552]OLG Düsseldorf 8.1.1993, RIW 1993, S. 325 (325).

[553]z.B. LG Baden-Baden - 14.8.1991, RIW 1992, S. 62 (63); OLG Saarbrücken - 13.1.1993 (1 U 69/92, unveröffentlicht), UNILEX, E.1993-2.1; LG Hannover - 1.12.1993 (22 O 107/93, unveröffentlicht), UNILEX, E.1993-25.1.; Internationales Schiedsgericht der Bundeskammer der gewerblichen Wirtschaft (Wien) - 15.6.1994, SCH-4318, RIW 1995, S. 591 (591); LG Gießen - 5.7.1994, NJW-RR 1995, S. 438 (439); ICC Court of Arbitration, Case No. 7331/1994, UNILEX, E.1994-33; OLG München - 11.3.1998, ForInt. 1998, S. 106 (107).

[554]LG Gießen - 5.7.1994, NJW-RR 1995, S. 438 (439); siehe auch bereits oben IV 2 b).

[555]LG Bochum - 24.1.1996, ForInt 1996, S. 93 (94), dazu auch bereits LG Kassel - 15.2.1996, NJW-RR 1996, S. 1146 (1146). Die Frage der Empfangsberechtigung selbst richtet sich nicht nach dem CISG, sondern nach dem vom Kollisionsrecht der lex fori berufenen nationalen Recht, dazu bereits IV 2 a) cc).

[556]Hier ein selbständiger Handelsmakler.

[557]LG Kassel - 15.2.1996, NJW-RR 1996, S. 1146 (1146).

zungen der Käufer den Rechtsbehelf der Vertragsaufhebung geltend machen kann. Aufgrund der Bedeutung dieses Rechtsbehelfs handelt es sich bei dieser Vorschrift um eine der zentralen Bestimmungen des CISG.

aa) Aufhebung wegen wesentlicher Vertragsverletzung (Artikel 49 I a) CISG)

Dem Käufer steht insbesondere dann ein Recht zur Vertragsaufhebung zu, wenn die Vertragsverletzung des Verkäufers wesentlich ist (Artikel 45 i.V.m. 49 I a CISG). Gemäß Artikel 25 CISG ist eine Vertragsverletzung als wesentlich anzusehen, wenn dem Käufer durch sie im wesentlichen das entgeht, was er nach dem Vertrag hätte erwarten dürfen, es sei denn, daß dies für den Verkäufer nicht voraussehbar war bzw. gewesen sein mußte. Somit ist von besonderer Bedeutung, welche Maßstäbe die bisherige Rechtsprechung für die "Wesentlichkeit" einer Vertragsverletzung entwickelt hat.

Der *BGH* hat entschieden daß für die Feststellung des wesentlichen Vertragsinteresses grundsätzlich Vertragspflichten jeder Art in Betracht kommen, gleichgültig, ob sie eine Haupt- oder Nebenpflicht darstellen oder Qualität, Menge, Lieferzeitpunkt oder sonstige Erfüllungsmodalitäten betreffen[558]. Eine abstrakte Entscheidung, ob eine wesentliche Vertragsverletzung vorliegt, sei nicht zulässig, eine Wertung also auf der Grundlage der Umstände des konkreten Geschäfts zu treffen. Zudem sei bei der Prüfung stets die Tendenz des CISG zu berücksichtigen, die Vertragsaufhebung zugunsten der anderen in Betracht kommenden Rechtsbehelfe (Minderung, Schadensersatz) zurückzudrängen. Die Rückabwicklung solle dem Käufer nur als *ultima ratio* zur Verfügung stehen, um auf solche Vertragsverletzungen der anderen Partei zu reagieren, die so gewichtig sind, daß sie sein Erfüllungsinteresse entfallen lassen[559]. Nachfolgend wird auf die von der Rechtsprechung entwickelten Fallgruppen eingegangen.

(1) Lieferung vertragswidriger Ware

So kann insbesondere die Lieferung vertragswidriger Ware im Sinne der Artikel 35 CISG eine wesentliche Vertragsverletzung darstellen und den Käufer zur Vertragsaufhebung berechtigen[560].

Nach Auffassung des *BGH* kommt es bei Lieferung vertragswidriger Ware für die Abgrenzung, ob eine wesentliche oder unwesentliche Vertragsverletzung

---

[558] BGH - 3.4.1996, RIW 1996, S. 594 (595).

[559] BGH - 3.4.1996, RIW 1996, S. 594 (596); so auch Schweizerisches Bundesgericht - 28.10.1998 (4C.179/1998, unveröffentlicht), zusammenfassend SZIER 1999, S. 179 (180). Auf den Wegfall des Interesses an der Vertragsdurchführung stellt explizit auch OLG Frankfurt a.M. - 17.9.1991, NJW 1992, S. 633 (634) ab.

[560] OLG Frankfurt a. M. - 20.4.1994, RIW 1994, S. 593 (594 f.); BGH - 8.3.1995, RIW 1995, S. 595 (595 f.).

vorliegt, nicht allein darauf an, ob die Möglichkeit der Nachbesserung besteht oder nicht[561]. Die Frage, inwieweit die Möglichkeit einer Nachbesserung die Annahme einer wesentlichen Vertragsverletzung ganz oder zeitweise ausschließt, hat das Gericht offengelassen. "Wesentlich" im Sinne der Artikel 49 und 25 CISG setze nach dem Wortsinn und der *ratio conventionis* Erheblichkeit der Vertragsverletzung voraus. Diese könne sich aus dem Vertrag selbst, aus den maßgebenden Gesamtumständen (Artikel 8 CISG) oder aus den in Artikel 35 II CISG aufgezählten Gründen ergeben. Sei hiernach die Wesentlichkeit der Vertragsverletzung zu verneinen, könne auch ein nicht nachbesserungsfähiger Mangel der verkauften Ware nicht zur Aufhebung des Vertrages gemäß Artikel 49 I a) CISG führen.

Eine wesentliche Vertragsverletzung liegt demnach insbesondere dann vor, wenn dem Käufer eine anderweitige Verarbeitung oder ein Absatz der Ware im gewöhnlichen Geschäftsverkehr - wenn auch mit Preisabschlag - ohne unverhältnismäßigen Aufwand nicht möglich oder nicht zumutbar ist[562]. Nach Ansicht des *OLG Frankfurt a.M.* ist diese Prüfung auch dann vorzunehmen, wenn die Vertragswidrigkeit nur auf mangelnder Übereinstimmung mit einer beim Kauf vorgelegten Probe oder Muster i.S.d Artikel 35 II c) CISG beruht[563].
Eine andere Ansicht scheint der *U.S. Court of Appeals* zu vertreten[564]. In dem der Entscheidung zugrundeliegenden Fall hatte der Verkäufer Klimaanlagen geliefert, die hinsichtlich der Kühlstärke und des Stromverbrauchs nicht dem Mustermodel bzw. den Spezifikationen entsprachen. Das Gericht nahm eine wesentliche Vertragsverletzung an und stellte hierbei lediglich darauf ab, daß ein vernünftige Person hätte vorhersehen können, daß die Verschiffung von nicht vertragsgemäßer Ware dazu führt, daß der Käufer nicht das erhalte, was er erwarten und beanspruchen durfte, da die Kühlstärke und der Stromverbrauch eine wichtige Bemessungsgrundlage für den Wert der Klimaanlage darstellen würden. Insoweit besteht hier eine Abweichung zu der oben angeführten Rechtsprechung aus dem deutschsprachigen Raum.

Allerdings kommt nach einer anderen deutschen Entscheidung für die Frage, wann die Lieferung mangelhafter Ware eine wesentliche Vertragsverletzung bedeutet, auch der Bereitschaft des Verkäufers, den Mangel ohne zumutbaren Verzögerungen und Belastungen für den Käufer zu beseitigen, Bedeutung

---

[561]BGH - 3.4.1996, RIW 1996, S. 594 (596).

[562]BGH - 3.4.1996, RIW 1996, S. 594 (596); so auch die Vorinstanz OLG Frankfurt a. M. - 18.1.1994, RIW 1994, S. 240 (240 f.). Unter Hinweis auf die Entscheidung des BGH auch das Schweizerische Bundesgericht - 28.10.1998 (4C.179/1998, unveröffentlicht), zusammenfassend SZIER 1999, S. 179 (180).

[563]OLG Frankfurt a. M. - 18.1.1994, RIW 1994, S. 240 (241).

[564]U.S. Court of Appeals - 6.12.1995 (Delchi Carrier S.p.A. v. Rotorex Corp.), 71 F.3d (1995), S. 1024 (1028 f.).

zu[565]. Selbst ein schwerwiegender Mangel stelle somit dann keine wesentliche Vertragsverletzung dar, wenn der Verkäufer zur Nachlieferung ohne unzumutbare Belastung des Käufers bereit sei.

Allgemein hat das *OLG Frankfurt a.M.* darauf hingewiesen, daß den Käufer die Pflicht treffe, genau zu den Mängeln und der Unzumutbarkeit weiterer Verwertung vorzutragen, da sonst eine Überprüfung hinsichtlich des Vorliegens einer zur Vertragsaufhebung berechtigenden wesentlichen Vertragsverletzung nicht erfolgen könne[566]. So könne z.B. dem Vorbringen, daß die Ware "in sämtlichen Ausführungen mangelhaft" gewesen sei oder das Material "Fehler" aufgewiesen habe, das Vorliegen eines konkreten Fehlers nicht entnommen werden[567].

Konkret hat das *OLG Frankfurt a.M.* eine wesentliche Vertragsverletzung angenommen, wenn die gelieferten Schuhe Risse im Material aufweisen[568].
Das *LG Landshut* hat eine Vertragsverletzung des Verkäufers bejaht, wenn die gelieferten Bekleidungsstücke beim Waschen um 10 bis 15 Prozent, d.h. um ein bis zwei Größennummern, einlaufen[569]. Diese Vertragsverletzung sei auch wesentlich, da der Käufer einen erheblichen Schaden erleide und sein Interesse am Kaufvertrag erheblich verletzt werde, wenn die Endkunden die Ware reklamierten bzw. zukünftig von dem Kauf des Produktes Abstand nähmen.
Eine andere deutsche Entscheidung hat eine wesentliche Vertragsverletzung darin gesehen, daß der Verkäufer das Vorhandensein eines Mangels schlechthin bestritten und jegliche Nachbesserung oder Nachlieferung verweigert hat[570].

Auf der anderen Seite hat das *OLG München* eine wesentliche Vertragsverletzung verneint, wenn zwar gemäß Artikel 35 I CISG eine Abweichung von der Beschreibung in der Kaufbestätigung vorliegt, diese aber objektiv nicht von erheblicher Bedeutung ist[571].
Der *BGH* kam zu dem Ergebnis, daß es keine wesentliche Vertragsverletzung darstellt, wenn der Käufer nicht substantiiert vorträgt, daß ihm im wesentlichen

---

[565]OLG Koblenz - 31.1.1997 (2 U 31/96, unveröffentlicht), UNILEX,E.1997-4.
[566]OLG Frankfurt a. M. - 18.1.1994, RIW 1994, S. 240 (241); dazu auch BGH - 3.4.1996, RIW 1996, S. 594 (596).
[567]Zur entsprechenden Problematik im Rahmen der Mängelrüge siehe oben IV 4 b) bb) (1) (a).
[568]OLG Frankfurt a. M. - 18.1.1994, RIW 1994, S. 240 (241).
[569]LG Landshut - 5.4.1995 (54 O 644/94, unveröffentlicht), UNILEX, E.1995-12.
[570]LG Berlin - 15.9.1994 (52 S 247/94, unveröffentlicht), UNILEX, E.1994-22.1; kritisch dazu Piltz, NJW 1996, S. 2772.
[571]OLG München - 2.3.1994, RIW 1994, S. 595 (596).

entgangen ist, was er nach dem Vertrag erwarten durfte, weil die Ware hinsichtlich ihres Ursprungs (Südafrika) nicht den Vertrag entsprach[572].

(2) Nichteinhaltung des Liefertermins

Auch die bloße Nichteinhaltung des Liefertermins kann eine wesentliche Vertragsverletzung begründen, so daß der Käufer den Vertrag aufheben kann, ohne daß der fruchtlose Ablauf einer gemäß Artikel 47 CISG gesetzten Nachfrist abgewartet werden muß.

So hat die *Pretura di Parma-Fidenza* in einer Entscheidung angenommen, daß eine wesentliche Vertragsverletzung dann vorliegt, wenn der Verkäufer zwei Monate nach dem vorgesehenen Liefertermin und zudem lediglich ein Drittel der verkauften Ware liefert[573].
Nach Auffassung des *LG Oldenburg* ist keine wesentliche Vertragsverletzung gegeben, wenn die Ware lediglich einen Tag zu spät abgesendet wird, soweit es sich nicht um ein absolutes Fixgeschäft handelt[574]. So hat auch der *ICC Court of Arbitration* ausgeführt, daß die Nichteinhaltung des Liefertermins grundsätzlich nicht in einer wesentlichen Vertragsverletzung resultiere[575], es sei denn, daß sich aus den Umständen ergebe, daß die Einhaltung des Liefertermins für den Käufer von besonderen Interesse ist und der Verkäufer hiervon Kenntnis hatte[576]. Dies sei nach Auffassung des Gerichts dann der Fall, wenn der Verkäufer wußte, daß die Ware vom Käufer weiterverkauft werden sollte und der Käufer im Falle der Nichteinhaltung des Liefertermins eine Vertragsstrafe, sowie zusätzliche Kosten für einen Deckungskauf zu tragen hat. Auch eine spanische Entscheidung hat die Nichteinhaltung eines Fixtermins als wesentliche Vertragsverletzung gewertet und zur Begründung darauf verwiesen, daß die verspätete Lieferung sich auf den Produktionsprozeß des Käufers ausgewirkt habe[577].
Konkretisierend führt ein deutsches Gericht aus, daß sich die besondere Bedeutung des Liefertermins somit sowohl aus dem Vertrag selbst - wie bei einem Fixgeschäft - oder aus den Umständen - etwa bei Lieferung von Saisonartikeln - ergeben könne[578].

---

[572]BGH - 3.4.1996, RIW 1996, S. 594 (596), hier hatte der Käufer lediglich behauptet, er habe beim Absatz der Ware "ungeahnte Schwierigkeiten" gehabt.
[573]Pretura di Parma-Fidenza - 24.11.1989 (77/99, unveröffentlicht), UNILEX, D.1989-7.
[574]LG Oldenburg - 27.3.1996 (12 O 2541/95, unveröffentlicht), UNILEX, E.1996-3.5.
[575]So auch ICC Court of Arbitration, Case No. 7585/1992, UNILEX, E.1992-32.
[576]ICC Court of Arbitration, Case No. 8128/1995, UNILEX, D.1995-34; so auch OLG Hamburg - 28.2.1997, ForInt 1997, S. 168 (169); Corte di Appello di Milano - 20.3.1998, UNILEX 1998; OLG Düsseldorf - 24.4.1997, ForInt 1997, S. 161 (162).
[577]Audiencia de Barcelona - 3.11.1997, UNILEX 1998.
[578]OLG Düsseldorf - 24.4.1997, S. 161 (162).

Eine andere Auffassung scheint die *Audiencia de Barcelona* zu vertreten, indem es die Lieferung von vor Weihnachten bestellter Saisonware im Januar für angemessen i.S.d. Artikel 33 c) CISG gehalten hat, da nach dem Vertrag ein Lieferzeitpunkt nicht bestimmbar war[579].
Das *OLG Hamburg* hat ein besonderes Interesse bei Verwendung des Incoterms "CIF" bejaht, da dieser das Geschäft als Fixgeschäft ausweise, bei welchem die Einhaltung der Lieferzeit begrifflich eine wesentliche Vertragspflicht sei[580].

(3) Fehlende oder fehlerhafte Dokumente

Nach Ansicht des *BGH* kann auch die Lieferung vertraglich ausbedungener Dokumente eine wesentliche Vertragspflicht darstellen, deren Verletzung den Käufer zur Aufhebung des Vertrages berechtigt[581]. Im Fall fehlender oder fehlerhafter Dokumente bestehe eine ähnliche Situation wie im Fall der Lieferung vertragswidriger Ware.
Das Gericht hat in diesem Zusammenhang eine Einschränkung dahingehend vorgenommen, daß, sofern der Käufer den Fehler unschwer selbst beheben kann, indem er sich ein zutreffendes Dokument verschafft, ein Wegfall des wesentlichen Vertragsinteresses nicht in Betracht kommt[582]. In diesem Fall könne er die Ware oder daraus hergestellte Erzeugnisse ohne weiteres veräußern, sofern die Ware nicht ihrerseits gravierende Mängel aufweist. Es würde darüber hinaus auch in Betracht kommen, daß es für die weitere Verwendung der Ware auf ihren Ursprung überhaupt nicht ankomme. Dann komme ein Wegfall des wesentlichen Vertragsinteresses ebenfalls nicht in Betracht.

(4) Sonstige Vertragsverletzungen

Neben den bereits genannten Fallgruppen kommt nach Auffassung eines deutschen Gerichts eine wesentliche Vertragsverletzung auch dann in Betracht, wenn der Verkäufer die im Vertrag bezeichneten Maschinen anderweitig, d.h. an einen Dritten veräußert hat[583]. Mit dem Eingeständnis der anderweitigen Veräußerung zeige der Verkäufer an, daß er jetzt seine Lieferpflicht überhaupt nicht mehr erfüllen könne.

Eine wesentliche Vertragsverletzung liegt nach Auffassung des *OLG Hamburg* auch dann vor, wenn der Verkäufer den Käufer in völliger Ungewißheit darüber läßt, ob er seine Lieferpflicht überhaupt noch, und ggf. wann, erfüllen wird[584].

---

[579]Audiencia de Barcelona - 20.6.1997, UNILEX 1998.
[580]OLG Hamburg - 28.2.1997, ForInt 1997, S. 168 (169 f.).
[581]BGH - 3.4.1996, RIW 1996, S. 594 (596 f.).
[582]BGH - 3.4.1996, RIW 1996, S. 594 (596 f.).
[583]OLG Celle - 24.5.1995 (20 U 76/94, unveröffentlicht), UNILEX, E.1995-16.
[584]OLG Hamburg - 28.2.1997, ForInt 1997, S. 168 (170).

So sei es auch als eine wesentliche Vertragsverletzung zu bewerten, wenn der Verkäufer eine restliche Erfüllung des Vertrages ernsthaft und endgültig verweigert[585].

In einer Entscheidung des *Internationalen Schiedsgerichts der Industrie- und Handelskammer der Russischen Föderation* wurde es für unwesentlich befunden, wenn der Verkäufer die Ware vor Erhalt einer vereinbarten Bankgarantie an den Käufer liefert und dieser die Ware annimmt[586]. Das Gericht wies in diesem Zusammenhang darauf hin, daß es sich bei der in Artikel 53 CISG normierten Pflicht des Käufers zur Kaufpreiszahlung um eine der Hauptpflichten des Käufers handele und ausreichende Gründe vorliegen müßten, um eine Befreiung von der Zahlungspflicht rechtfertigen zu können.
Für ebenfalls unwesentlich hielt es das *OLG München*, wenn der Verkäufer seiner Pflicht, dem Käufer Eigentum an der Ware zu verschaffen, nicht nachkommt, wenn vertraglich vereinbart war, daß eine Übereignung direkt an den Abnehmer des Käufers erfolgen soll[587].

Im übrigen kann sich auch die Verletzung vertraglicher Nebenpflichten als eine wesentliche Vertragsverletzung darstellen[588]. So hat es ein deutsches Gericht als eine wesentliche Vertragsverletzung angesehen, wenn der Verkäufer von ihm produzierte Schuhe mit dem Markenzeichen des Käufers, entgegen einer mit diesem getroffenen Vereinbarung, ausstellt und trotz Aufforderung nicht entfernt[589]. Durch dieses Verhalten sei das Vertrauen des Käufers in die Vertragstreue des Verkäufers, keine Markenschuhe ohne Genehmigung an andere Kunden zu vertreiben, nachhaltig gestört worden, so daß ihm ein weiteres Festhalten am Vertrag nicht zuzumuten sei.
Anscheinend hat auch das *LG Frankfurt a.M.* den Verstoß gegen eine Exklusivitätszusage als wesentliche Vertragsverletzung gewertet[590]. Hier hatte der Verkäufer trotz Verpflichtung zur Exklusivlieferung Schuhe an ein Konkurrenzunternehmen des Käufers geliefert.

bb) Aufhebung nach Nachfristsetzung oder Erfüllungsverweigerung (Artikel 49 I b) CISG)

Gemäß Artikel 49 I b) CISG steht dem Käufer ein Recht auf Aufhebung des Vertrages auch dann zu, wenn im Fall der Nichtlieferung der Ware der Verkäu-

---

[585]OLG Düsseldorf - 24.4.1997, ForInt 1997, S. 161 (163).
[586]Tribunal of International Commercial Arbitration at the Russian Federation Chamber of Commerce - 25.4.1995 (200/1994, unveröffentlicht), CLOUT Case 141.
[587]Siehe auch OLG München - 2.3.1994, RIW 1994, S. 595 (596).
[588]OLG Frankfurt a.M. - 17.9.1991, NJW 1992, S. 633 (634); BGH - 3.4.1996, RIW 1996, S. 594 (595); OLG Koblenz - 31.1.1997 (2 U 31/96, unveröffentlicht), UNILEX, E.1997-4.
[589]OLG Frankfurt a.M. - 17.9.1991, NJW 1992, S. 633 (634).
[590]Das Gericht verneinte aber primär das Vorliegen einer Aufhebungserklärung.

fer diese nicht innerhalb der vom Käufer nach Artikel 47 I CISG gesetzten Nachfrist liefert oder wenn er erklärt, daß er nicht innerhalb der so gesetzten Frist liefern wird[591]. Soweit der Verkäufer nur einen Teil der Ware geliefert hat, gilt dies auch hinsichtlich des nicht gelieferten Teils (Artikel 51 I CISG)[592]. Voraussetzung ist demnach, daß der Verkäufer seiner Lieferpflicht nicht bis zu dem in Artikel 33 CISG vorgesehenen Zeitpunkt nachgekommen ist.

Hinsichtlich der darüber hinaus erforderlichen Nachfristsetzung gemäß Artikel 47 I CISG hat das *OLG Celle* festgestellt, daß eine den Umständen nach zu kurze Frist die Fristsetzung nicht unwirksam werden läßt, sondern eine angemessene Frist in Lauf setzt[593].

Das *LG Ellwangen* führt weiter aus, daß auch eine zu kurze Frist und eine durch weiteres Abwarten gewährte zusätzliche Frist insgesamt als "angemessene Frist" i.S.d Artikel 47 I CISG gewertet werden könne[594]. Allgemein hat ein anderes deutsches Gericht darauf hingewiesen, daß eine Nachfristsetzung i.S.d. Artikel 47 I CISG eine bestimmte Aufforderung zur Leistung enthalten und diese mit der Setzung eines bestimmten Termins verbinden müsse[595]. Eine Mahnung ohne Terminbestimmung reiche demnach nicht aus.

Bezüglich einer Erfüllungsverweigerung des Verkäufers vor Fristablauf hat das *Schiedsgericht der Handelskammer Hamburg* ausgeführt, daß der Käufer erst Recht den Vertrag aufheben könne, wenn der Verkäufer erklärt, daß er überhaupt nicht liefern werde oder könne oder nur gegen zusätzliche Gegenleistung lieferbereit sei[596]. In dem dem Schiedsspruch zugrundeliegenden Fall hatte der Verkäufer nach Abschluß eines Vorkasse-Kaufvertrages und nach Vorkasseeingang die Lieferung von der Bezahlung rückständiger Forderungen aus früheren Lieferungen abhängig gemacht. Nach Ansicht des Schiedsgerichts sei eine Vorkassevereinbarung allgemein - auch im internationalen Verkehr (vgl. Artikel 8 CISG) - bereits aus sich heraus so zu verstehen, daß die Leistung gegen Vorkas-

---

591 Dazu z.B. AG Oldenburg in Holstein - 24.4.1990, IPRax 1991, S. 336 (338); OLG Köln - 22.2.1994, RIW 1994, S. 972 (973); OLG Celle - 24.5.1995 (20 U 76/94, unveröffentlicht), UNILEX, E.1995-16; OLG Hamburg - 28.2.1997, ForInt 1997, S. 168 (170); LG Düsseldorf - 24.4.1997, ForInt 1997, S. 161 (162 f.).

592 Dazu OLG Celle - 24.5.1995 (20 U 76/94, unveröffentlicht), UNILEX, E.1995-16; LG Düsseldorf - 11.10.1995 (2 O 506/ 94, unveröffentlicht), UNILEX, D. 1995-27.1; ICC Court of Arbitration, Case No. 8128/1995, UNILEX, D.1995-34; OLG Koblenz - 31.1.1997 (2 U 31/96, unveröffentlicht), UNILEX,E.1997-4.

593 OLG Celle - 24.5.1995 (20 U 76/94, unveröffentlicht), UNILEX, E.1995-16.

594 LG Ellwangen - 21.8.1995 (1KfH O 32/95, unveröffentlicht), UNILEX, E. 1995-20.

595 OLG Düsseldorf - 24.4.1997, ForInt 1997, S. 161 (162); so auch OLG Hamburg - 28.2.1997, ForInt 1997, S. 168 (170).

596 Schiedsgericht der Handelskammer Hamburg - 21.3.1996, RIW 1996, S. 766 (768); zustimmend Hamburger freundschaftliche Arbitrage - 29.12.1998, NJW-RR 1999, S. 780 (782).

se ausgeführt werden soll, ohne daß andere Forderungen zuvor auszugleichen sind[597].

Für die Lieferung vertragswidriger Ware oder für sonstige Vertragsverletzungen gilt Artikel 49 I b) CISG nicht[598]. Übergibt der Verkäufer vertragswidrige oder rechtsmangelhafte Ware, ist die Lieferung im Sinne des Artikel 31 CISG erfolgt. So hat der *BGH* darauf hingewiesen, daß das CISG bei nicht vertragsgemäßer Ware nicht zwischen Schlecht- und Falschlieferung differenziere[599], so daß eine aliud-Lieferung in der Regel keine Nichtlieferung, sondern eine mangelhafte Lieferung darstelle[600]. Sofern der Verkäufer nicht zugleich eine wesentliche Vertragsverletzung begehe und somit den Tatbestand des Artikel 49 I a) CISG erfülle, habe der Käufer keine Möglichkeit sich über eine Nachfristsetzung das Recht zur Vertragsaufhebung zu erschließen[601].

cc) Rechtzeitige Erklärung der Vertragsaufhebung

Die Aufhebung des Vertrages setzt als Gestaltungsrecht stets eine dahingehende Erklärung des Käufers voraus (Artikel 49 I i.V.m. Artikel 26 CISG)[602]. Eine Vertragsaufhebung kraft Gesetzes kennt das CISG nicht[603].

Die Frage, ob die Aufhebungserklärung im Rahmen des Artikel 49 I CISG auch durch schlüssiges Verhalten erfolgen kann, hat das *LG Frankfurt a.M* offengelassen. Es hat aber darauf hingewiesen, daß, wenn man eine konkludente Vertragsaufhebung für zulässig halten sollte, zweifellos erkennbar sein müsse, daß der Käufer an dem Vertrag nicht mehr festhalten wolle.

Auch das *OLG Koblenz* machte deutlich, daß eine hinreichend eindeutige Erklärung der Vertragsaufhebung, aus der sich ergibt, daß der Käufer keinesfalls

---

[597]Schiedsgericht der Handelskammer Hamburg - 21.3.1996, RIW 1996, S. 766 (768); so auch Hamburger freundschaftliche Arbitrage - 29.12.1998, NJW-RR 1999, S. 780 (782).

[598]OLG Frankfurt a. M. - 18.1.1994, RIW 1994, S. 240 (240).

[599]So auch Handelsgericht Zürich - 30.11.1998 (HG930634, unveröffentlicht), zusammenfassend SZIER 1999, S. 185 (188).

[600]BGH - 3.4.1996, RIW 1996, S. 594 (595). Nicht gesehen von OLG Düsseldorf - 10.2.1994, RIW 1995, S. 53 (54 f.), das die in falscher Farbe gelieferter Ware als aliud-Lieferung qualifizierte, eine teilweise Nichterfüllung annahm und bei Rückgabe der Ware die Setzung einer Nachfrist zur Lieferung der bestellten Ware gemäß Artikel 49 I b) CISG i.V. m. 47 I CISG für erforderlich hielt.

[601]So noch Artikel 44 II EKG.

[602]Dazu LG Frankfurt a.M. - 16.9.1991, RIW 1991, S. 952 (953), AG Zweibrücken - 14.10.1992 (1 C 216/92, unveröffentlicht), UNILEX, E. 1992-23; OGH - 6.2.1996, ZfRV 1996, S. 248 (253).

[603]Anders noch das Haager Einheitskaufrecht (Artikel 30 EKG).

mehr zur Vertragserfüllung bereit ist, erforderlich sei[604], eine bloße Androhung der Vertragsaufhebung mithin nicht ausreiche[605].

dd) Fristen für die Aufhebungserklärung

Hat der Verkäufer die Ware bereits geliefert, muß der Käufer gemäß Artikel 49 II CISG die Aufhebung des Vertrages innerhalb einer angemessenen Frist erklären.

(1) Verspätete Lieferung (Artikel 49 II a) CISG)

Gemäß Artikel 49 II a) CISG verliert der Käufer sein Recht, die Aufhebung des Vertrages zu erklären, wenn er im Falle der verspäteten Lieferung die Aufhebung nicht innerhalb einer angemessenen Frist erklärt, nachdem er von der Lieferung erfahren hat. Das *AG Nordhorn* hat in diesem Zusammenhang in einer Entscheidung ausgeführt, daß die Regelung nur den Fortbestand des Rechts zur Vertragsaufhebung betreffe und somit ein wirksam bestehendes Recht zur Erklärung der Vertragsaufhebung voraussetze[606].

(2) Andere Vertragsverletzung (Artikel 49 II b) CISG)

Auch im Falle einer anderen Vertragsverletzung, als die der verspäteten Lieferung, muß der Käufer die Aufhebung des Vertrages innerhalb einer angemessenen Frist erklären. Die größte praktische Relevanz kommt auch hier wiederum der Lieferung vertragswidriger Ware zu.

Die Frist beginnt mit dem Zeitpunkt zu laufen, in dem der Käufer die Vertragsverletzung erkannt hat oder erkennen mußte (Artikel 49 II b) i) CISG). So hat das *Handelsgericht Zürich* die Auffassung vertreten, daß der Zeitpunkt bei Lieferung vertragswidriger Ware somit mit dem des Art 39 I CISG übereinstimmt, so daß dem Käufer für die Rüge der Vertragswidrigkeit und die Vertragsaufhebung selbst die gleiche angemessene Frist zur Verfügung stehe[607]. Der Käufer müsse demnach grundsätzlich mit der Rüge die Vertragsauflösung erklären.

Andere Gerichte hingegen differenzieren zwischen der Rügefrist i.S.d Artikel 39 I CISG und der Frist zur Vertragsaufhebung gemäß Artikel 49 II b) CISG, mit der Folge, daß diese nicht zusammenfallen müssen[608]. Insoweit liegt hier eine Divergenz vor.

---

[604]So auch AG Zweibrücken - 14.10.1992 (1 C 216/92, unveröffentlicht), UNILEX, E. 1992-23.

[605]OLG Koblenz - 31.1.1997 (2 U 31/96, unveröffentlicht), UNILEX,E.1997-4.

[606]AG Nordhorn - 14.6.1994 (3 C 75/94, unveröffentlicht), UNILEX, E.1994-12.

[607]Handelsgericht Zürich - 26.4.1995 (HG920670, unveröffentlicht), UNILEX, E. 1995-15.1; so auch OLG Köln - 22.2.1994, RIW 1994, S. 972 (973); LG Oldenburg - 9.11.1994, RIW 1996, S. 65 (65); a.A. Piltz, NJW 2000, S. 560.

[608]So z.B. OLG München - 2.3.1994, RIW 1994, S. 595 (596); LG München I - 20.3.1995, IPRax 1996, S. 31 (32); LG München I - 25.1.1996 (12 HKO 264/95, unveröffentlicht), UNILEX, E.1996-2.2.

Hinsichtlich der Frage, wann eine Frist "angemessen" ist, hat das *OLG Frankfurt a.M.* ausgeführt, daß, auch wenn Artikel 49 CISG - im Gegensatz zu Artikel 43 EKG - nicht mehr von einer kurzen Frist spreche, der Begriff "angemessen" als angemessen kurz zu verstehen sei[609]. Die Frage der Angemessenheit der Frist richte sich nach den Umständen des Einzelfalles[610]. So entschied das Gericht, daß eine erheblich vertragswidrige Verpackung der Ware sofort feststellbar ist[611].
Auch das *OLG Oldenburg* hat darauf hingewiesen, daß die Regelung des Artikel 49 II b) CISG von dem Grundgedanken geprägt sei, daß der Verkäufer ein schutzwürdiges Interesse habe, möglichst bald zu erfahren, ob der Käufer die Aufhebung des Vertrages erklären wird[612]. Hiermit sei ein langer Schwebezustand nicht vereinbar[613]. Entsprechend hat auch der *BGH* entschieden, daß die Ausübung des Aufhebungsrechts im Interesse einer baldigen Klärung der Rechtsbeziehungen der Parteien zumindest nicht unangemessen verzögert werden darf[614].

Eine einheitliche Gerichtspraxis hinsichtlich einer konkreten Dauer der Frist hat sich - wie auch im Rahmen des Artikel 39 I CISG[615] - bisher noch nicht herausgebildet. Da es auch in diesem Zusammenhang im besonderen Maße auf die Umstände des Einzelfalles ankommen wird, ist dies wohl auch für die Zukunft kaum zu erwarten.
So hat eine deutsche Entscheidung die Erklärung der Vertragsaufhebung fünf Wochen nach Kenntnis - insbesondere im Hinblick auf in diesen Zeitraum fallende Weihnachtstage und den Jahreswechsel - für angemessen gehalten[616].
Das *OLG Koblenz* hat eine etwaige Aufhebungserklärung 7-8 Wochen nach Kenntnis von der Verletzung einer Ausschließlichkeitsabrede jedenfalls für verspätet gehalten[617]. Ein anderes deutsches Gericht hat entschieden, daß eine

---

609 OLG Frankfurt a. M. - 20.4.1994, RIW 1994, S. 593 (595).
610 So auch OLG Oldenburg - 1.2.1995 (11 U 64/94, unveröffentlicht), UNILEX, E.1995-1.2, das u.a. mögliche Zeitverzögerungen anläßlich der Weihnachtstage und des Jahreswechsels, aber auch das vorangegangene Verhalten des Verkäufers berücksichtigte.
611 Der BGH stellte im Rahmen der Revision fest, daß der Käufer bereits die vorrangig zu prüfende Rügefrist gemäß Artikel 39 I CISG versäumt hatte, BGH - 8.3.1995, RIW 1995, S. 595 (597).
612 OLG Oldenburg - 1.2.1995 (11 U 64/94, unveröffentlicht), UNILEX, E.1995-1.2; so auch OLG Koblenz - 31.1.1997 (2 U 31/96, unveröffentlicht), UNILEX,E.1997-4.
613 Siehe auch OLG München - 2.3.1994, RIW 1994, S. 595 (596).
614 BGH - 15.2.1995, RIW 1995, S. 505 (506); so auch BGH - 8.3.1995, RIW 1995, S. 595 (597).
615 Supra IV 4 b) bb) (2).
616 OLG Oldenburg - 1.2.1995 (11 U 64/94, unveröffentlicht), UNILEX, E. 1995-1.2
617 OLG Koblenz - 31.1.1997 (2 U 31/96, unveröffentlicht), UNILEX,E.1997-4, es fehlte aber an der erforderlichen hinreichend eindeutigen Erklärung der Vertragsaufhebung.

Frist von vier Monaten im Lebensmittelhandel nicht angemessen ist[618]. Ebenso hat das *OLG München* einen Zeitraum von über vier Monaten seit erfolgter Rüge bezüglich der Zusammensetzung von geliefertem Koks für nicht mehr angemessen i.S.d. Artikel 49 II b) CISG gehalten[619].

ee) Kein Ausschluß des Rechts auf Vertragsaufhebung

Das Recht des Käufers, den Vertrag aufzuheben ist ausgeschlossen, wenn der Käufer vertragswidriger oder rechtsmangelhafter Ware seine Untersuchungs- und Rügeobliegenheit nach Artikel 38, 39 oder 43 CISG nicht erfüllt hat[620].

Entgegen dem ausdrücklichen Wortlaut des Artikel 48 I CISG hat des *LG Regensburg* die Auffassung vertreten, daß der Käufer in den Fällen des Artikel 49 II b) ii) und iii) CISG nur dann die Aufhebung des Vertrages erklären kann, wenn er dem Verkäufer zuvor die Möglichkeit der Erfüllung des Vertrages eingeräumt hat[621]. Ansonsten würde das Nachbesserungsrecht des Verkäufers ausgehebelt werden.

Aufgrund der Tatsache, daß diese Entscheidung nicht den Wortlaut des CISG berücksichtigt, ist nicht zu erwarten, daß sich diese Auffassung durchsetzen wird.

Der Käufer verliert allerdings das Recht, die Aufhebung des Vertrages zu erklären, wenn es ihm unmöglich ist, die Ware unversehrt zurückzugeben (Artikel 82 CISG), soweit nicht eine der in Artikel 82 II CISG genannten Ausnahmen einschlägig ist.

In diesem Zusammenhang hat der *BGH* klargestellt, daß das Recht auf Vertragsaufhebung dem Käufer gemäß Artikel 82 II b) CISG auch dann erhalten bleibt, wenn die Ware verarbeitet worden ist und die Verarbeitung zum Zwecke der Untersuchung gemäß Artikel 38 CISG erforderlich war[622]. Bleibe dem Käufer das Recht zur Vertragsaufhebung sogar dann erhalten, wenn die Ware durch die Untersuchung untergegangen oder verschlechtert worden ist (vgl. Artikel 82 II b) CISG), müsse dies erst recht gelten, wenn - wie in dem der Entscheidung zugrundeliegenden Fall behauptet - die Ware infolge der zur Untersuchung erforderlichen Verarbeitung nach Artikel 38 CISG verbessert worden sei[623].

---

[618]LG München I - 20.3.1995, IPRax 1996, S. 31 (32), betreffend Ranzigkeit von Schweinerückenspeck.

[619]OLG München - 2.3.1994, RIW 1994, S. 595 (596). Auch der BGH hielt eine Frist von ca. 5 Monaten für jedenfalls nicht angemessen, BGH - 15.2.1995, RIW 1995, S. 505 (506).

[620]Dazu BGH - 8.3.1995, RIW 1995, S. 595 (597).

[621]LG Regensburg - 24.9.1998, ForInt 1998, S. 109 (110), kritisch dazu Magnus, ZEuP 1999, S. 661.

[622]BGH - 25.6.1997, NJW 1997, S. 3311 (3312).

[623]BGH - 25.6.1997, NJW 1997, S. 3311 (3312).

d) Das Recht auf Schadensersatz
Im Rahmen des CISG führt jede Vertragsverletzung zu einem Schadensersatzanspruch der jeweilig verletzten Partei (Artikel 45 I b) CISG; Artikel 61 I b) CISG), der auch neben anderen Rechtsbehelfen geltend gemacht werden kann (Artikel 45 II CISG; Artikel 61 II CISG).

Artikel 45 I b) CISG bildet die Anspruchsgrundlage des Käufers, Schadensersatz zu verlangen, wenn der Verkäufer seine Verkäuferpflichten nicht erfüllt. Artikel 61 I b) CISG begründet entsprechend für den Verkäufer das Recht, vom Käufer Schadensersatz zu verlangen. Inhalt und Umfang des Schadenersatzanspruches bestimmen sich nach den Artikel 74 ff. CISG.
Das *Handelsgericht Zürich* hat in einer Entscheidung zur Schadensersatzpflicht des Verkäufers darauf hingewiesen, daß das CISG von einem System der gesetzlichen Garantiehaftung ausgehe[624]. Grundlage für die Haftung sei allein der Umstand, daß die übernommene Verpflichtung nicht richtig erfüllt worden sei, ohne daß weitere Voraussetzungen - wie etwa ein Verschulden des Verkäufers - vorliegen müßten[625]. Für die Schadenszurechnung genüge der natürliche Kausalzusammenhang[626].

aa) Vorliegen einer Vertragsverletzung
Der Rechtsbehelf des Schadensersatzes setzt - wie auch die anderen in Artikel 45 I CISG und Artikel 61 I CISG geregelten Rechtsbehelfe - voraus, daß die in Anspruch genommene Vertragspartei eine ihr nach dem Vertrag oder dem Übereinkommen obliegende Pflicht nicht erfüllt, mithin eine Vertragsverletzung begangen hat.
Das *OLG Düsseldorf* hat ausgeführt, daß unter Vertragsverletzung jede Form der objektiven Nichterfüllung einer Vertragspflicht zu verstehen sei, ohne daß der Schuldner erst in Verzug gesetzt werden müsse[627]. Auch eine schweizerische Entscheidung hat hinsichtlich der Haftung des Verkäufers festgestellt, daß diese alle Fälle der Leistungsstörungen, insbesondere auch Schlechterfüllung und die eigentlichen Mangelfolgeschäden umfaßt[628]. Da das CISG von einem einheitlichen Begriff der Vertragsverletzung ausgehe, sei es für die Schadensersatzpflicht des Verkäufers insbesondere unerheblich, ob eine Haupt- oder eine Nebenpflicht verletzt worden sei[629].

---

[624]Handelsgericht Zürich - 26.4.1995 (HG920670, unveröffentlicht), UNILEX, E.1995-15.1.
[625]So auch OGH - 6.2.1996, ZfRV 1996, S. 248 (251); LG Paderborn - 25.6.1996 (7 O 147/94, unveröffentlicht), UNILEX, E.1996-8.
[626]Handelsgericht Zürich - 26.4.1995 (HG920670, unveröffentlicht), UNILEX, E.1995-15.1.
[627]OLG Düsseldorf - 10.2.1994, RIW 1995, S. 53 (55).
[628]Handelsgericht Zürich - 26.4.1995 (HG920670, unveröffentlicht), UNILEX,E.1995-15.1.
[629]So auch OLG Köln - 8.1.1997 (27 U 58/95, unveröffentlicht), UNILEX, E.1997-1.

bb) Umfang des Schadensersatzanspruches

Der Umfang des Schadensersatzanspruches bestimmt sich nach Artikel 74 ff. CISG. Artikel 74 CISG liegt das Prinzip zugrunde, daß die vertragsbrüchige Partei vollen Ersatz für den von ihr verursachten Schaden zu leisten hat[630]. So hat auch das *LG Berlin* darauf hingewiesen, daß Artikel 74 Satz 1 CISG die geschädigte Partei so stellen soll, wie sie bei ordnungsgemäßer Erfüllung gestanden hätte[631].

(1) Anwaltskosten

Mehrere Gerichte haben festgestellt, daß die geschädigte Partei als Begleit- und Verzögerungsschaden auch ihre Anwaltskosten als Kosten für eine angemessene Rechtsverfolgung ersetzt verlangen kann[632].

Das *OLG Düsseldorf* hat diesbezüglich ausgeführt, daß hierfür aber Voraussetzung sei, daß es sich bei den durch die außerprozessuale Rechtsverfolgung entstandenen Kosten um sachlich gebotene Aufwendungen zur Rechtswahrnehmung handelt, mit denen die vertragsbrüchige Partei rechnen mußte[633]. Diese Voraussetzung sei bei Kosten einer anwaltlichen Mahnung erfüllt. Hingegen könne die Provision eines eingesetzten Handelsvertreters nicht als Schaden geltend gemacht werden, da diese auch im Falle vertragsgemäßer Erfüllung des Kaufvertrages angefallen wäre[634]. Auch eine schweizerische Entscheidung hat die Kosten einer angemessenen Rechtsverfolgung für ersatzfähig gehalten, sofern die Vertragsverletzung zu Maßnahmen der Rechtsverfolgung hinreichenden Anlaß gegeben hat[635].

In einem anderen Fall kam das *AG Alsfeld* zu dem Ergebnis, daß der Verkäufer mit der Einforderung vorgerichtlicher Kosten für die von einem italienischen

---

[630]Internationales Schiedsgericht der Bundeskammer der gewerblichen Wirtschaft (Wien) - 15.6.1994, SCH-4366, RIW 1995, S. 590 (591), dazu auch Hof's Hertogenbosch - 2.10.1997, NIPR 1998, Nr. 103.

[631]LG Berlin - 30.9.1992 (99 O 123/92, unveröffentlicht), UNILEX, E.1992-21; so auch U.S. Court of Appeals - 6.12.1995 (Delchi Carrier S.p.A. v. Rotorex Corp.), 71 F.3d (1995), S. 1024 (1029); OGH - 6.2.1996, ZfRV 1996, S. 248 (253).

[632]LG Berlin - 30.9.1992 (99 O 123/92, unveröffentlicht), UNILEX, E.1992-21; LG Krefeld - 28.4.1993 (11 O 210/92, unveröffentlicht), UNILEX, E.1993-11, siehe auch die Entscheidung des Berufungsgericht, das Kosten für eine angemessene Rechtsverfolgung grundsätzlich gemäß Artikel 74 CISG, aber nicht im konkreten Fall für ersatzfähig hielt: OLG Düsseldorf - 14.1.1994 (17 U 146/93, unveröffentlicht), UNILEX, E.1994-1; AG Augsburg - 29.1.1996 (11 C 4004/95, unveröffentlicht), UNILEX, E.1996-2.3; OLG Düsseldorf - 11.7.1996, RIW 1996, S. 958 (960).

[633]OLG Düsseldorf - 11.7.1996, RIW 1996, S. 958 (960).

[634]LG Berlin - 30.9.1992 (99 O 123/92, unveröffentlicht), UNILEX, E.1992-21.

[635]Handelsgericht Aargau - 19.12.1997 (OR.97.00056, unveröffentlicht), zusammenfassend SZIER 1999, S. 192 (192).

Anwalt gefertigte Mahnung gegen seine Schadensminderungspflicht nach Artikel 77 CISG verstoßen hat[636]. Das Gericht stellte fest, daß die Partei neben den Prozeßgebühren ihres Prozeßbevollmächtigten vorgerichtliche Kosten für eine Mahnung nicht hätte verlangen könnte, wenn sie einen in Deutschland ansässigen Rechtsanwalt beauftragt hätte. Dies sei der Partei ohne weiteres möglich und zumutbar gewesen, da ihr Prozeßbevollmächtigter, von dem auch das Mahnschreiben stammt, auch in der Bundesrepublik Deutschland eine Kanzlei unterhielt, die auch alle weiteren Schriftsätze im Rahmen des Rechtsstreits fertigte.

(2) Inkassokosten

Andere Gerichte hatten sich mit der Frage zu beschäftigen, inwieweit Inkassokosten erstattungsfähig sind.

Das *OLG Düsseldorf* hat in einer Entscheidung festgestellt, daß bei der Geltendmachung von Inkassokosten eine Prüfung, ob und inwieweit es sich bei den Kosten um notwendige Aufwendungen zur Beitreibung der Forderung handelt, vorzunehmen ist[637]. So hat eine andere deutsche Entscheidung ausgeführt, daß es sich bei der Einschaltung eines Inkassobüros nur dann um eine angemessene Maßnahme der Rechtsverfolgung handele, wenn das Inkassounternehmen über Möglichkeiten der Rechtsverfolgung verfügt, die denjenigen des Gläubigers überlegen sind[638]. Im zwischenstaatlichen Rechtsverkehr würde es hieran grundsätzlich fehlen, so daß bei Einschaltung eines Inkassobüros die Schadensminderungspflicht nach Artikel 77 CISG verletzt werde.
Auch ein niederländisches Gericht hat entschieden, daß Artikel 74 CISG die Vergütung außergerichtlicher Inkassokosten nicht ausschließt[639].

Hingegen scheint das *OLG Rostock* die Auffassung zu vertreten, daß sich der Ersatz von Inkassokosten nach dem von der *lex fori* zu bestimmenden unvereinheitlichten nationalen Recht richtet[640]. Das Gericht begründete seine Entscheidung damit, daß das CISG hinsichtlich des geltend gemachten Schadensersatzanspruches bezüglich Inkassokosten keine Regelung enthalte. Insoweit kommt das Gericht hier zu einem abweichendem Ergebnis.

(3) Entgangener Gewinn und andere ersatzfähige Schäden

Gemäß Artikel 74 Satz 1 CISG kann die geschädigte Partei auch den entgangenen Gewinn ersetzt verlangen.

---

636 AG Alsfeld - 12.5.1995, NJW-RR 1996, S. 120 (121).

637 OLG Düsseldorf - 10.2.1994, RIW 1995, S. 53 (55).

638 LG Düsseldorf - 25.8.1994 (31 O 27/92, unveröffentlicht), UNILEX, E.1994-20.1; so auch bereits LG Frankfurt a.M. - 16.9.1991, RIW 1991, S. 952 (954).

639 Hof's Hertogenbosch - 2.10.1997, NIPR 1998, Nr. 103.

640 OLG Rostock - 27.7.1995, UNILEX, E.1995-18.1.

Eine belgische Entscheidung hat den entgangenen Gewinn *ex aequo et bono* unter Berücksichtigung der Möglichkeit des Verkäufers einen Deckungskauf zu einem wesentlich niedrigeren Preis als dem vertraglich vereinbarten vorzunehmen ermittelt[641].

Der *U.S. Court of Appeals* hat bezüglich der Berechnung des entgangenen Gewinns ausgeführt, daß das CISG keine Regelung enthalte, ob neben den konkreten Herstellungskosten auch die allgemeinen Fixkosten vom durchschnittlichen Verkaufspreis abzuziehen sind[642]. Daher bestätigte er die Entscheidung des *U.S. District Court*[643], der entsprechend der nationalen Gerichtspraxis einen Abzug der Fixkosten verneint hatte. Es handele sich um Kosten, die unabhängig vom Vorliegen eines Vertragsbruches entstünden.

Das Gericht stellte weiter fest, daß die Berechnung des entgangenen Gewinns im Wege der Kalkulation des hypothetischen Einnahmen erfolgt, die sich von den nicht getätigten Verkäufen abzüglich der hypothetischen Herstellungskosten, die angefallen wären, ableitet.

Der *U.S. District Court* sprach dem Käufer ferner Ersatz für die Kosten zu, die ihm durch die Versuche entstanden waren, die Vertragswidrigkeit von mit schwächerer Leistung gelieferten Kompressoren für Klimaanlagen, zu beheben[644]. Auch die Kosten für die Lagerung der vertragswidrigen Ware konnte der Käufer ersetzt verlangen.

Darüber hinaus sprach das Berufungsgericht dem Käufer weitergehenden Schadenersatz für mittelbare Schäden, wie nutzlose Transport-, Lager- und Zollkosten zu[645]. Ebenso hielt das Gericht Aufwendungen für Werkzeug und Material, das nur für die Produkte des Verkäufers angeschafft worden war, für ersatzfähig. Dies gelte grundsätzlich auch für Arbeitskosten, die anläßlich einer viertägigen Stillegung der Produktionslinie angefallen waren, sofern es sich nicht um allgemeine Fixkosten handelt[646].

---

[641]Rechtbank van Koophandel Hasselt - 2.5.1995 (A.R.1849/94, unveröffentlicht), UNILEX,E.1996-15.1.2.

[642] U.S. Court of Appeals - 6.12.1995 (Delchi Carrier S.p.A. v. Rotorex Corp.), 71 F.3d (1995), S. 1024 (1029 f.).

[643]U.S. District Court - 9.9.1994 (Delchi Carrier S.p.A. v. Rotorex Corp.), UNILEX, E.1994-22.

[644]U.S. District Court - 9.9.1994 (Delchi Carrier S.p.A. v. Rotorex Corp.), UNILEX, E.1994-22.

[645]U.S. Court of Appeals - 6.12.1995 (Delchi Carrier S.p.A. v. Rotorex Corp.), 71 F.3d (1995), S. 1024 (1030).

[646]U.S. Court of Appeals - 6.12.1995 (Delchi Carrier S.p.A. v. Rotorex Corp.), 71 F.3d (1995), S. 1024 (1030 f.).

Auch der *ICC Court of Arbitration* hat dem Verkäufer die Kosten für die Aufbewahrung der Ware als Schadensersatz zugesprochen[647]. Hingegen konnte der Käufer nicht für Schäden an der Ware selbst haftbar gemacht werden, da die Gefahr hinsichtlich der Beschädigung der Ware noch nicht auf den Käufer übergegangen war (Artikel 69 CISG).

Das *OLG Köln* hat zudem angemessene Aufwendungen zur Abwendung oder Minderung eines vom Schuldner zu verantwortenden Schadens für erstattungsfähig gehalten[648]. In dem der Entscheidung zugrundeliegenden Fall hatte der Käufer Lederhäute von einer Drittfirma millen lassen und die entstanden Kosten ersetzt verlangt, da der Verkäufer gelieferte Mill-Fässer nach deren Rücknahme zur Umrüstung vorenthalten hatte.

Als ersatzfähigen Folgeschaden hat eine andere deutsche Entscheidung auch einen Haftungsschaden bewertet, der dadurch entstanden war, daß die Vertragsverletzung des Verkäufers den Käufer Dritten gegenüber haftbar gemacht hatte[649]. Hier hatte der Käufer ein Kraftfahrzeug in seiner Eigenschaft als Händler gekauft und war dem Endabnehmer in Höhe von DM 20.000,- ersatzpflichtig geworden, da der Kilometerstand nicht den tatsächlich gelaufenen Kilometern entsprach.

Des weiteren können über Artikel 78 CISG hinausgehende Zinsen als Schadensersatz gemäß Artikel 74 CISG geltend gemacht werden[650]. Verletzt der Käufer seine vertragliche Zahlungspflicht, hat dieser dem Verkäufer den dadurch entstandenen Schaden, z.B. Zinsen für in Höhe des nicht gezahlten Kaufpreises beschafften Kredit, zu ersetzen[651]. So hat auch das *LG Krefeld* dem Verkäufer die Zinsen zugesprochen, die dadurch angefallen waren, daß er den Kaufpreis nicht ordnungsgemäß fakturieren und fälligstellen konnte und diesen

---

[647]ICC Court of Arbitration, Case No. 7197/1992, unveröffentlicht, UNILEX, D.1992-2; so auch Tribunal of International Commercial Arbitration at the Russian Federation Chamber of Commerce - 9.9.1994 (375/93, unveröffentlicht), UNILEX, D.1994-22.0.1 (Lagerkosten wegen Verspätung des vom Käufer zu stellenden Schiffes); Rechtbank van Koophandel Hasselt - 2.5.1995 (A.R.1849/94, unveröffentlicht), UNILEX,E.1996-15.1.2 (Aufbewahrung gefrorener Himbeeren).

[648]OLG Köln - 8.1.1997 (27 U 58/95, unveröffentlicht), UNILEX, E.1997-1; so auch BGH - 25.6.1997, NJW 1997, S. 3311 (3313), ebenso die Kosten zur Feststellung des Schadens.

[649]OLG Köln - 21.5.1996 (22 U 4/96, unveröffentlicht), UNILEX, E.1996-5.5.

[650]z.B. LG Frankfurt a.M. - 16.9.1991, RIW 1991, S. 952 (954); LG Krefeld - 28.4.1993 (11 O 210/92, unveröffentlicht), UNILEX, E.1993-11. OLG Frankfurt a. M. - 18.1.1994, RIW 1994, S. 240 (241); Handelsgericht Zürich - 21.9.1995 (HG 930476, unveröffentlicht), UNILEX, E.1995-25; LG München I - 25.1.1996 (12 HKO 264/95, unveröffentlicht), UNILEX, E.1996-2.2.

[651]OLG Düsseldorf - 11.7.1996, RIW 1996, S. 958 ff. (insoweit nicht abgedruckt, siehe UNILEX, E.1996-9).

verspätet und nur teilweise durch vorgenommene Deckungsverkäufe erhalten hatte und im übrigen Bankkredit in Anspruch nehmen mußte[652].

Darüber hinaus hat das *LG Krefeld* entschieden, daß die Partei, die die Vertragsaufhebung zu vertreten hat, auch für einen zwischenzeitlich eingetretenen Kursverlust Schadensersatz leisten muß[653]. Die Berufungsinstanz hat diesbezüglich konkretisiert, daß ein Wechselkursverlust aber nur dann ersatzfähig sei, wenn dem Gläubiger ein konkreter Schaden entstanden ist[654]. Dies sei etwa dann der Fall, wenn der Gläubiger seinen Zahlungsverkehr üblicherweise in einer Drittwährung abwickelt und deshalb andere Währungen jeweils nach Erhalt umtauscht, da sich dann ein Wechselkursverlust nachteilig auswirke. Im Regelfall entstehe bei einer Zahlung in der Heimatwährung des Gläubigers kein Geldentwertungsschaden als Folge einer ungünstigen Entwicklung der Wechselkurse, da gewöhnlich ein Umtausch der Heimatwährung nicht stattfände[655]. Eine Änderung des Wechselkurses zwischen dem Zeitpunkt der Verschuldung und dem der Zahlung, resultiere somit nicht automatisch in einem Schaden des Gläubigers[656].
Auch die *Rechtbank Roermond* hat entschieden, daß, obwohl nach dem CISG der Wertverlust grundsätzlich zu Lasten des Verkäufers gehe, der Käufer den erlittenen Schaden ersetzen muß, da der Schaden nicht entstanden wäre, wenn der Käufer zeitig bezahlt hätte[657].

Eine belgische Entscheidung hat überdies auch einen Ausgleich für gestiegene Lebensunterhaltskosten zugesprochen[658].

Divergierende Entscheidungen sind in diesem Bereich damit bisher nicht ersichtlich.

---

652 LG Krefeld - 28.4.1993 (11 O 210/92, unveröffentlicht), UNILEX, E.1993-11.
653 LG Krefeld - 28.4.1993 (11 O 210/92, unveröffentlicht), UNILEX, E.1993-11, hier hatte die italienische Lira mindestens 15 Prozent an Wert verloren; dazu auch Handelsgericht Zürich - 5.2.1997 (HG 95 0347, unveröffentlicht), UNILEX 1998, das im konkreten Fall den Kursverlust nicht berechnen konnte, da eine Zahlung des Schuldners noch nicht erfolgt war.
654 OLG Düsseldorf - 14.1.1994 (17 U 146/93, unveröffentlicht), UNILEX, E.1994-1, so auch Hof Arnhem - 15.4.1997, NIPR 1998, Nr. 101.
655 OLG Düsseldorf - 14.1.1994 (17 U 146/93, unveröffentlicht), UNILEX, E.1994-1.
656 Hof Arnhem - 15.4.1997, NIPR 1998, Nr. 101.
657 Rechtbank Roermond - 6.5.1993 (920150, unveröffentlicht), UNILEX, E.1993-14.
658 Tribunal de Commerce de Bruxelles - 13.11.1992 (R.G. 4.825/91, unveröffentlicht), UNILEX, D.1992-25.1; zum Ausgleich für einen Binnenwertverlust der Währung siehe OLG Düsseldorf - 14.1.1994 (17 U 146/93, unveröffentlicht), UNILEX, E.1994-1, das diese Frage allerdings offengelassen hat.

(4) Einschränkung der Ersatzpflicht
Die verschuldensunabhängige Garantiehaftung wird durch die Voraussehbarkeitsregel des Artikel 74 Satz 2 CISG, wonach der Schadensersatz den Betrag nicht übersteigen darf, den die vertragsbrüchige Partei bei Vertragsschluß als mögliche Folge der Vertragsverletzung vorausgesehen hat oder unter Berücksichtigung der Umstände, die sie kannte oder kennen mußte, hätte voraussehen müssen, umfangmäßig beschränkt[659].

So hat der *OGH* ausgeführt, daß ein entgangener Gewinn, den der Käufer bei gehöriger Erfüllung der Verkäuferpflichten durch Weiterveräußerung der Ware hätte erzielen können, nur dann vom Verkäufer zu ersetzen ist, wenn dieser mit der Weiterveräußerung rechnen mußte[660]. Dies sei beim Verkauf handelbarer Ware an einen Kaufmann stets zu bejahen.

Ansonsten ist eine Einschränkung der strengen objektiven Ersatzpflicht nur durch eine Entlastung gemäß Artikel 79 CISG möglich, die dann gegeben ist, wenn die Verwirklichung des Risikos außerhalb des Einflußbereiches der vertragsbrüchigen Partei liegt, d.h. im Falle mangelnder Beherrschbarkeit des Risikos[661]. Die Garantiehaftung des Schuldners bis zur Grenze des beherrschbaren Risikos gemäß Artikel 79 CISG korrespondiert mit der Vorhersehbarkeitsregel des Artikel 74 Satz 2 CISG, so daß dem Prinzip der Haftungsbegrenzung nach Maßgabe des von den Parteien mit dem Vertrag übernommenen Risikos Rechnung getragen wird.

(5) Höhe des Schadens bei Vertragsaufhebung
Wird der Vertrag aufgehoben, ist eine konkrete Schadensberechnung nach Artikel 75 CISG nach Maßgabe eines Deckungsgeschäfts gegenüber einer abstrakten Schadensberechnung nach der Marktpreisregel des Artikel 76 CISG vorrangig[662].

Eine deutsche Entscheidung hat in diesem Zusammenhang ausgeführt, daß aus der in Artikel 77 CISG niedergelegten Schadensminderungspflicht folge, daß

---

[659]Handelsgericht Zürich - 26.4.1995 (HG920670, unveröffentlicht), UNILEX,E.1995-15.1.
[660]OGH - 6.2.1996, ZfRV 1996, S. 248 (251).
[661]Dazu Handelsgericht Zürich - 26.4.1995 (HG920670, unveröffentlicht), UNILEX,E.1995-15.1; auch u.a. ICC Court of Arbitration, Case No. 7197/1992, unveröffentlicht, UNILEX, D.1992-2; Rechtbank van Koophandel Hasselt - 2.5.1995 (A.R.1849/94, unveröffentlicht), UNILEX,E.1996-15.1.2; Tribunal of International Commercial Arbitration at the Russian Federation Chamber of Commerce - 17.10.1995, CLOUT Case 142; Schiedsgericht der Handelskammer Hamburg - 21.3.1996, RIW 1996, S. 766 (769); OLG Hamburg - 28.2.1997, ForInt 1997, S. 168 (171); BGH - 24.3.1999, RIW 1999, S. 617 ff.
[662]Siehe dazu OLG Hamm - 22.9.1992 (19 U 97/91, unveröffentlicht), UNILEX, E.1992-18; Schiedsgericht der Handelskammer Hamburg - 21.3.1996, RIW 1996, S. 766 (769).

der Verkäufer zur Vornahme eines vorteilhaften Deckungsverkaufes sogar verpflichtet sei, soweit dies möglich und zumutbar ist[663].

e) Zinsen (Artikel 78 CISG)

aa) Anspruch auf Zinsen

Gemäß Artikel 78 CISG hat die Vertragspartei, die es versäumt, den Kaufpreis oder einen anderen fälligen Betrag zu zahlen, der anderen Partei für diese Beträge Zinsen zu entrichten. Somit ist lediglich die Fälligkeit Voraussetzung für den Zinsanspruch, ohne daß eine Zahlungsaufforderung oder ein Vertretenmüssen des Schuldners erforderlich wäre[664].

In der Literatur ist im Rahmen des Zinsanspruches insbesondere umstritten, ob unter die Formulierung des "anderen fälligen" Betrages auch Schadensersatzansprüche subsumiert werden können[665].

Die meisten Entscheidungen, im Rahmen derer bisher Zinsen eingeklagt wurden, betrafen Fälle verspäteter Kaufpreiszahlung. Nur wenigen Entscheidungen lag ein Schadensersatzanspruch zugrunde.

Eine amerikanische Entscheidungen hat, allerdings ohne Angabe von Gründen, Zinsen für den geltend gemachten Schadensersatzanspruch zugesprochen[666]. Das *LG Landshut* hat darüber hinaus explizit darauf hingewiesen, daß Artikel 78 CISG auch auf Schadensersatzansprüche Anwendung finde[667]. Das Gericht führt aus, daß die Anwendbarkeit des Artikel 78 CISG auf Schadensersatzan-

---

[663]OLG Hamm - 22.9.1992 (19 U 97/91, unveröffentlicht), UNILEX, E.1992-18; so auch Internationales Schiedsgericht der Bundeskammer der gewerblichen Wirtschaft (Wien) - 15.6.1994, SCH-4366, RIW 1995, S. 590 (591); wohl auch LG Berlin - 15.9.1994 (52 S 247/94, unveröffentlicht), UNILEX, E.1994-22.1.

[664]Dazu u.a. LG Frankfurt a.M. - 16.9.1991, RIW 1991, S. 952 (954); Pretura di Locarno-Campagna - 16.12.1991, UNILEX, D.1991-13; ICC Court of Arbitration, Case No. 7585/1992, UNILEX, E.1992-32; AG Zweibrücken - 14.10.1992 (1 C 216/92, unveröffentlicht), UNILEX, E. 1992-23; AG Nordhorn - 14.6.1994 (3 C 75/94, unveröffentlicht), UNILEX, E.1994-12; Cour d' Appel de Paris - 6.4.1995, UNILEX, D.1995-12.1; LG Aachen - 20.7.1995 (41 O 111/95, unveröffentlicht), UNILEX, E. 1995-18; Rechtbank van Koophandel Hasselt - 8.11.1995 (A.R. 1970/95, unveröffentlicht), UNILEX, E.1995-28.1.2.

[665]Siehe Königer, S. 87 m.w.N.

[666]U.S. District Court - 9.9.1994 (Delchi Carrier S.p.A. v. Rotorex Corp.), UNILEX, E.1994-22, auch die Berufungsinstanz macht diesbezüglich keine Ausführungen U.S. Court of Appeals - 6.12.1995 (Delchi Carrier S.p.A. v. Rotorex Corp.), 71 F.3d (1995), S. 1024 ff.; Internationales Schiedsgericht der Bundeskammer der gewerblichen Wirtschaft (Wien) - 15.6.1994, SCH-4318, RIW 1995, S. 591 (592), insoweit nicht abgedruckt siehe UNILEX, E.1994-13.

[667]LG Landshut - 5.4.1995 (54 O 644/94, unveröffentlicht), UNILEX, E.1995-12; so auch Handelsgericht Zürich - 5.2.1997 (HG 95 0347, unveröffentlicht), UNILEX 1998.

sprüche der herrschenden Meinung entspreche[668] und verweist in diesem Zusammenhang auf die Literaturmeinung, daß Schadensersatzansprüche vom Zeitpunkt des Schadenseintritts zu verzinsen sind, unabhängig davon, ob die genaue Höhe des Anspruchs schon feststeht oder nicht[669].

Ein über die Fälligkeitszinsen hinausgehender, höherer Schaden kann allerdings nur nach Artikel 74 ff. CISG im Wege des Schadensersatzes geltend gemacht werden[670].

bb) Bestimmung des Zinssatzes

Die Höhe des Zinssatzes wurde in Artikel 78 CISG offengelassen[671]. Das CISG normiert auch in keiner anderen Vorschrift einen bestimmten Zinssatz. Somit stellt sich das Problem, wie die Bestimmung der Zinshöhe zu erfolgen hat[672]. Zum einen könnte man in Betracht ziehen, daß es sich hierbei um eine vom CISG nicht geregelte Frage handelt, die nach dem vom Kollisonsrecht der *lex fori* zu bestimmenden unvereinheitlichtem nationalen Recht zu beantworten ist. Zum anderen könnte man eine Lücke i.S.d Artikel 7 II CISG annehmen und die Zinshöhe primär nach den allgemeinen Grundsätzen des CISG bestimmen und so der Notwendigkeit der einheitlichen Anwendung gemäß Artikel 7 I CISG Rechnung tragen, bzw. in Ermangelung dieser die Zinshöhe nach dem kollisionsrechtlich berufenen, ergänzend anwendbaren unvereinheitlichtem nationalen Recht bestimmen. Ob es sich bei der Zinshöhe um eine "lacuna praeter legem" oder eine "lacuna inter legem" handelt[673], ist von der bisher ergangenen Rechtsprechung unterschiedlich beantwortet worden. Nachfolgend soll auf die für die Bestimmung der Zinshöhe von der Rechtsprechung entwickelten divergierenden Lösungsansätze eingegangen werden.

---

[668]Ebenso Schiedsgericht der Börse für Landwirtschaftliche Produkte in Wien - 10.12.1997, ZfRV 1998, S. 211 (216).

[669]Caemmerer/Schlechtriem-Eberstein/Bacher, Artikel 78 Rn.15.

[670]Dazu z.B. OLG Frankfurt a. M. - 18.1.1994, RIW 1994, S. 240 (241); Handelsgericht Zürich - 21.9.1995 (HG 930476, unveröffentlicht), UNILEX, E.1995-25; LG München I - 25.1.1996 (12 HKO 264/95, unveröffentlicht), UNILEX, E.1996-2.2; siehe auch bereits IV 4 d) bb) (3).

[671]Anders noch Artikel 83 EKG, der einen Anspruch des Verkäufers auf Verzugszinsen hinsichtlich des nicht gezahlten Kaufpreises in Höhe von einem Prozent über dem amtlichen Diskontsatz des Landes, in dem der Verkäufer seine Niederlassung oder in Ermangelung einer Niederlassung seinen gewöhnlichen Aufenthalt hat, normierte. Zum historischen Hintergrund siehe Caemmerer/Schlechtriem-Eberstein/Bacher, Artikel 78 Rn. 1 ff.

[672]Siehe hierzu auch Bezirksgericht St. Gallen - 3.7.1997 (3PZ 97/18, unveröffentlicht), UNILEX 1998.

[673]Zur Terminologie siehe Ferrari, ForInt 1998, S. 248 f.

(1) Bestimmung nach unvereinheitlichtem nationalen Recht
Vorwiegend bestimmt die Rechtsprechung die Höhe des Zinssatzes nach unvereinheitlichtem nationalen Recht. Allerdings herrscht bereits hinsichtlich der Frage, welche der nationalen Rechtsordnungen heranzuziehen ist bzw. wie die Bestimmung des anwendbaren Rechts erfolgen soll, keine Einigkeit. Gerade diese Frage ist aber von entscheidender Bedeutung, da zwischen den einzelnen Vertragsstaaten große Unterschiede hinsichtlich der Zinshöhe bestehen, die zudem auch Veränderungen ausgesetzt ist[674].

(a) Unvereinheitlichtes Vertragsstatut
Die überwiegende Rechtsprechung hat für die Bestimmung der Zinshöhe das nach dem Kollisionsrecht der *lex fori* auf den Vertrag anwendbare unvereinheitlichte nationale Recht herangezogen, das bei Abwesenheit des CISG zur Anwendung gekommen wäre[675]. Problematisch ist in diesem Zusammenhang allerdings, daß die Entscheidungen in der Regel nicht ausführen, ob auf den kollisionsrechtlichen Lösungsweg zurückgegriffen wird, weil es sich um eine Frage handelt, die vom CISG nicht geregelt wird oder das nationale Sachrecht in Ermangelung allgemeiner Grundsätze gemäß Artikel 7 II 2 Alt. CISG ergänzend zur Anwendung gelangt. Nur in einigen Entscheidungen erfolgt eine ausdrückliche Bezugnahme auf Artikel 7 II CISG[676]. Konkludent nimmt auch das

---

[674] Siehe hierzu Caemmerer/Schlechtriem-Eberstein/Bacher, Artikel 78 Rn. 32 ff.

[675] u.a. Pretura di Locarno-Campagna - 16.12.1991, UNILEX, D.1991-13; LG Heidelberg - 3.7.1992 (O 42/92, unveröffentlicht), UNILEX, E.1992-14; OLG Hamm - 22.9.1992 (19 U 97/91, unveröffentlicht), UNILEX, E.1992-18; AG Zweibrücken - 14.10.1992 (1 C 216/92, unveröffentlicht), UNILEX, E. 1992-23; Zivilgericht Basel-Stadt - 21.12.1992, UNILEX, E.1992-31; LG Verden - 8.2.1993 (9 O 85/92, unveröffentlicht), UNILEX, E.1993-4; Rechtbank Roermond - 6.5.1993 (920150, unveröffentlicht), UNILEX, E.1993-14; Handelsgericht Zürich - 9.9.1993 (HG930138.U/HG.93, unveröffentlicht), UNILEX, E.1993-22; Rechtbank Arnhem - 30.12.1993, NIPR 1994, Nr. 268 (unter Hinweis darauf, daß die deutsche Währung vereinbart wurde und i.ü. deutsches Recht Anwendung gefunden hätte); OLG Düsseldorf - 10.2.1994, RIW 1995, S. 53 (55); OLG München - 2.3.1994, RIW 1994, S. 595 (596); LG Gießen - 5.7.1994, NJW-RR 1995, S. 438 (439); LG Düsseldorf - 25.8.1994 (31 O 27/92, unveröffentlicht), UNILEX, E.1994-20.1; Kantonsgericht Zug - 15.12.1994 (A 3 1994 85, unveröffentlicht), UNILEX 1998; OLG Rostock - 27.7.1995, UNILEX, E.1995-18.1; Handelsgericht St. Gallen - 5.12.1995 (HG45/1994, unveröffentlicht), UNILEX, E.1995-30; AG Alsfeld - 12.5.1995, NJW-RR 1996, S. 120 (121); AG Augsburg - 29.1.1996 (11 C 4004/95, unveröffentlicht), UNILEX, E.1996-2.3; LG Oldenburg - 28.2.1996 (12 O 2943/94, unveröffentlicht), UNILEX, D.1996-3.2.0; Rechtbank van Koophandel Hasselt - 21.1.1997 (A.R. 1972/96, unveröffentlicht), UNILEX, E.1997-2.1; Schweizerisches Bundesgericht - 28.10.1998 (4C.179/1998, unveröffentlicht), zusammenfassend SZIER 1999, S. 179 (182).

[676] LG Hamburg - 26.9.1990, IPRax 1991, S. 400 (403); Rechtbank Amsterdam - 15.6.1994, NIPR 1995, Nr. 230; ICC Court of Arbitration - 23.8.1994, UNILEX, E.1994-20; ICC Court of Arbitration, Case No. 7565/1994, UNILEX,E.1994-30; Tribunal Cantonal Valais - 20.12.1994, UNILEX, D.1994-29.2; Schiedsgericht der Handelskammer Hamburg - 21.3.1996 RIW 1996, S. 766 (771); Tribunal Cantonal Valais - 28.10.1997 (C1 97 167, unveröffent-

LG Aachen auf diese Vorschrift Bezug[677]. Eine Bestimmung des Zinssatzes unter Rückgriff auf die allgemeinen Grundsätze des CISG, um auf diese Weise eine international einheitliche Lösung zu erreichen, hat das Gericht abgelehnt. Hiergegen spreche, daß auch bei den Konferenzen zur Erarbeitung des CISG keine einheitliche Lösung habe erzielt werden können[678]. Die Zinshöhe sei dem ergänzend anwendbaren nationalen Recht zu entnehmen, das nach Maßgabe der Kollisonsregeln des Forumstaates zu ermitteln sei.

Im Anwendungsbereich des EVÜ oder des Haager Übereinkommens[679] würde sich die Zinshöhe nach diesem Lösungsansatz grundsätzlich nach dem Statut des Verkäufers bestimmen.

(b) Nationales Recht des Gläubigers

Andere Gerichte haben die Zinsrate nach dem nationalen Recht des Gläubigers bestimmt[680]. So lag einer deutschen Entscheidung die Forderung einer italienischen Schuhlieferantin auf Kaufpreiszahlung nebst Zinsen in italienischer Währung zugrunde[681]. Das Gericht hat auf das italienische Recht als dem Recht des Gläubigers zurückgegriffen und ausgeführt, daß dies insbesondere deshalb angebracht sei, weil sich die Folgen der Nichterfüllung der Zahlungsverpflichtung dort auswirken und der Kaufpreis in italienischer Währung zu entrichten war[682]. Somit habe der Schuldner auch das Risiko zu tragen, eine in fremder Währung zu zahlende Geldschuld nach den dortigen Sätzen zu verzinsen. Eine genaue Erläuterung, auf welchem Wege dieses Recht zur Anwendung gelangt, fehlt[683]. Allerdings verweist das Gericht an anderer Stelle auf Artikel 28 II EGBGB, so daß nicht ganz deutlich wird, ob das Gericht tatsächlich - mittels einer Sonderanknüpfung - einen anderen Lösungsweg als den der bereits darge-

---

licht), UNILEX 1998; Tribunal Cantonal Valais - 29.6.1998 (C1 97 288, unveröffentlicht), zusammenfassend SZIER 1999, S. 193 (193). So auch OLG Celle - 24.5.1995 (20 U 76/94, unveröffentlicht), UNILEX, E.1995-16 im Rahmen des Artikel 84 I CISG.

677LG Aachen - 20.7.1995 (41 O 111/95, unveröffentlicht), UNILEX, E. 1995-18.

678Dazu auch Handelsgericht Zürich - 9.9.1993 (HG930138.U/HG.93, unveröffentlicht), UNILEX, E.1993-22.

679Siehe oben Fn. 230.

680LG Stuttgart - 31.8.1989, RIW 1989, S. 984 (985); LG Frankfurt a.M. - 16.9.1991, RIW 1991, S. 952 (954); ICC Court of Arbitration, Case No. 7197/1992, unveröffentlicht, UNILEX, D.1992-2; Tribunal of International Commercial Arbitration at the Russian Federation Chamber of Commerce - 15.4.1994 (1/93, unveröffentlicht), UNILEX, D.1994-8.2, bezüglich Verzinsung des gemäß Artikel 81 II CISG zurückgeforderten Kaufpreises; Bezirksgericht Arbon - 9.12.1994 (BG9341/94, unveröffentlicht), UNILEX, D.1994-29.1; wohl auch Metropolitan Court of Budapest - 24.3.1992 (AZ12.G.41.471/1991, unveröffentlicht), UNILEX, D.1992-8.

681LG Stuttgart - 31.8.1989, RIW 1989, S. 984 f.

682LG Stuttgart - 31.8.1989, RIW 1989, S. 984 (985).

683So auch in der Entscheidung LG Frankfurt a.M. - 16.9.1991, RIW 1991, S. 952 (954).

stellten überwiegenden Rechtsprechung einschlagen wollte, da der Gläubiger in der Regel mit dem Verkäufer identisch ist.

Auch zwei belgische Entscheidungen haben auf den durchschnittlichen Darlehenszinssatz des Gläubigerstaates zurückgegriffen[684]. Das Gericht begründete seine Entscheidungen damit, daß der Gläubiger im eigenen Land Zinsen erhalten hätte, wenn der Kaufpreis rechtzeitig gezahlt worden wäre.

Es ist allerdings nochmals darauf hinzuweisen, daß teilweise nicht feststeht, ob die Rechtsprechung, die den Zinssatz nach dem Recht des Gläubigers bestimmt, tatsächlich divergent zu der Anknüpfung der überwiegenden Rechtsprechung ist oder nur eine andere Terminologie verwendet[685]. Zudem ist in Fällen, wo der Käufer die Kaufpreiszahlung versäumt, das Recht des Zinsgläubigers mit dem des Verkäufers identisch. Tatsächlich divergierende Auswirkungen würde die Anknüpfung an das Recht des Zinsgläubigers somit lediglich dann haben, wenn sich der Verkäufer mit einer Zahlungspflicht im Rückstand befindet[686].

(c) Recht des Währungsstaates

Wiederum andere Gerichte haben eine kollisionsrechtliche Sonderanknüpfung an das Recht des Währungsstaates vorgenommen[687]. Die Entscheidungen dieser Gerichte wiesen in diesem Zusammenhang auf die Erkenntnis hin, daß es keinen Sinn mache und ungerecht sei, eine in der Währung eines Staates ausgedrückte Summe nach den Vorschriften eines anderen Staates zu verzinsen, wenn es sich bei der vereinbarten Währung um eine harte Währung mit keiner oder nur geringer Inflation handele, während die Währung des anderen Staates stetig stark an Wert verliere.

(d) Sonstige Lösungswege

Daneben gibt es weitere Lösungsvorschläge, wie die Zinsrate zu bestimmen ist.

---

[684] Rechtbank van Koophandel Hasselt - 8.11.1995 (A.R. 1970/95, unveröffentlicht), UNILEX, E.1995-28.1.2.; Rechtbank van Koophandel Hasselt - 9.10.1996 (A.R.2012/96, unveröffentlicht), UNILEX,E.1996-9.1.

[685] So möglicherweise OLG Frankfurt a.M. - 13.6.1991, RIW 1991, S. 591 (591 f.), das erst vom Recht am Sitz des Verkäufers spricht, sodann vom nationalen Recht des Gläubigers.

[686] Dazu auch Gerichtspräsident von Laufen - 7.5.1993, UNILEX, E.1993-15.

[687] ICC Court of Arbitration, Case No. 7585/1992, UNILEX, E.1992-32; Hungarian Chamber of Commerce and Industry Court of Arbitration - 17.11.1995 (VB/94124, unveröffentlicht), UNILEX, D.1995-28.2, das Gericht folgt hier dem Vorschlag von Schlechtriem, RIW 1995, S. 593 f.; Hungarian Chamber of Commerce and Industry Court of Arbitration - 5.12.1995, UNILEX, E.1995-29 (unter Hinweis auf Artikel 7 II CISG). Einschränkend auch ICC Court of Arbitration - 23.1.1997 (8611/HV/JK, unveröffentlicht), UNILEX, E. 1997-3.

So hat der *U.S. District Court* die Zinshöhe ohne nähere Ausführungen dem unvereinheitlichten nationalen Recht des Gerichtsstaates entnommen[688]. Das Gericht wies lediglich darauf hin, daß Artikel 78 CISG keine Zinsrate bestimme und die Entscheidung somit im Ermessen des Gerichts läge. Ob das Gericht auf das unvereinheitlichte nationale Recht zurückgegriffen hat, weil es sich um das Recht des Forumstaates oder das Recht des Schuldners handelte, wird nicht ausgeführt. Auch ein deutsches Gericht hat die Ansicht vertreten, daß kein Grund ersichtlich sei, der der Anwendbarkeit des nationalen Rechts des Forumstaates zur Bestimmung des Zinshöhe entgegenstehe[689].

Im Gegensatz dazu hat das *OLG Frankfurt a.M.* die - vereinzelt auch in der Literatur vertretene[690] - Anknüpfung an die Niederlassung des Schuldners[691] ausdrücklich abgelehnt[692]. Zur Begründung führt das Gericht aus, daß sich insbesondere aus dem CISG keinerlei Grundsatz herleiten lasse, daß der Aufenthalt des Schuldners deshalb maßgeblich sei, weil die Zinspflicht darauf abziele, zu verhindern, daß die Vorenthaltung des Geldes für den Schuldner, der mit dem Geld arbeiten oder es nutzbringend anlegen kann, vorteilhafter sei als die Zahlung[693].

Wiederum anderer Auffassung folgend, haben verschiedene Gerichte die Zinsrate nach dem Recht des Staates, in dem gemäß Artikel 57 CISG der Kaufpreis zu zahlen war, bestimmt[694].

(2) Autonome Bestimmung der Zinshöhe

Vornehmlich Schiedsgerichte haben versucht, für die Bestimmung der Zinshöhe eine einheitliche Lösung i.S.d. Artikel 7 II 1. HS CISG zu entwickeln und dazu auf allgemeine Grundsätze zurückgegriffen. Allerdings haben sich auch innerhalb dieser Rechtsprechung unterschiedliche autonome Lösungsansätze herausgebildet.

---

688 U.S. District Court - 9.9.1994 (Delchi Carrier S.p.A. v. Rotorex Corp.), UNILEX, E.1994-22, hier: die United States Treasury Bill Rate.

689 LG Göttingen - 19.11.1992 (3 O 100/92, unveröffentlicht), UNILEX, E.1992-26; so wohl auch Pretura di Parma-Fidenza - 24.11.1989 (77/89, unveröffentlicht), UNILEX, D.1989-7.

690 So Stoll, FS Ferid, S. 510.

691 So Tribunal Cantonal de Vaud - 11.3.1996 (01 93 1061, unveröffentlicht), UNILEX 1998.

692 OLG Frankfurt a. M. - 18.1.1994, RIW 1994, S. 240 (241); so auch bereits LG Hamburg - 26.9.1990, IPRax 1991, S. 400 (403); offengelassen von OLG Frankfurt a.M. - 13.6.1991, RIW 1991, S. 591 (591 f.).

693 So Stoll, FS Ferid, S. 510.

694 ICC Court of Arbitration, Case No. 7153/1992, unveröffentlicht, UNILEX, D.1992.-1; Rechtbank Almelo - 9.8.1995, NIPR 1995, Nr. 520.

So führt ein österreichisches Schiedsgericht aus, daß es vorzugswürdig sei, den anwendbaren Zinssatz entsprechend den dem Übereinkommen zugrundeliegenden allgemeinen Rechtsgrundsätzen autonom festzulegen[695]. Zumindest in den Fällen, in denen das in Frage kommende Recht Zinszahlungen untersage, sei ein automatischer Rückgriff auf ein bestimmtes nationales Recht kaum mit dem in Artikel 78 CISG verankerten Grundsatz zu vereinbaren. Das CISG basiere auf dem allgemeinen Grundsatz der vollen Kompensation des verursachten Schadens. Hieraus folge, daß bei Zahlungsverzug des Schuldners der Gläubiger, von dem man im kaufmännischen Bereich die Inanspruchnahme eines Bankkredites typischerweise erwarten müsse, Anrecht auf Bezahlung der in seinem Lande üblichen kommerziellen Bankzinsen für Darlehen in der Landeswährung oder der von den Parteien gewählten Fremdwährung habe. Das Gericht hat diesbezüglich auch auf den gleichlautenden Wortlaut des Artikel 7.4.9 der UNIDROIT-Principles hingewiesen[696]. Auch nach Ansicht des *ICC Court of Arbitration* handelt es sich sowohl bei dieser Vorschrift, als auch bei Artikel 4.507 der Lando-Principles um allgemeine Grundsätze i.S.d. Artikel 7 II CISG, gemäß derer die "average short term lending rate to prime borrowers" Anwendung findet[697].

Ein argentinisches Gericht scheint die Auffassung zu vertreten, daß - soweit die Parteien keine Absprache hinsichtlich der Zinshöhe getroffen haben - in erster Linie nach Artikel 9 CISG beachtliche Gebräuche zu berücksichtigen sind[698]. Das Gericht entschied, daß die Zahlung von Zinsen zu einer international anerkannten und gebräuchlichen Rate wie die Prime-Rate auch bei fehlender Parteivereinbarung einen international anerkannter Handelsbrauch darstellt.

Auch der *ICC Court of Arbitration* hat, obwohl der Vertrag eine Rechtswahlklausel enthielt, auf die gegenwärtig im internationalen Handel angewendete

---

[695]Internationales Schiedsgericht der Bundeskammer der gewerblichen Wirtschaft (Wien) - 15.6.1994, SCH-4366, RIW 1995, S. 590 (591); ebenso Internationales Schiedsgericht der Bundeskammer der gewerblichen Wirtschaft (Wien) - 15.6.1994, SCH-4318, RIW 1995, S. 591 (592). Kritisch dazu die Anmerkung von Schlechtriem mit Hinweis darauf, daß das Gericht keine autonome Sachrechtsnorm, sondern lediglich eine autonom gebildete einheitliche Kollisionsnorm vorschlage, RIW 1995, S. 593.

[696]Internationales Schiedsgericht der Bundeskammer der gewerblichen Wirtschaft (Wien) - 15.6.1994, SCH-4366, RIW 1995, S. 590 (591); Internationales Schiedsgericht der Bundeskammer der gewerblichen Wirtschaft (Wien) - 15.6.1994, SCH-4318, RIW 1995, S. 591 (592).

[697]ICC Court of Arbitration, Case No. 8128/1995, UNILEX, D.1995-34.

[698]Juzgado de Primera Instanzia en lo Commercial - 23.10.1991 (unveröffentlicht), UNILEX, D.1991-10.1. So auch bereits Juzgado de Primera Instanzia en lo Commercial - 20.5.1991 (unveröffentlicht), UNILEX, D.1991-4; zustimmend Piltz, NJW 1994, S. 1105.

Zinsrate mit Rücksicht auf die Währung[699], in der der Kaufpreis zu zahlen war, abgestellt und die London Inter-Bank Offered Rate (LIBOR) angewendet[700].

Hingegen hat eine andere schiedsrichterliche Entscheidung die Zinshöhe im Rahmen einer autonomen Lückenfüllung nach dem Recht des Gläubigers bestimmt[701]. Das Gericht berief sich auf den anerkannten internationalen Rechtsgrundsatz, daß bei fehlender Rechtswahl das Recht des Staates Anwendung finde, in dem der aus der verspäteten Zahlung resultierende Schaden erlitten wurde, mithin das Recht des Gläubigerstaates.

5. Fazit

Die Untersuchung der bisher ergangenen Rechtsprechung zum CISG hat gezeigt, daß sich diese durchaus bereits auf dem Weg zu einer einheitlichen Auslegung und Anwendung des Übereinkommens befindet.
Zwar konnten aufgrund der verhältnismäßig kurzen Zeit seit dem Inkrafttreten des Übereinkommens oftmals nur bisher aufgetretene Tendenzen ermittelt werden. Zu einigen Fragen des CISG sind erst wenige Entscheidungen ergangen, so daß hier noch nicht von einer einheitlichen, gefestigten Gerichtspraxis gesprochen werden kann. Zudem handelt es sich häufig um Entscheidungen, die stark von den besonderen Umständen des Einzelfalles geprägt sind und nur beschränkt objektive Aussagekraft besitzen.
Es hat sich aber ergeben, daß sich die Auslegungsdivergenzen bisher in Grenzen halten. Oftmals kommt lediglich eine einzelne Entscheidung zu einem divergierenden Ergebnis. Gerade deshalb steht aber nicht fest, inwieweit dieser Entscheidung auch eine generelle Aussagekraft zukommt und ob diese tatsächlich richtungsweisend ist. Darüber, ob es sich bei diesen divergierenden Entscheidungen tatsächlich um Rechtsauffassungen handelt, denen die Rechtsprechung auch in Zukunft folgen wird, kann zu diesem Zeitpunkt nur spekuliert werden.

Zu bedeutenden Abweichungen kommt es hingegen im Rahmen der Rechtsprechung zur Rügefrist gemäß Artikel 39 I CISG und der Bestimmung der Zinshöhe für gemäß Artikel 78 CISG zu entrichtende Zinsen.
Auch wenn sich die divergierenden Ergebnisse der Entscheidungen zur Bemessung der Rügefrist gemäß Artikel 39 I CISG oftmals auf die besonderen Umstände des Einzelfalles gründen, vermögen diese die deutlichen Unterschiede zwischen den Entscheidungen, die von einer eher kurzen Rügefrist ausgehen zu jenen Entscheidungen, die auch eine Rügefrist von einem Monat noch für angemessen halten, nicht zu rechtfertigen. Gerade in dem von unterschiedlichen

---

[699]Hier: Eurodollars.
[700]ICC Court of Arbitration, Case No. 6653/1993, UNILEX, D.1993-1.
[701]ICC Court of Arbitration, Case No. 7331/1994, UNILEX, E.1994-33.

nationalen Rechtstraditionen geprägten Bereich der Rügeobliegenheit, der schon bei der Wiener Konferenz 1980 zu den umstrittensten gehörte, ist eine Kompromißbereitschaft der nationalen Gerichte von besonderer Bedeutung. Dies gilt um so mehr, als es sich bei dieser Obliegenheit um ein Rechtsinstitut handelt, daß über das Bestehen sämtlicher aus der Vertragswidrigkeit der Ware erwachsenden Rechte und Pflichten der Vertragsparteien entscheidet. Gerade bei der Bestimmung der für die Rechte des Käufers und die Belange des Verkäufers wesentlichen Rügefrist ist daher eine einheitliche Rechtsprechung, die die Unterschiede in den nationalen Rechtsordnungen überwindet, von besonderer Bedeutung und Konsequenz. Es stellt einen nicht zu überwindenden Nachteil für den Käufer dar, wenn ihm die Gerichte des einen Staates eine Rügefrist von lediglich einer Woche, eines anderen von einem Monat zubilligen. Diese unbefriedigende Situation bietet zudem einen besonderen Anreiz zum "forum shopping". Nur wenn eine einheitliche Annäherung der Rechtspositionen vorgenommen wird, kann auch in diesem Bereich der Weg der einheitlichen Auslegung und Anwendung des CISG weiter beschritten werden.

Entsprechendes gilt auch für die Rechtsprechung im Rahmen des Artikel 78 CISG. Hier stellen nicht lediglich zwei grundsätzlich voneinander abweichende Rechtspositionen die Gefahr für den internationalen Entscheidungseinklang dar, vielmehr haben sich sogar zahlreiche divergierende Lösungsansätze entwickelt. Es handelt sich um einen klassischen Bereich, in dem die Rechtsprechung den Geboten des Artikel 7 I CISG zuwiderläuft.

Grundsätzlich scheint den nationalen Gerichten immer noch nicht bewußt zu sein, daß ihnen mangels einer einheitlichen Auslegungsinstanz eine besondere Verantwortung zur einheitlichen Auslegung und Anwendung des Übereinkommens zukommt. Entscheidungen, die fremde Rechtsprechung berücksichtigen, bilden immer noch die Ausnahme[702]. Zudem muß es aufgrund der bereits bekannten Vielzahl von Entscheidungen zum CISG erstaunen, wenn Gerichte die Auffassung vertreten, daß generell mehr oder minder keine Rechtsprechung zum CISG existiere[703] bzw. diese "dünn gesät" sei[704]. Konkret führt beispielsweise der *U.S. District Court* aus, daß keinerlei Entscheidungen zur Frage, ob ein Vertriebsvertrag in den Anwendungsbereich des CISG falle, existieren wür-

[702]Siehe oben Fn. 80.

[703]So z.B. U.S. District Court - 21.7.1997 (Helen Kaminski Pty v. Marketing Australian Products, Inc.), UNILEX 1998.

[704]U.S. District Court - 6.4.1998 (Calzaturificio Claudia s.n.c. v. Olivieri Footwear Ltd.), UNILEX 1998.

den[705], obwohl sich zu diesem Zeitpunkt schon zahlreiche Gerichte mit dieser Frage auseinander gesetzt hatten[706].
Es reicht nicht aus, die Suche nach Rechtsprechung auf den Gerichtsstaat zu beschränken. Auch haben unreflektierte Rückgriffe auf die Rechtsprechung zum nationalen Recht im Rahmen des Übereinkommens zu unterbleiben.

Für die Zukunft wäre wünschenswert, wenn die höchstrichterliche Rechtsprechung der Vertragsstaaten jede offerierte Chance nutzen würde, um zu elementaren Fragestellungen des Übereinkommens Stellung zu nehmen. Bei der rechtlichen Kontrolle der im CISG enthaltenen unbestimmten Rechtsbegriffe haben diese die Möglichkeit, die Rechtsprechung anderer Vertragsstaaten zu berücksichtigen und somit dem Gebot der einheitlichen Auslegung und Anwendung des Übereinkommens Rechnung zu tragen[707].

V. Wege zur Förderung der einheitlichen Anwendung

Sowohl das Ergebnis der empirischen Untersuchung, als auch die Darstellung der Rechtsprechung zum CISG läßt vermuten, daß dem Gebot des Artikel 7 I CISG in den Vertragsstaaten grundsätzlich noch nicht ausreichend Rechnung getragen wird. Zwar hat die obige Darstellung der Rechtsprechung zum CISG ergeben, daß es bisher erst eher zu wenigen Auslegungsdivergenzen gekommen ist. Dennoch ist die ständig drohende Gefahr für den internationalen Entscheidungseinklang nicht zu unterschätzen. Insbesondere aufgrund der bereits großen, immer noch anwachsenden Anzahl von Vertragsstaaten und der rasch steigenden Anzahl der Entscheidungen, hängt diese Gefahr stets wie ein "Damoklesschwert" über dem Übereinkommen.

Nachfolgend sollen einige Lösungsmöglichkeiten aufgezeigt werden, die geeignet sind, die einheitliche Anwendung des CISG durch die nationalen Gerichte zu fördern und bestehende bzw. drohende Mißstände zu beseitigen. In diesem Zusammenhang wird besonderer Wert darauf gelegt, daß diese Wege in der Praxis, soweit nicht bereits existent, realisierbar sind und die Aussicht haben, ihrem Anspruch tatsächlich gerecht zu werden. Für Lösungsmodelle *de lege ferenda* sollen einige im Rahmen von anderen völkerrechtlichen Übereinkommen gefundene Lösungen herangezogen und auf ihre Übertragbarkeit geprüft werden.

---

[705]U.S. District Court - 21.7.1997 (Helen Kaminski Pty v. Marketing Australian Products, Inc.), UNILEX 1998.
[706]Siehe oben IV 2 a) bb) (1).
[707]Näheres dazu Escher, RIW 1999, S. 501.

1. Supranationaler Gerichtshof als einheitliche Auslegungsinstanz

a) Vorzüge der Errichtung einer supranationalen Auslegungsinstanz
Der wohl effektivste Weg, die einheitliche Anwendung des CISG sicherzustellen, wäre die Einrichtung eines supranationalen Gerichtshofes, der letztinstanzlich und verbindlich über die Auslegung des Übereinkommens entscheidet[708]. Es wird sogar als "Lebenslüge der Rechtsvereinheitlichung" bezeichnet, sollte man die Re-Nationalisierung vereinheitlichten Rechts dadurch erlauben, daß die Auslegung allein den Gerichten der Vertragsstaaten obliegt[709].

Das Auseinanderdriften des vereinheitlichten Rechts, entgegen dem Sinn und Zweck eines Rechtsvereinheitlichungsübereinkommens, läßt sich dadurch verhindern, daß eine supranationale Auslegungsinstanz geschaffen wird, die die einheitliche Anwendung und Fortbildung des vereinheitlichten Rechts gewährleistet, indem sie nationale Alleingänge unterbindet[710]. Insbesondere zeigt sich auch aus der Erfahrung mit anderem Einheitsrecht, daß ohne eine einheitliche Rechtsanwendung keine Rechtssicherheit besteht, und es trotz bemühter Bestrebungen immer wieder zu divergierenden Interpretationen kommt[711]. Somit erscheint die Einrichtung eines internationalen Gerichtshofes auf lange Sicht unausweichlich, um tatsächlich eine international einheitliche Auslegung des CISG zu gewährleisten[712].

Ein supranationaler Gerichtshof würde auch ermöglichen, daß sich das CISG der Zeit entsprechend - im Wege interpretativer, die Einheit des CISG sichernder Rechtsfortbildung - weiterentwickelt. Ohne einen effektiven kurzfristigen Korrekturmechanismus könnte eine einheitliche Anpassung des Übereinkommens nur im langwierigen Wege einer erneuten diplomatischen Konferenz aller Vertragsstaaten erfolgen[713]. Es besteht somit die Gefahr, daß das Übereinkommen ohne eine einheitliche Auslegungsinstanz den zeitlichen Veränderungen und Anforderungen des Handelsverkehrs nicht gerecht werden kann (Gefahr der "Versteinerung").

708Dazu Diedrich, S. 44 ff.; Kramer, JBl 1996, S. 138; Mansel, JZ 1991, S. 532; Schlechtriem, Länderberichte, S. 145; allgemein Riese, RabelsZ 26 (1961), S. 604 ff.
709Kohler, in Jayme, S. 12; zustimmend Mansel, JZ 1991, S. 532.
710Mansel, JZ 1991, S. 532; Schmidt-Parzefall, S. 24 m.w.N.
711Dazu Schmidt-Parzefall, S. 23, unter Hinweis auf die Rechtsprechung zum Genfer Abkommen über das Einheitliche Wechselgesetz vom 7. Juni 1930 (RGBl. 1933 II, S. 378).
712Siehe den Bericht von Diedrich über den UNCITRAL-Kongreß "Einheitliches Handelsrecht im 21. Jahrhundert", IPRax 1992, S. 410.
713Diedrich, S. 52 m.w.N.

b) Einrichtung eines supranationalen Gerichtshofes nach Vorbild des EuGH

Für die Errichtung einer einheitlichen Auslegungsinstanz könnte der Gerichtshof der Europäischen Gemeinschaften (EuGH) als gut funktionierendes Vorbild dienen.

aa) Die Auslegungskompetenzen des EuGH

Die originäre Funktion des EuGH als Gemeinschaftsorgan lag in der Wahrung des Rechts bei der Auslegung und Anwendung des primären und sekundären Gemeinschaftsrechts (Artikel 220 EGV). Mittlerweile umfaßt die Auslegungskompetenz des EuGH auch bestimmte Übereinkommen, insbesondere gemäß dem Luxemburger Protokoll von 1971[714] das EuGVÜ[715], sowie nach den - noch nicht in Kraft getretenen - Brüsseler Protokollen von 1988[716] das Römische Schuldvertragsübereinkommen[717]. Dieser Übertragung der Zuständigkeit liegt zum einen die Vereinbarung der beteiligten Vertragsstaaten, die Auslegungskompetenz auf ein gemeinsames Rechtsprechungsorgan zu übertragen, zum anderen die Bereitstellung des EuGH durch alle EG-Mitgliedstaaten zugrunde[718]. Somit muß zwischen der Tätigkeit des EuGH als Gemeinschaftsorgan einerseits und dem "entliehenen", eigenständigen Auslegungsorgan des EuGVÜ andererseits differenziert werden[719].

Das EuGVÜ, das auf die vereinfachte Anerkennung und Vollstreckung richterlicher Entscheidungen und die Vereinheitlichung der internationalen Entscheidungszuständigkeit innerhalb der EG-Mitgliedstaaten abzielt, ist grundsätzlich vertragsautonom auszulegen[720]. Nur eine autonome Auslegung des EuGVÜ kann sicherstellen, daß sich aus dem Übereinkommen für die Vertragsstaaten und die betroffenen Personen soweit wie möglich gleiche und einheitliche

---

[714]Luxemburger Protokoll betreffend die Auslegung des Übereinkommens vom 27. September 1968 über die gerichtliche Zuständigkeit und die Vollstreckung gerichtlicher Entscheidungen in Zivil- und Handelssachen durch den Gerichtshof vom 3. Juni 1971 i.d.F. des 3. Beitrittsübereinkommens. vom 26. Mai 1989 (BGBl. 1994 II, S. 531).

[715]Siehe oben Fn. 390.

[716]Erstes und Zweites Brüsseler Protokoll betreffend die Auslegung des am 19. Juni 1980 in Rom zur Unterzeichnung aufgelegten Übereinkommens über das auf vertragliche Schuldverhältnisse anzuwendende Recht auf den Gerichtshof der Europäischen Gemeinschaften vom 19. Dezember 1988 (BGBl. 1995 II, S. 916 bzw. 923). Aufgrund des fehlenden Inkrafttretens dieser Protokolle wird nachfolgend nur auf die Auslegungskompetenz hinsichtlich des EuGVÜ eingegangen.

[717]Römisches EWG-Übereinkommen über das auf vertragliche Schuldverhältnisse anzuwendende Recht vom 19. Juni 1980 (BGBl. 1986 II, S. 810).

[718]Kohler, in Jayme, S. 15; Schmidt-Parzefall, S. 25 m.w.N.

[719]Kohler, in Jayme, S. 15; zustimmend Furrer, AJP/PJA 1997, S. 492; Schmidt-Parzefall, S. 26; Duintjer Tebbens, in Reichelt, S. 52.

[720]Kropholler, EuGVÜ, Einl. Rn. 45 m.w.N.

Rechte und Pflichten ergeben[721]. Im Rahmen der Auslegung sind in erster Linie die Systematik und die Zielsetzung des Übereinkommens zu berücksichtigen, damit dessen volle Wirksamkeit sichergestellt wird[722]. Allerdings kann dies auch zur Folge haben, daß auf die *lex causae*, das mittels der Kollisionsnormen der *lex fori* ermittelte anwendbare Recht, zurückgegriffen werden muß[723].
Diese vom EuGH aufgestellten Grundsätze können aufgrund seiner Auslegungszuständigkeit für das EuGVÜ konkretisiert, fortentwickelt und gesichert werden. Vorlageberechtigt bzw. verpflichtet sind die Bundesgerichte und die als Rechtsmittelinstanz angerufenen Gerichte[724]. Angesichts dieser tragenden Rolle des EuGH wäre es erstrebenswert, eine derartige Auslegungsinstanz auch auf der Ebene des CISG zu schaffen[725].

bb) Übertragbarkeit und Realisierbarkeit des Auslegungssystems

Nach dem Vorbild des Vorabentscheidungsverfahrens gemäß Artikel 2 und 3 des Luxemburger Protokolls, das dem Verfahren i.S.d. Artikel 234 EGV nachgebildet ist[726], könnten Auslegungsprobleme im Rahmen des CISG beigelegt werden. Stellt sich in einem schwebendem Verfahren ein entscheidungserhebliches Auslegungsproblem, wären die obersten Gerichtshöfe der Vertragsstaaten verpflichtet und die Rechtsmittelinstanzen berechtigt, diese Frage dem Gerichtshof vorzulegen. Die vorlegenden nationalen Gerichte hätten das Verfahren bis zur "Vorab"-Entscheidung des Gerichtshofes auszusetzen und dann dieser entsprechend den Rechtsstreit endgültig zu entscheiden[727].

Allerdings bereitet die Übertragung des in Bezug auf die Auslegung des EuGVÜ geltenden Systems insofern Schwierigkeiten, als das CISG nicht auf eine räumlich eng verbundene Staatengemeinschaft begrenzt ist, sondern es sich um eine für alle Staaten offene Konvention handelt (Artikel 91 III CISG)[728]. Aufgrund der hohen, immer noch anwachsenden Anzahl der Vertragsstaaten stellt sich zum einen das Problem, wie die Besetzung der Spruchkörper einer derarti-

[721]Siehe z.B. EuGH - 22.3.1983, Rs. C-34/82, Peters/ZNAV, Slg. 1983 - S. 987 ff. (Tz. 10); bestätigend EuGH - 8.3.1988, Rs. C-9/87, Arcado/Haviland, Slg. 1988 - S. 1539 ff. (Tz. 11); EuGH - 17.6.1992, Rs. C-26/91, Handte/TMCS, Slg. 1992 I - S. 3967 ff. (Tz. 10).

[722]EuGH - 22.3.1983, Rs. C-34/82, Peters/ZNAV, Slg. 1983 - S. 987 ff. (Tz. 10); bestätigend EuGH - 8.3.1988, Rs. C-9/87, Arcado/Haviland, Slg. 1988 - S. 1539 ff. (Tz. 10).

[723]EuGH 6.10.1976, Rs. C-12/76, Tessili/Dunlop, Slg. 1976 - S. 1473 (1485); dazu Schlechtriem, Länderberichte, S. 136.

[724]im Rahmen des Artikel 37 EuGVÜ auch die Oberlandesgerichte, siehe Artikel 2 des Luxemburger Protokolls.

[725]Drobnig, FS Steindorff, S. 1145.

[726]Kropholler, EuGVÜ, Einl. 19; Schmidt-Parzefall, S. 27 m.w.N.

[727]dazu Bianca/Bonell-Bonell, Artikel 7, Anm. 3.1.1 unter Hinweis auf den ehemaligen Artikel 177 EGV (jetzt 234 EGV).

[728]Diedrich, S. 52; Bianca/Bonell-Bonell, Artikel 7, Anm. 3.1.1; Caemmerer/ Schlechtriem-Herber, Artikel 91 Rn. 2.

gen Auslegungsinstanz aussehen könnte. In diesem Zusammenhang wird darauf hingewiesen, daß das Statut des in der Hansestadt Hamburg ansässigen Internationalen Seegerichtshofs[729] als Vorlage dienen könnte, wie eine repräsentative und gerechte Zusammensetzung der Spruchkörper aussehen könnte[730]. Allerdings erscheint es unrealistisch zu erwarten, daß alle Vertragsstaaten, ungeachtet ihres sozialen und politischen Hintergrundes, bereit wären, einer so große Einschränkung ihrer Souveränität, durch die Übertragung der ausschließlichen Auslegungszuständigkeit auf eine supranationale Instanz, zuzustimmen[731]. Dies gilt um so mehr, da nicht nur die Beschneidung der Souveränität in Kauf genommen werden müßte, sondern auch eine ständige Vertretung aller Vertragsstaaten in einer derartigen Auslegungsinstanz kaum möglich erscheint[732]. Überdies wäre die Einrichtung und Unterhaltung eines supranationalen Gerichtshofes mit nicht unerheblichen Kosten für die Vertragsstaaten verbunden.

Auf der anderen Seite ist darauf hinzuweisen, daß das Bestehen eines supranationalen Gerichtshofs die nationalen Gerichte nicht von ihrer Pflicht entbindet, das CISG einheitlich auszulegen und anzuwenden[733]. Ohne eine Berücksichtigung fremder Gerichtspraxis würden sich entscheidungserhebliche Auslegungsfragen oftmals gar nicht stellen.

Darüber hinaus scheint eine gewisse Skepsis, die anfänglich auch den Entscheidungen des EuGH entgegengebracht wurde[734], insbesondere hinsichtlich der Anerkennung der absoluten Auslegungszuständigkeit der einheitlichen Auslegungsinstanz und dem damit verbundenen Entscheidungsvorrang vorprogrammiert, wenn die Vertragsstaaten einem derart inkohärenten System von Rechtsordnungen entstammen.

Auch verbleibt die Problematik, inwieweit Schiedsgerichte, vor denen ein beachtlicher Teil der Streitfälle aus dem internationalen Wirtschaftsverkehr ausgetragen wird, bereits bestehende Rechtsprechung eines supranationalen Gerichtshofs beachten bzw. etwaige Auslegungsfragen diesem überhaupt vorlegen würden[735].

729Artikel 2 ff., Anlage VI (Statut des Internationalen Seegerichtshofs) des Seerechtsübereinkommens der Vereinten Nationen von 1982 (BGBl. II 1994, S. 1799); ist für die Bundesrepublik Deutschland am 16.11.1994 in Kraft getreten (BGBl. II 1995, S. 602).
730Diedrich, S. 46 f.
731So auch Bianca/Bonell-Bonell, Artikel 7, Anm. 3.1.1.
732Dazu Dietrich, S. 52.
733Mansel, JZ 1991, S. 532.
734Siehe hierzu die Entwicklung der Rechtsprechung des Bundesverfassungsgerichts: z.B. BVerfGE 37, S. 271 ff.; BVerfGE 73, S. 339 ff.
735Bianca/Bonell-Bonell, Artikel 7, Anm. 3.1.1.

c) Übertragung der Auslegungskompetenz auf den EuGH

Ferner könnte man auch in Betracht ziehen, die Auslegungszuständigkeit auf ein bereits bestehendes supranationales Rechtsprechungsorgan zu übertragen. In diesem Zusammenhang besteht die Möglichkeit, daß der EuGH im Wege der Organleihe mittels einem, dem Luxemburger Protokoll entsprechendem Rechtsakt, als Auslegungsorgan tätig wird. Der EuGH hat in diesem Zusammenhang bereits festgestellt, daß ein Tätigwerden als Auslegungsorgan gegenüber Nicht-EG-Staaten durch den EGV nicht ausgeschlossen ist[736]. Allerdings wäre die Bindungswirkung der Auslegungsentscheidungen des EuGH zwingende Voraussetzung einer derartigen Organleihe[737].
Doch auch hier gilt das oben gesagte[738], daß eine Einigung der Vertragsstaaten auf einen Souveränitätsverzicht unrealistisch ist. Dies gilt um so mehr, da die nicht der EG entstammenden Vertragsstaaten, trotz des Doppelcharakters des EuGH, erst recht nicht bereit sein dürften, das Auslegungsmonopol auf einen Gerichtshof mit ausschließlich "fremden Richtern" zu übertragen, der dazu noch einen so engen Bezug zu einem kleinen Kreis der Vertragsstaaten aufweist[739].
Somit wird auf die Zulässigkeit der Übertragung der Auslegungskompetenz auf den EuGH nicht näher eingegangen werden.

Einschränkend wurde der Vorschlag gemacht, dem EuGH zumindest die auf die EG-Staaten beschränkte Kompetenz für die Auslegung des CISG zu übertragen[740]. Dies könnte zwar zu einer einheitlichen Anwendung des CISG innerhalb der EG-Staaten führen, erzielt aber nicht eine einheitliche Anwendung des CISG in allen Vertragsstaaten. Somit könnte dieser Vorschlag lediglich als erster Schritt in die richtige Richtung dienen.

d) Ausblick

Folglich ergibt sich, daß die Errichtung eines supranationalen Gerichtshofs zwar das effektivste Mittel darstellt würde, die einheitliche Anwendung des CISG zu gewährleisten. Doch auch eine derartige Auslegungsinstanz wäre kaum in der Lage, als alleiniger Konfliktlöser und globaler Hüter der einheitlichen Anwendung des CISG zu fungieren.

Bisher konnte die Errichtung einer supranationalen Entscheidungsinstanz nicht durchgesetzt werden. Auch in Zukunft ist kaum zu erwarten, daß sich die 57

---

[736]EuGH Gutachten 1/91 v. 14.12.1991, SLG. 1991 I, S. 6084 ff. (Tz. 59 ff.).
[737]EuGH Gutachten 1/91 v. 14.12.1991, SLG. 1991 I, S. 6084 ff. (Tz. 61 ff.).
[738]Siehe oben V 1 b) bb).
[739]Siehe auch die Bedenken, die hinsichtlich der Übertragung der Auslegungskompetenz für das Lugano-Übereinkommen (unten Fn. 747) geäußert wurden, Bericht Jenard/Möller, ABl. EG Nr. C 189 vom 28.7.1990, S. 89 Anm. 110; dazu kritisch Schmidt-Parzefall, S. 57.
[740]Basedow, EuZW 1992, 489; auf die völkerrechtliche Zulässigkeit dieses Vorschlages soll hier nicht näher eingegangen werden.

Vertragsstaaten des CISG darauf einigen können, ihr höchstes Gut der Souveränität zugunsten eines internationalen Gerichtshofes mit einem Auslegungsmonopol für das CISG einzuschränken[741].

2. Einsetzung einer beratenden Kommission

Als möglicher Weg die einheitliche Auslegung und Anwendung des CISG zu gewährleisten, würde auch die Einsetzung einer lediglich beratenden Kommission in Betracht kommen. Diese aus Vertretern der Vertragsstaaten zu bildende Kommission hätte die Aufgabe, die für die Interpretation des CISG relevanten Entscheidungen zu koordinieren und auszuwerten[742]. Nach Ermittlung etwaiger Divergenzen in der Interpretation bzw. der Existenz einer einheitlichen Interpretation hätte die Kommission die Möglichkeit, unverbindliche Empfehlungen hinsichtlich der maßgeblichen Interpretation aussprechen[743]. Eine Konsultation dieser Kommission könnte nicht nur durch die nationalen Richter, Schiedsrichter und die an einem schwebenden Verfahren beteiligten Parteien erfolgen, sondern auch durch konkrete Anfragen der Vertragsstaaten, mit dem Ziel die korrekte Anwendung des Übereinkommens in ihrem Staat sicherzustellen.

Eine derartige, übergeordnete Beratungssinstanz konnte bisher ebenfalls nicht durchgesetzt werden[744]. Die Einsetzung einer solchen Kommission erscheint im übrigen auch nicht besonders sinnvoll und effizient. Zum einen könnte ein supranationales Beratungsorgan nur formell unverbindliche Stellungnahmen bzw. Empfehlungen aussprechen. Die Zumessung einer Bindungswirkung würde der Kommission die Kompetenz eines supranationalen Gerichtshofs zusprechen und wäre mit der Souveränität der Vertragsstaaten nicht zu vereinbaren[745].

Auch hier ergibt sich im übrigen das Problem der Besetzung einer derartigen Beratungsinstanz, ohne einzelne Vertragsstaaten zu benachteiligen. Zum anderen sind lediglich unverbindliche Empfehlungen keine Möglichkeit, die einheitliche Anwendung des CISG in den Mitgliedstaaten tatsächlich zu gewährleisten, da die Gerichte der Mitgliedstaaten nicht verpflichtet wären, diese zu berücksichtigen. Die Einsetzung einer beratenden Kommission sollte daher als mehr

[741]So auch Diedrich, S. 109; Schlechtriem, Länderberichte, S. 145.

[742]In diesem Zusammenhang wird auch von der Funktion eines "editorial board" gesprochen, siehe Report of UNCITRAL on the work of its 21st session, 11-22 April 1988, UNCITRAL-Yearbook XIX (1988), S. 16 Anm. 107; Caemmerer/Schlechtriem-Herber, Artikel 7 Rn.14.

[743]So Cook, 50 U.Pitt.L.Rev (1988), S. 225; dazu auch Bianca/Bonell-Bonell, Artikel 7, Anm. 3.1.2.

[744]UNCITRAL-Yearbook XIX (1988), S. 16 Anm. 107 ff.

[745]Caemmerer/Schlechtriem-Herber, Artikel 7 Rn.14; siehe dazu auch oben V 1 b) bb).

oder minder wirkungsloses Instrument als Lösungsweg in diesem Zusammenhang außer Betracht bleiben[746].

3. Das Auslegungsmodell des Lugano-Übereinkommens

Im September 1988 verabschiedete eine diplomatische Konferenz in Lugano das Luganer Übereinkommen über die gerichtliche Zuständigkeit und die Vollstreckung gerichtlicher Entscheidungen in Zivil- und Handelssachen (LugÜ)[747]. Dieses sich an das EuGVÜ weitestgehend anlehnende Parallelübereinkommen[748] wurde zwischen den Mitgliedstaaten der EG und den EFTA-Staaten geschlossen, um die rechtliche und wirtschaftliche Zusammenarbeit zu verstärken[749].
Im Gegensatz zum EuGVÜ wurde für das Übereinkommen von Lugano keine übergeordnete Auslegungsinstanz errichtet. Eine Auslegungskompetenz des EuGH, entsprechend dem Luxemburger Protokoll, besteht nicht. Der Grund hierfür liegt unter anderem darin, daß die EFTA-Staaten nicht bereit waren, sich ohne eigene Repräsentanten in den Spruchkörpern der Auslegungskompetenz des EuGH zu unterwerfen und dieser, trotz seiner Doppelfunktion[750], primär als Gemeinschaftsorgan der EG angesehen wurde[751].

Somit hat sich auch im Rahmen dieses Übereinkommens das Problem gestellt, mit welchen Mitteln und Wegen die einheitliche Anwendung in allen Vertragsstaaten, unter Berücksichtigung der Parallelität zum EuGVÜ, gewährleistet werden kann. Daher bietet es sich an, die im Rahmen des LugÜ gefundenen Lösungen, die nicht auf dem Grundsatz gerichtlicher Hierarchie, sondern auf dem Konsultationsprinzip beruhen[752], zu untersuchen und Rückschlüsse hinsichtlich einer Übertragbarkeit der Lösungswege zur Förderung der einheitlichen Anwendung des CISG zu ziehen. In diesem Zusammenhang müssen jene Lösungswege, die lediglich die Aufrechterhaltung des Parallelcharakters des LugÜ im Verhältnis zum EuGVÜ betreffen[753], mangels Übertragbarkeit, außer Betracht bleiben[754].

---

[746]Siehe die entsprechende Konklusion bezüglich des ebenfalls einflußlosen "Ständigen Ausschusses" gemäß Artikel 3 f. des Protokoll Nr. 2 zum Lugano-Übereinkommen (unten Fn. 755), Schmidt-Parzefall, S. 89 f.

[747]BGBl. 1994 II, S. 2660.

[748]Divergenzen bestehen im Rahmen der Vorschriften Artikel 5 Nr.1, 16 Nr. 1 lit. b; 17 V EuGVÜ/ LugÜ.

[749]Dazu Schmidt-Parzefall, S. 11 m.w.N.

[750]Siehe dazu bereits oben V 1 b) aa).

[751]Kropholler, EuGVÜ, Einl. Rn. 45; Schmidt-Parzefall, S. 57; Furrer, AJP/PJA 1997, S. 490.

[752]Bericht Jenard/Möller, ABl. EG Nr. C 189 v. 28.7.1990, S. 89, Anm. 111.

[753]Siehe Präambel des Protokolls Nr. 2 sowie die Erklärung der Vertreter der Unterzeichnerstaaten des Luganer Übereinkommens, die Mitglieder der Europäischen Gemeinschaften sind und die Erklärung der Vertreter der Regierungen der Unterzeichnerstaaten des Luganer Über-

a) Pflicht zur Beachtung maßgeblicher Entscheidungen der Vertragsstaaten

In Artikel 1 des Protokolls Nr. 2 zum LugÜ über die einheitliche Auslegung des Übereinkommens[755] wird die Pflicht der Vertragsstaaten normiert, bei der Anwendung und Auslegung des Übereinkommens den Grundsätzen gebührend Rechnung zu tragen, die in maßgeblichen Entscheidungen von Gerichten der anderen Vertragsstaaten zu den Bestimmungen des LugÜ entwickelt worden sind[756].

Somit wird eine für die nationalen Gerichte aller Vertragsstaaten gleichermaßen verbindliche, zwingende Verpflichtung ausgesprochen[757].

Zur Ermittlung des konkreten Inhalts dieser Verpflichtung stellt sich zunächst die Frage, welche Entscheidungen als "maßgeblich" i.S.d Artikel 1 des Protokolls zu bewerten sind. Nach dem *Jenard/Möller*-Bericht[758] handelt es sich um die Entscheidungen letztinstanzlicher Gerichte und andere, besonders wichtige rechtskräftig gewordene Entscheidungen und betrifft somit diejenigen Urteile, die auch Gegenstand des Informationsaustauschsystems gemäß Artikel 2 des Protokolls sind[759]. Den daraus ermittelten Grundsätzen haben die Gerichte der Vertragsstaaten "gebührend" Rechnung zu tragen. Dies setzt voraus, daß das Gericht zunächst von Amts wegen prüft, ob zu der ihm vorliegenden Rechtsfrage bereits maßgebliche Entscheidungen ergangen sind[760]. Im positiven Falle muß es deren Grundsätze zur Kenntnis nehmen. Das Gericht hat sich mit den so ermittelten Entscheidungen sachlich auseinandersetzen und diese ernsthaft zu erwägen, um der Pflicht der "gebührenden" Rechnungstragung nachzukommen[761]. Den bestehenden Grundsätzen sollte grundsätzlich gefolgt[762] und ein etwaiges Abweichen begründet werden. Eine darüber hinausgehende Pflicht,

---

einkommens, die Mitglieder der Europäischen Freihandelsassoziation sind; hierzu Kohler, in Jayme, S. 17 ff.; Schmidt-Parzefall, S. 63 ff.

754So kommt z.B. dem ständige Ausschuß i.S.d. Artikel 3, 4 des Protokolls Nr. 2 die Aufgabe zu, die Rechtsprechung zu den beiden Übereinkommen gemeinsamen Bestimmungen auf Auslegungsunterschiede zu überprüfen. Bericht Jenard/Möller, ABl. EG Nr. C 189 v. 28.7.1990, S. 91, Anm. 118; dazu Schmidt-Parzefall, S. 67.

755Vom 16. September 1988 (BGBl. 1994 II, S. 2697). Das Protokoll ist gemäß Artikel 65 LugÜ Bestandteil des Übereinkommens und tritt gemeinsam mit dem LugÜ in Kraft.

756Artikel 1 des Protokolls Nr. 2; siehe auch Präambel des Protokolls Nr. 2 die das Ziel. eine interne einheitliche Auslegung des LugÜ zu erreichen, erwähnt.

757Schmidt-Parzefall, S. 63; Duintjer Tebbens, in Reichelt, S. 53 f.

758Bericht Jenard/Möller, ABl. EG Nr. C 189 v. 28.7.1990, S. 90, Anm. 113.

759Dazu siehe unten V 3 b).

760Duintjer Tebbens, in Reichelt, S. 53 f.; Schmidt-Parzefall, S. 77; Kropholler, EuGVÜ, Einl. Rn. 62.

761Kropholler, EuGVÜ, Einl. Rn. 62; Duintjer Tebbens, in Reichelt, S. 55; Schmidt-Parzefall, S. 77.

762Zu den Grenzen siehe die Grundsätze oben Teil II 3 d).

die ausländische Rechtsprechung zu befolgen, besteht, wie aus dem Wortlaut "Rechnung tragen" und der in der Präambel des Protokolls betonten Wahrung der gerichtlichen Unabhängigkeit deutlich wird, nicht[763]. Somit kommt auch hier den bereits ergangenen, maßgeblichen Entscheidungen lediglich das Gewicht eines "persuasive precedent" zu[764].

Im Gegensatz zu Artikel 1 des Protokolls Nr. 2 spricht Artikel 7 I CISG lediglich davon, daß im Wege der Auslegung die einheitliche Anwendung des Übereinkommens zu "fördern" sei, woraus sich lediglich das Gebot ableiten läßt, die Rechtsprechung der anderen Vertragsstaaten zu berücksichtigen und dieser gegebenenfalls zu folgen[765]. Allerdings besteht auch trotz Bestehens einer Verpflichtung i.S.d Artikel 1 des Protokolls die Gefahr, daß dieser nicht nachgekommen wird und mangels Sanktionsmöglichkeit[766] leerläuft. Dennoch verdient eine konkret normierte Verpflichtung gegenüber einem globalen Gebot den Vorzug und sollte auch in zukünftige Rechtsvereinheitlichungsübereinkommen übernommen werden. Es wäre demnach förderlich, eine derartige Verpflichtung auch im Rahmen des CISG zu normieren. Dies gilt um so mehr, als die Souveränität der Vertragsstaaten einer derartigen Regelung nicht entgegenstehen würde, da den ausländischen Entscheidungen keine Bindungswirkung zukommt, sondern lediglich die Wirkung einer "persuasive authority".
Allerdings wäre die Einführung einer derartigen Verpflichtung, auch wenn sie im Wege eines Protokolls erfolgen sollte, als Änderung des Vertragswortlauts nur durch eine erneute diplomatische Konferenz aller Vertragsstaaten möglich.

b) Das Informationsaustauschsystem des LugÜ

Artikel 2 des Protokolls Nr. 2 zum LugÜ sieht die Errichtung eines Informationsaustauschsystems zwischen den über die Rechtsprechung zum LugÜ und EuGVÜ vor. Dieses System zielt insbesondere auf die Wahrung der Konvergenz zwischen dem EuGVÜ und LugÜ ab. Darüber hinaus bilden aber die von den nationalen Behörden übermittelten Entscheidungen zum LugÜ den Grundstock der im Sinne von Artikel 1 des Protokolls "maßgeblichen" Entscheidungen, die von Amts wegen von den Gerichten bei der Auslegung und Anwendung des LugÜ hinreichend berücksichtigt werden müssen. Dieses Informationsaustauschsystem umfaßt die Übermittlung der maßgeblichen Entscheidun-

[763]Schmidt-Parzefall, S. 75.
[764]Kohler, in Jayme, S. 22; Duintjer Tebbens, in Reichelt, S. 55; Schmidt-Parzefall, S. 78.
[765]Dazu bereits oben I 3 & II 3 d).
[766]Kohler, in Reichelt, S. 27; einschränkend Schmidt-Parzefall, S. 82 ff., der in der Bundesrepublik Deutschland die Möglichkeit der Verfassungsbeschwerde sieht, soweit sich die Partei auf die maßgebliche Rechtsprechung zum LugÜ beruft und das gebührend Rechnung-Tragen unterbleibt (Artikel 103 I GG).

gen durch die zuständigen nationalen Behörden[767] an den Kanzler des EuGH, der diese klassifiziert, gegebenenfalls übersetzt und veröffentlicht, sowie die Übermittlung an alle Vertragsstaaten und die EG-Kommission. Die Weiterleitung der übermittelten Informationen an die nationalen Gerichte obliegt somit den zuständigen nationalen Behörden.
Im Gegensatz zum CISG wurde somit von Beginn an ein detailliertes System niedergelegt, wie der Forderung nach wechselseitiger Information zwischen den Vertragsstaaten Rechnung getragen werden kann.

Nach Information der Koordinationsstelle des EuGH funktioniert dieses System in der Praxis jedoch nicht in der angestrebten Art und Weise. Zum einen würden die an die nationalen Kontaktstellen weitergeleiteten Informationspakete in der Regel weder an die nationalen Gerichte weitergereicht, noch veröffentlicht[768]. Folglich liege das Problem in der mangelnden Zugänglichkeit, die in den Verantwortungsbereich der Mitgliedstaaten falle. Um diesem Defizit entgegenzuwirken, sei die Veröffentlichung der Entscheidungen über das Internet in Vorbereitung.
Auf der anderen Seite finde der von Artikel 2 des Protokolls Nr. 2 angestrebte "Austausch" kaum statt. Die zuständigen nationalen Behörden kämen ihrer Verpflichtung der Entscheidungsübermittlung nur unzulänglich nach, so daß die Kenntnisnahme durch die Koordinationsstelle des EuGH von den maßgeblichen nationalen Entscheidungen eher über einschlägige Fachzeitschriften erfolge und daher von der Selektion der Veröffentlichungen abhänge. Darüber hinaus könne der in Artikel 2 des Protokolls Nr. 2 erwähnten Übersetzung und Zusammenfassung der erfaßten nationalen Urteile nicht nachgekommen werden. Es werde lediglich eine systematische Katalogisierung unter Angabe der Quelle, etwaiger Publikationen und eines Schlagwortverzeichnisses vorgenommen.

Durch das Sekretariat der UNCITRAL wurde Jahre nach der Verabschiedung des CISG ein vergleichbares Informationsaustauschsystem über die Rechtsprechung zum CISG errichtet[769].

4. Rechtsprechungsübersichten

Wie bereits aufgezeigt, kommt der Beachtung der Rechtsprechung zum CISG elementare Bedeutung zu, um die einheitliche Anwendung des Übereinkommens in den Vertragsstaaten zu gewährleisten. Gegenwärtig ist der Austausch

---

[767]In der Bundesrepublik Deutschland kommt diese Aufgabe dem Bundesministerium der Justiz zu (Artikel 2 des Zustimmungsgesetzes vom 30.09.1994, BGBl. II, S. 2658).
[768]Eine Ausnahme bildet die Schweiz, siehe die Sammlung von Entscheidungen des Europäischen Gerichtshofes und der Obersten Gerichte der Mitgliedstaaten betreffend das Lugano-Übereinkommen, Veröffentlichung des Schweizerischen Instituts für Rechtsvergleichung.
[769]Dazu unten V 4 a).

von Informationen über die maßgeblichen Gerichtsentscheidungen der einzige, begrenzt wirksame Weg, für eine einheitliche Auslegung und Anwendung des CISG zu sorgen[770]. Aufgrund dessen ist es wichtig, daß die Rechtsprechung zum CISG gesammelt und den Gerichten der Vertragsstaaten zugänglich gemacht wird. Die Gerichte können den internationalen Entscheidungseinklang nur wahren und sich mit den Argumenten der Gerichte anderer Vertragsstaaten auseinandersetzen, wenn sie die Urteile aus anderen Staaten kennen[771]. Nur wenn diese Voraussetzung erfüllt ist, besteht die Möglichkeit, ausländische Entscheidungen genau zu analysieren und gegebenenfalls als Argumentationshilfe heranzuziehen. Dies kann, zumindest von den höheren Gerichten erwartet werden, die eher die Möglichkeit und Ausstattung haben, Informationen hinsichtlich fremder Rechtsprechung zu sammeln[772].

Gelegentlich finden sich in juristischen Fachzeitschriften der verschiedenen Vertragsstaaten systematische Rechtsprechungsübersichten, die als Hilfsmittel herangezogen werden können[773]. Darüber hinaus gibt es mittlerweile verschiedene Initiativen, die die erleichterte Auffindung der maßgeblichen Rechtsprechung ermöglichen.

a) Das Informationssystem der UNCITRAL

Basierend auf der Entscheidung der UNCITRAL[774], wurde 1993 vom Sekretariat ein Informationssystem über Gerichtsentscheidungen und Schiedssprüche zu UNCITRAL-Vereinheitlichungswerken eingerichtet[775]. Das Informationssystem "Case law on UNCITRAL texts" (CLOUT) wurde geschaffen, um die angestrebte einheitliche Auslegung und Anwendung des CISG zu fördern, indem es die Kenntnisnahme fremder Gerichtsentscheidungen und Schiedssprüche ermöglicht[776]. Die das CISG betreffenden nationalen Entscheidungen werden durch von den Regierungen der Vertragsstaaten benannte nationale Korrespondenten[777] gesammelt und in Form von kurzgefaßten Inhaltsangaben (sog. "abstracts") dem UNCITRAL-Sekretariat in einer der sechs Vertragssprachen

---

770 So auch Magnus, ZEuP 1997, S. 824.

771 Herber, RIW 1995, S. 503; Schlechtriem, Länderberichte, S. 146.

772 Dazu Schlechtriem, Länderberichte, S. 147.

773 z.B. Bonell/Liguori, Uniform Law Review 1997, S. 385 ff & 583 ff.; Piltz, NJW 1996, S. 2768 ff.; Magnus, ZEuP 1997, S. 824 m.w.N.; Ferrari, ForInt 1998, S. 139 ff.; Magnus, ZEuP 1999, S. 642 ff.; Piltz, NJW 2000, S. 553 ff. In der Schweiz werden schweizerische Urteile seit 1993 jährlich durch das Bundesamt für Justiz gesammelt und in zusammenfassender Form in der SZIER veröffentlicht, zuletzt SZIER 1999, S. 177 ff.

774 Vgl. Report of the UNCITRAL on the work of its twenty-first session, Anm. 98 ff.; vgl. auch das den Beratungen zugrunde liegende Dokument A/CN.9/312.

775 Nachfolgend wird nur auf die Bedeutung dieses Systems für das CISG eingegangen.

776 Zum Verfahren siehe den User Guide (A/CN.9/SER.C/GUIDE/1).

777 In der Bundesrepublik Deutschland der zuständige Referatsleiter im Bundesministerium der Justiz und Herr Prof. Dr. Ulrich Magnus (Hamburg).

übermittelt. Diese "abstracts" werden vom Sekretariat in die anderen fünf Vertragssprachen übersetzt und im Rahmen der UNCITRAL-Dokumentation veröffentlicht, sobald eine ausreichende Anzahl[778] von "abstracts" eingegangen ist[779]. Darüber hinaus werden die den "abstracts" zugrundeliegenden Originalentscheidungen vom Sekretariat zwecks jederzeit möglicher Einsichtnahme archiviert. Grundsätzlich werden nur endgültige Entscheidungen gesammelt. Andernfalls ist ein Hinweis in den "abstracts" erforderlich, daß die Entscheidung Gegenstand eines Berufungs- oder Revisionsverfahrens ist. Des weiteren müssen die Entscheidungen für die Interpretation oder die Anwendung des CISG "relevant" sein[780]. Eine genauere Festlegung, welche Entscheidungen der UNCITRAL von den Vertragsstaaten zu übermitteln sind ist - im Gegensatz zum Informationsausstauschsystem des LugÜ[781] - bedauerlicherweise unterblieben.

Der Vorteil dieses Verfahrens ist, daß die Entscheidungen innerhalb kürzester Zeit in allen Vertragsstaaten bekannt gemacht werden können und die sonst bestehenden Sprachbarrieren weitestgehend überwunden werden[782]. Den "abstracts" kann der wesentliche Inhalt der Entscheidungen entnommen werden und bei Bedarf auf die angegebenen, in der Regel aber nur in der jeweiligen Landessprache verfügbaren, Fundstellen und Kommentierungen zurückgegriffen werden. Zur systematischen Auffindung der für den nationalen Richter maßgeblichen Entscheidungen anderer Vertragsstaaten dienen ein Thesaurus[783] und Index[784], die regelmäßig aktualisiert werden[785]. Aufgrund der Kürze und Prägnanz der Leitsätze, sowie der übersichtlichen Anzahl der im Jahr veröffentlichten Fälle, stellt eine Lektüre der veröffentlichten Drucksachen auch keine unzumutbare Belastung der nationalen Gerichte dar.
Nach Information des Sekretariats der UNCITRAL funktioniert das eingerichtete Informationssystem recht gut, auch wenn eine Kontrolle, inwieweit die nationalen Korrespondenten tatsächlich alle maßgeblichen nationalen Entscheidungen übermitteln, nicht möglich sei[786]. Ein Vergleich der bereits veröffent-

---

[778]So gab es z.B. im Jahre 1997 nur zwei Veröffentlichungen (A/CN.9/SER.C/Abstracts 12+13), im Jahre 1998 sechs (A/CN.9/SER.C/Abstracts 14-19).
[779]Zur Struktur und Inhalt siehe A/CN.9/SER.C/GUIDE/1, Anm. 12-17.
[780]Siehe A/CN.9/SER.C/GUIDE/1, Anm. 7. Ist dies nach Meinung des nationalen Korrespondenten nicht der Fall, wird die Entscheidung lediglich unter Angabe der Quelle erwähnt.
[781]Siehe oben V 3 b).
[782]Dazu Herber, RIW 1995, S. 503.
[783]UNCITRAL thesaurus of the United Nations Convention on Contracts for the International Sale of Goods (A/CN.9/Ser.C/INDEX/1).
[784]UNCITRAL index of the United Nations Convention on Contracts for the International Sale of Goods (A/CN.9/Ser.C/INDEX/2).
[785]Vgl. A/CN.9/Ser.C/INDEX/2/Rev.1.
[786]Zu diesem Problem siehe Schlechtriem, JT 1991-92, S. 15 f.

lichten Entscheidungen zeige darüber hinaus, daß die Anwendung des CISG innerhalb der Vertragsstaaten bereits relativ einheitlich erfolge. Nicht zu vergessen sei in diesem Zusammenhang auch, daß durch CLOUT auch die einheitliche Anwendung des CISG innerhalb der einzelnen Vertragsstaaten selbst gefördert werden kann[787].

Allerdings verbleibt das allgemeine Problem, inwieweit auch maßgebliche Entscheidungen von Schiedsgerichten Berücksichtigung finden, da diese aufgrund des zu wahrenden Anonymitätsgrundsatzes den nationalen Korrespondenten nur beschränkt zugänglich sein werden[788].

Voraussetzung für die Wirksamkeit von CLOUT ist aber, daß den Gerichten die von UNCITRAL veröffentlichten "abstracts" auch tatsächlich zugänglich gemacht werden. Grundsätzlich können die Drucksachen von jedermann gegen Erstattung von Porto- und Kopierkosten bezogen werden[789]. Darüber hinaus wird mittlerweile ein erleichterter Zugang zu CLOUT via Internet ermöglicht[790]. Somit könnte es den Gerichten obliegen, dafür Sorge zu tragen, daß sie dieses von den Vereinten Nationen zur Verfügung gestellte Hilfsmittel erreicht. Dies ist, soweit das Landgericht Hamburg und das Hanseatische Oberlandesgericht betroffen sind, bisher nicht geschehen. Es werden weder die Drucksachen bezogen, noch steht den Richtern ein Internetzugang zur Verfügung. Auch nach Auskunft des VIII. Zivilsenats des BGH wird diese Fallsammlung nicht bezogen. Ein Internetzugang würde zwar theoretisch zur Verfügung stehen, das Computersystem sei aber sehr umständlich und werde daher praktisch kaum genutzt.

Nach Aussage des Sekretariats der UNCITRAL fällt die Gewährleistung des Zugangs der nationalen Gerichte zu CLOUT in den Verantwortungsbereich der Vertragsstaaten. Allerdings werde die Ausstattung der Gerichte mit CLOUT nicht als primäres Ziel des Systems angesehen. Das Informationssystem soll grundsätzlich allen interessierten Parteien Zugang zu wichtigen Entscheidungen der Vertragsstaaten ermöglichen. Insbesondere soll CLOUT so sicherstellen, daß das maßgebliche Fallrecht durch die beteiligten Anwälte dem Gericht zur Kenntnis gebracht wird.

Ein Vertragsstaat wie die Bundesrepublik Deutschland, aus der etwa ein Drittel der Entscheidungen zum CISG stammt, sollte unbedingt dafür Sorge tragen, daß seinen Gerichten diese UNCITRAL-Sammlung zuverlässig und schnellstmög-

---

787 Dazu auch Herber, RIW 1995, S. 503.

788 Zu diesem grundsätzlichen Problem Honsell, Artikel 7 Rn. 8 ff.

789 A/CN.9/SER.C/GUIDE/1, Anm. 23 ff.

790 http://www.un.or.at/uncitral.

lich zugänglich gemacht wird[791]. Nach Information des für die Auswahl und Weiterleitung der maßgeblichen Urteile zuständigen deutschen Korrespondenten werden die veröffentlichten Drucksachen bisher lediglich im Bundesministerium der Justiz archiviert, eine Weiterleitung an die nationalen Gerichte ist nicht vorgesehen.

Um den Zugang der Gerichte zu gewährleisten kommt insbesondere die Veröffentlichung[792] der von UNCITRAL mitgeteilten Entscheidungen in englischer Sprache, ohne weitere Kommentierung, in einer der allgemein zugänglichen deutschen Fachzeitschriften in Betracht[793]. Diese sind in der Regel in den Gerichtsbibliotheken vorhanden und somit für die Richter jederzeit zugänglich.

Anläßlich der durchgeführten empirischen Untersuchung drängt sich allerdings die Vermutung auf, daß auch gegenüber der englischen Rechtssprache bei einigen Richtern noch eine Sprachbarriere bzw. eine Hemmschwelle besteht, sich mit anderssprachigen Rechtstexten und ihrem Auslegungskontext zu befassen. So wurde teilweise allein eine Entscheidungssammlung in deutscher Sprache für sinnvoll erachtet, um der Zielsetzung des Artikel 7 I CISG Rechnung tragen zu können[794]. In dieser Hinsicht besteht die Hoffnung, aufgrund der Bedeutung, die der englischen Sprache heute im Rahmen der schulischen und universitären Ausbildung zukommt, daß derartige Barrieren in Zukunft zunehmend entfallen werden.

Grundsätzlich ist es unverantwortlich, der von UNCITRAL ergriffenen Initiative, im Wege eines Informationssystems die Kenntnisnahme fremder Rechtsprechung und Literatur und somit die einheitliche Anwendung des CISG zu ermöglichen, keine Geltung zu verschaffen, indem der Zugang zu diesem Hilfsmittel nicht sinnvoll organisiert und gewährleistet wird. Gerade dies scheint aber in der Bundesrepublik Deutschland der Fall zu sein[795].
Ein gewährleisteter Zugang ist zumindest für die obersten Gerichtshöfe elementar, da die Bürde der einheitlichen Anwendung primär ihnen obliegt und nicht von der Kompetenz der beteiligten Anwälte und der daraus resultierenden

---

791 Herber, RIW 1995, S. 504.

792 Die Veröffentlichung von CLOUT durch die Vertragsstaaten ist, trotz des bestehenden Urheberrechts der UNCITRAL, ausdrücklich zulässig, siehe A/CN.9/SER.C/GUIDE/1, Anm. 22.

793 So auch Herber, RIW 1995, S. 504. Seit Anfang 1999 wird eine Beilage Internationales Handelsrecht (IHR) zu der Zeitschrift TranspR herausgegeben, in der u.a. die von UNCITRAL mitgeteilten "abstracts", sowie deutschsprachige Entscheidungen im vollen Wortlaut abgedruckt werden. Zudem werden Problemkreise des Internationalen Einheitsrechts in wissenschaftlichen, praxisbezogenen Beiträgen behandelt.

794 Siehe oben Teil III 3 b) aa) (1) (e).

795 Beachte aber nunmehr die Beilage TranspR-IHR (dazu oben Fn. 793).

Gefahr der einseitigen Selektion zugunsten einer Partei abhängig gemacht werden darf. Der zuständige Korrespondent der Bundesrepublik Deutschland hat sich bereit erklärt, sich dafür einzusetzen, daß in Zukunft den obersten Gerichtshöfen die Veröffentlichungen von CLOUT von Amts wegen zur Verfügung gestellt werden.

b) UNILEX

Mit UNILEX wurde ein neues Informationsmittel geschaffen, daß von dem Centre for Comparative and Foreign Law Studies in Rom unter der Leitung von Prof. Bonell betreut wird[796]. Bei UNILEX handelt es sich um eine Sammlung von Entscheidungen und Literatur, die sowohl auf CD-ROM als auch als Lose-Blatt-Sammlung erhältlich ist und regelmäßig ergänzt wird. Neben dem aktuellen Ratifikationsstand enthält die Sammlung sowohl die "abstracts" wichtiger Entscheidungen nationaler Gerichte und Schiedsgerichte der Vertragsstaaten in englischer Sprache, als auch die Originalentscheidungen im Volltext[797], sowie umfangreiche Literaturhinweise. Als Erkenntnisquellen dienen Richter, Anwälte und Wissenschaftler der Vertragsstaaten, sowie die Sammlung der UNCITRAL[798]. Diese übersichtlich angelegte Sammlung bietet nicht nur die Möglichkeit, Entscheidungen chronologisch oder nach Ländern, sondern auch nach im Rahmen der jeweiligen Artikel auftretenden Problembereichen zu ermitteln. Aufgrund dieses Informationsmittels besteht die Möglichkeit, daß sich die Gerichte, auf die Streitpunkte im Rahmen des anhängigen Rechtsstreits bezogen, schnell und zuverlässig über den aktuellen Stand der Rechtsprechung und Literatur informieren. Auch wenn einige Richter noch nicht über die notwendige technische Ausstattung verfügen, um die UNILEX-Datenbank per CD-ROM zu nutzen, verbleibt die Möglichkeit, die Gerichtsbibliothek mit der Lose-Blatt-Sammlung auszustatten als sinnvolle und unschwer zu realisierende Alternative. Vorteil dieses Systems ist, daß es gegenüber CLOUT kompakt und übersichtlich ist. Trotz der höheren Anschaffungskosten[799] bedeutet es einen deutlichen Vorteil, daß über die "abstracts" einer Entscheidung hinaus in der Regel auch der Volltext - bisher allerdings nur in der Originalsprache - der Entscheidung zugänglich ist.

---

[796]Dazu Liguori, ZEuP 1995, S. 605 ff.; Herber RIW 1995, S. 502 ff.

[797]Soweit dieser dem Institut zugänglich ist.

[798]Liguori, ZEuP 1995, S. 606; Herber RIW 1995, S. 504.

[799]Diese liegen zwischen US $ 275 und US $ 725.

c) Internetdatenbanken

Besondere Beachtung sollten auch die bereits existierenden Zugriffsmöglichkeiten auf Rechtsprechung und Literatur via Internetdatenbanken finden. Im Zeitalter der elektronischen Kommunikationsmittel birgt diese Möglichkeit ein nicht zu unterschätzendes Potential, um die einheitliche Anwendung des CISG voranzutreiben. Auch wenn sich hier erneut das Problem stellt, daß viele Richter noch nicht über einen Internetzugang verfügen und eine komplette Ausstattung der nationalen Gerichte aus Kostengründen wohl noch auf sich warten lassen wird, soll diese Möglichkeit hier kurz Erwähnung finden. Soweit ein Zugang zum Internet besteht, stellt dieser Weg die einfachste Lösung dar, um auf umfangreiche Rechtsprechungsübersichten zurückzugreifen. Das Internet und das World-Wide-Web ermöglichen den unmittelbaren Zugriff auf die Rechtsprechung aller Vertragsstaaten in englischer Übersetzung oder Originalsprache, elektronisch katalogisiert und über sog. "Computer-Links" mit anderen bestehenden Datenbanken zum CISG verbunden[800]. Es handelt sich um eine kostengünstige und unproblematische Möglichkeit sich, über bloße "abstracts" hinaus, Zugang zu der bereits vorhandenen Rechtsprechung und Literatur der Vertragsstaaten zu verschaffen. Der Vorteil dieser Herangehensweise liegt in der Aktualität des Systems, da auf diesem Wege die aktuellsten Entscheidungen und Entwicklungen unmittelbar in das Informationssystem eingespeist werden können. Insbesondere sollten in diesem Zusammenhang die Datenbanken des Institute of International Commercial Law der Pace Law School[801] und der Universität Freiburg[802] erwähnt werden. Nachteil der bestehenden Internetdatenbanken ist jedoch, daß sie weniger übersichtlich und systematisch strukturiert sind, als z.B. die Datenbank von UNILEX.

5. Das CISG als fester Bestandteil der juristischen Ausbildung

Den durchgeführten Befragungen ist zu entnehmen, daß in der Praxis immer noch eine große Hemmschwelle der Anwälte und vereinzelt auch auf der Seite der Richter gegenüber dem CISG besteht. Teilweise liegt der Grund hierfür in den fehlenden oder nicht hinlänglichen Kenntnissen der Vorschriften des Übereinkommens. Dies führt zu dem unerwünschten Resultat, daß die theoretisch große Bedeutung des CISG - auch 10 Jahre nach seinem Inkrafttreten - in der Praxis noch nicht reflektiert wird.

Deshalb ist es unerläßlich, dem CISG in der universitären Ausbildung, nicht nur im Rahmen des Schwerpunktstudiums, sondern im Rahmen der Veranstaltungen zum nationalen Kaufrecht einen festen Standplatz einzuräumen. Voraussetzung

---

800 Dazu Kritzer, Review CISG (1995), S. 179 f.

801 http://www.cisg.law.pace.edu/; zum Inhalt und Aufbau dieser Datenbank siehe Kritzer, Review CISG (1995), S. 180.

802 http://www.jura.uni-freiburg.de/ipr1/cisg/title.htm.

für eine gesteigerte Kenntnisnahme der Praktiker wäre darüber hinaus die Aufnahme des CISG in die gängigen Gesetzessammlungen[803].
Förderlich sind sicherlich auch gezielte Aktionen im Rahmen der juristischen Ausbildung, wie etwa der von der Pace University organisierte "Moot Court"[804], um die Kenntnisnahme des CISG im Rahmen des Studiums zu verstärken, auch wenn dadurch eine umfassende Kenntnisnahme nicht gewährleistet werden kann.

Durch die Vermittlung der Kenntnisse über die Vorschriften und Vorzüge des CISG können die späteren Rechtsberater ihre Mandanten auf die Vorteile des auf das internationale Kaufgeschäft zugeschnittenen Übereinkommens hinweisen und somit die Akzeptanz und Relevanz des CISG in der Praxis aktiv beeinflussen. Oftmals sind die praktizierende Kaufleute über die Existenz und Vorzüge des CISG nicht informiert, so daß ein dringender Handlungsbedarf besteht, diesem Defizit mit geschultem Fachwissen entgegenzuwirken.

6. Ausblick

Nach Betrachtung der bestehenden - beschränkt wirksamen - Möglichkeiten, die einheitliche Anwendung des CISG zu fördern, ist festzustellen, daß momentan neben einer verstärkten Behandlung des CISG im Rahmen der juristischen Ausbildung nur eine systematische Berücksichtigung der Rechtsprechung der Vertragsstaaten in Betracht kommt. Somit ist erforderlich, daß sich die betroffenen Rechtsanwender mittels der zur Verfügung stehenden Informationsquellen über die Gerichtspraxis der Vertragsstaaten zur Auslegung der maßgeblichen Vorschriften einen Überblick verschaffen.
Es widerspricht der Zielsetzung des Artikel 7 I CISG nahezu ausschließlich mit einem Kommentar zu arbeiten, der kaum fremde Rechtsprechung zum CISG dokumentiert. Insbesondere zeigen auch die deutschen Gerichte die Tendenz, lediglich andere deutsche Entscheidungen zu berücksichtigen[805]. Die einheitliche Anwendung des CISG darf sich aber nicht auf die nationale Ebene beschränken.
Soweit es nur auf blankem Zufall beruht, ob das Gericht auch auf fremde Rechtsprechung stößt, ist dieser Lösungsweg nicht geeignet, zu einer einheitlichen Anwendung des CISG zu führen.

Auch wenn den Gerichten die Informationsquelle des Internet noch nicht zur Verfügung steht, haben diese die Möglichkeit, die Drucksachen "CLOUT" direkt von der UNCITRAL zu beziehen, bzw. sich über das Bundesministerium der Justiz über die bereits gesammelte Rechtsprechung der Vertragsstaaten zu

---

[803] insbesondere in die Textsammlung Schönfelder, Deutsche Gesetze.
[804] Dazu Kritzer, Review CISG (1995), S. 170.
[805] Siehe Ferrari, RDAI/IBLJ 4/5 1998, S. 499 m.w.N.

informieren. Es wäre sehr erfreulich, wenn die Bemühungen, CLOUT den obersten Gerichtshöfen von Amts wegen zukommen zu lassen, im Bundesministerium für Justiz auf fruchtbaren Boden fallen würden.

Es ist von elementarer Bedeutung, daß nicht nur die Anwälte, sondern auch die Gerichte zumindest über die Ergebnisse von CLOUT informiert sind. Darüber hinaus würde die Bestückung der Bibliotheken mit der Lose-Blatt-Sammlung oder die Anschaffung der CD-ROM von UNILEX eine einfache Möglichkeit bieten, um gezielte oder umfangreichere Recherche zu gewährleisten. Auch die Anwälte sollten sich dieses Mediums bedienen und somit mittels einer verstärkten Berücksichtigung fremder Rechtsprechung in den Schriftsätzen diese dem Gericht zur Kenntnis bringen.
Allerdings kann die Verantwortung der nationalen Gerichte, fremde Rechtsprechung zu berücksichtigen, nicht auf die Anwälte, denen eventuell bereits bessere Informationssysteme zur Verfügung stehen, abgewälzt werden. Dies würde auch die Gefahr mit sich bringen, daß die von den Anwälten in den Schriftsätzen erwähnten Urteile lediglich helfen sollen, die Interessen des Mandanten durchzusetzen, nicht aber der bereits bestehenden, vorherrschenden Entscheidungspraxis entsprechen.

Die Skepsis, daß diese Lösungsmöglichkeit tatsächlich die einheitliche Anwendung des Übereinkommens fördern kann[806], ist verständlich. Voraussetzung wäre, bei Auslegungsproblemen jeweils einen umfassenden und aktuellen Vergleich der Rechtsprechung der Vertragsstaaten vorzunehmen, was oft aufgrund zeitlicher Probleme und noch nicht ausreichend gesicherter Informationsmethoden nur schwer durchführbar sein wird.

Allerdings müssen zumindest die letztinstanzlichen Gerichte versuchen, sich dieser Verantwortung zu stellen. Ansonsten hat die Rechtsvereinheitlichung ihren Sinn und Zweck weitestgehend verfehlt. Die Gerichte sollten sich in diesem Zusammenhang allerdings auf die Berücksichtigung bereits ergangener Rechtsprechung der Vertragsstaaten beschränken. Zumindest sind die höchstrichterlichen Entscheidungen der Gerichte der Vertragsstaaten zum CISG zu ermitteln und gegebenenfalls zu berücksichtigen. So weist auch eine schweizerische Entscheidung darauf hin, daß nur die höchstrichterlichen Instanzen die staatsinterne Rechtsprechung vereinheitlichen und dafür sorgen können, daß nicht schon innerhalb eines Staatsgebietes ein multilaterales Übereinkommen unterschiedlich ausgelegt und angewendet wird[807]. Nach zutreffender Ansicht des Gerichts sind wohl auch nur diese Gerichte in der Lage, die Rechtsprechung der anderen

806 Ferrari, RDAI/IBLJ 4/5 1998, S. 500 ff.; allgemein Canaris JZ 1987, S. 550.
807 Gerichtspräsident von Laufen - 7.5.1993, UNILEX, E.1993-15.

Vertragsstaaten zu überblicken und für eine international einheitliche Auslegung Sorge zu tragen.
Eine darüber hinausgehende Berücksichtigung letztinstanzlicher und anderer wichtiger rechtskräftiger Urteile wäre wünschenswert und förderlich. Eine subsidiäre Berücksichtigung von Literaturmeinungen der Vertragsstaaten hingegen sprengt - aufgrund des enormen Umfanges - wohl jeglichen Rahmen und kann höchstens punktuell erfolgen.

Auch mit dieser Arbeit soll ein Beitrag dahingehend geleistet werden, als sie Praktikern einen Überblick und gezielten Zugriff auf wichtige bisher ergangene Rechtsprechung zu wichtigen Vorschriften des CISG ermöglicht.

Es bleibt zu hoffen, daß sich mit der Zeit das CISG auf diesen Wegen in den Vertragsstaaten umfassender etablieren kann und sich das bisher noch nicht ausgeschöpfte Potential dieses Übereinkommens voll entfaltet.

Verzeichnis der Entscheidungen zum CISG

1989

- LG München I - 3.7.1989, IPRax 1990, S. 316 f.
- LG Stuttgart - 31.8.1989, RIW 1989, S. 984 f.
- U.S. Court of International Trade - 24.10.1989 (Orbissphere Corporation v. U.S.), 726 Federal Supplement (1990), S. 1344 ff.
- Pretura di Parma-Fidenza - 24.11.1989 (77/89, unveröffentlicht), UNILEX, D.1989-7
- Rechtbank Alkmaar - 30.11.1989, NIPR 1990 Nr. 289

1990

- Rechtbank Alkmaar - 8.2.1990, NIPR 1990, Nr. 460
- OLG Koblenz - 23.2.1990, IPRax 1991, S. 241 ff.
- LG Aachen- 3.4.1990, RIW 1990, S. 491 f.
- AG Oldenburg in Holstein - 24.4.1990, IPRax 1991, S. 336 ff.
- LG Hamburg - 26.9.1990, IPRax 1991, S. 400 ff.
- Rechtbank Dordrecht - 21.11.1990, NIPR 1991, Nr. 159

1991

- Juzgado de Primera Instanzia en lo Commercial - 20.5.1991 (unveröffentlicht), UNILEX, D.1991-4
- OLG Frankfurt a.M. - 13.6.1991, RIW 1991, S. 591 f.
- LG Stuttgart - 13.8.1991 (16 S 40/91, unveröffentlicht), UNILEX, E.1991-6
- LG Baden-Baden - 14.8.1991, RIW 1992, S. 62 f.
- LG Frankfurt a.M. - 16.9.1991, RIW 1991, S. 952 ff.
- OLG Frankfurt a.M. - 17.9.1991, NJW 1992, S. 633 ff.
- OLG Koblenz - 27.9.1991 (2 U 1899/89, unveröffentlicht), UNILEX, E.1991-10
- Juzgado de Primera Instanzia en lo Commercial - 23.10.1991 (unveröffentlicht), UNILEX, D.1991-10.1
- Pretura di Locarno-Campagna - 16.12.1991, UNILEX, D.1991-13
- Rechtbank Roermond - 19.12.1991, NIPR 1992, Nr. 394

1992

- Metropolitan Court of Budapest - 10.1.1992, 13 J.L.&Com (1993), S. 49 ff.
- OLG Koblenz - 16.1.1992, IPRax 1994, S. 46 ff.
- Bundesgericht für Handelssachen Wien - 20.2.1992, RdW 1992, S. 239
- Hof 's Hertogenbosch - 26.2.1992, NIPR 1992, Nr. 374
- Metropolitan Court of Budapest - 24.3.1992 (AZ12.G.41.471/1991, unveröffentlicht), UNILEX, D.1992-8
- U.S. District Court - 14.4.1992 (Filanto S.p.A. v. Chilewich International Corporation), 789 Federal Supplement (1992), S. 1229 ff.
- Cour d' Appel de Paris - 22.4.1992, UNILEX, E.1992-9.1
- Pretura die Locarno-Campagna - 27.4.1992, UNILEX, D.1992-10
- LG Heidelberg - 3.7.1992 (O 42/92, unveröffentlicht), UNILEX, E.1992-14
- Hof Amsterdam - 16.7.1992, NIPR 1992, Nr. 420
- LG Berlin - 16.9.1992 (99 O 29/92, unveröffentlicht), UNILEX, E.1992-17
- OLG Hamm - 22.9.1992 (19 U 97/91, unveröffentlicht), UNILEX, E.1992-18
- Supreme Court of Hungary - 25.9.1992, 13 J.L.&Com (1993), S. 31 ff.
- LG Berlin - 30.9.1992 (99 O 123/92, unveröffentlicht), UNILEX, E.1992-21
- AG Zweibrücken - 14.10.1992 (1 C 216/92, unveröffentlicht), UNILEX, E. 1992-23
- Tribunal de Commerce de Bruxelles - 13.11.1992 (R.G. 4.825/91, unveröffentlicht), UNILEX, D.1992-25.1
- LG Göttingen - 19.11.1992 (3 O 100/92, unveröffentlicht), UNILEX, E.1992-26
- OLG Karlsruhe - 20.11.1992, NJW-RR 1993, S. 1316 f.
- LG Frankfurt a.M. - 9.12.1992 (3/3 O 37/92, unveröffentlicht), UNILEX, E.1992-30
- Zivilgericht Basel-Stadt - 21.12.1992, UNILEX, E.1992-31
- ICC Court of Arbitration, Case No. 7153/1992, unveröffentlicht, UNILEX, D.1992.-1
- ICC Court of Arbitration, Case No. 7197/1992, unveröffentlicht, UNILEX, D.1992-2
- ICC Court of Arbitration, Case No. 7585/1992, UNILEX, E.1992-32

1993

- OLG Düsseldorf - 8.1.1993, RIW 1993, S. 325
- OLG Saarbrücken - 13.1.93 (1 U 69/92, unveröffentlicht), UNILEX, E.1993-2.1
- Tribunale Civile di Monza - 14.1.1993, UNILEX, D.1993-3
- LG Verden - 8.2.1993 (9 O 85/92, unveröffentlicht), UNILEX, E.1993-4
- Rechtbank Arnhem - 25.2.1993, NIPR 1993, Nr. 445

- OLG Düsseldorf - 12.3.1993 (17 U 136/92, unveröffentlicht), UNILEX, E. 1993-6.1
- LG Krefeld - 28.4.1993 (11 O 210/92, unveröffentlicht), UNILEX, E.1993-11
- COMPROMEX - 4.5.1993, UNILEX, D.1993-13 (dictamen)
- Rechtbank Roermond - 6.5.1993 (920150, unveröffentlicht), UNILEX, E.1993-14
- Gerichtspräsident von Laufen - 7.5.1993 (unveröffentlicht), UNILEX, E.1993-15
- LG Aachen - 14.5.1993, RIW 1993, S. 760 f.
- Cour d' Appel de Chambéry - 25.5.1993, UNILEX, D.1993-17
- U.S. Court of Appeals - 15.6.1993 (Beijing Metals & Minerals Import-Export Cooperation v. American Business Center Inc.), 993 F.2d (1993), S. 1178 ff.
- OLG Düsseldorf - 2.7.1993, RIW 1993, S. 845 f.
- Handelsgericht Zürich - 9.9.1993 (HG930138.U/HG.93, unveröffentlicht), UNILEX, E.1993-22
- OLG Koblenz - 17.9.1993, RIW 1993, S. 934 ff.
- Cámara Nacional en lo Commercial - 14.10.1993, UNILEX, D.1993-24
- LG Hannover - 1.12.1993 (22 O 107/93, unveröffentlicht), UNILEX, E.1993-25.1
- Hungarian Chamber of Commerce Court of Arbitration - 20.12.1993 (AZ Vb 92205, unveröffentlicht), UNILEX, D.1993-27
- Rechtbank Arnhem - 30.12.1993, NIPR 1994, Nr. 268
- ICC Court of Arbitration, Case No. 6653/1993, UNILEX, D.1993-1

1994

- OLG Düsseldorf - 14.1.1994 (17 U 146/93, unveröffentlicht), UNILEX, E.1994-1
- OLG Frankfurt a. M. - 18.1.1994, RIW 1994, S. 240 f.
- KG Berlin - 24.1.1994, RIW 1994, S. 683 f.
- OLG Düsseldorf- 10.2.1994, RIW 1995, S. 53 ff.
- OLG Köln - 22.2.1994, RIW 1994, S. 972 f.
- OLG München - 2.3.1994, RIW 1994, S. 595 ff.
- OLG Frankfurt a.M. - 4.3.1994 (10 U 80/93, unveröffentlicht), UNILEX, E.1994-7.1
- Tribunal of International Commercial Arbitration at the Russian Federation Chamber of Commerce - 15.4.1994 (1/93, unveröffentlicht), UNILEX, D.1994-8.2
- Ad hoc Arbitral Tribunal (Firenze) - 19.4.1994, UNILEX, D.1994-9
- OLG Frankfurt a. M. - 20.4.1994, RIW 1994, S. 593 ff.
- Tribunal Cantonal de Vaud - 17.5.1994 (01 93 1308, unveröffentlicht), UNILEX 1998

- AG Nordhorn - 14.6.1994 (3 C 75/94, unveröffentlicht), UNILEX, E.1994-12
- Internationales Schiedsgericht der Bundeskammer der gewerblichen Wirtschaft (Wien) - 15.6.1994, SCH-4318, RIW 1995, S. 591 f.
- Internationales Schiedsgericht der Bundeskammer der gewerblichen Wirtschaft (Wien) - 15.6.1994, SCH-4366, RIW 1995, S. 590 f.
- Rechtbank Amsterdam - 15.6.1994, NIPR 1995, Nr. 230
- LG Düsseldorf - 23.6.1994 (31 O 231/94, unveröffentlicht), UNILEX, E.1994-16
- Tribunal Cantonal Valais - 29.6.1994, UNILEX, E.1994-16.1
- LG Gießen - 5.7.1994, NJW-RR 1995, S. 438 f.
- LG Frankfurt a.M. - 6.7.1994 (2/1 O 7/94, unveröffentlicht), UNILEX, E.1994-18.1
- LG Frankfurt a.M. - 13.7.1994, NJW-RR 1994, S. 1264 f.
- ICC Court of Arbitration - 23.8.1994, UNILEX, D.1994-20
- LG Düsseldorf - 25.8.1994 (31 O 27/92, unveröffentlicht), UNILEX, E.1994-20.1
- OLG Köln - 26.8.1994, RIW 1994, S. 970 ff.
- Xiamen Intermediate People's Court - 5.9.1994, UNILEX, D.1994-21.1
- Tribunal of International Commercial Arbitration at the Russian Federation Chamber of Commerce - 9.9.1994 (375/93, unveröffentlicht), UNILEX, D.1994-22.0.1
- U.S. District Court - 9.9.1994 (Delchi Carrier S.p.A. v. Rotorex Corp.), UNILEX, E.1994-22
- LG Berlin 15.9.1994 (52 S 247/94, unveröffentlicht), UNILEX, E.1994-22.1
- Tribunal de Commerce de Bruxelles - 5.10.1994 (R.G./1.205/93, unveröffentlicht), UNILEX, E.1994-24.1
- Juzgado Nacional de Primera Instancia en lo Comercial - 6.10.1994, UNILEX, D.1994-24.2
- AG Riedlingen - 21.10.1994 (2 C 395/93, unveröffentlicht), UNILEX, E.1994-25
- OGH - 27.10.1994, ZfRV 1995, S. 159 ff.
- LG Oldenburg - 9.11.1994, RIW 1996, S. 65 f.
- OGH - 10.11.1994, ZfRV 1995, S. 79 ff.
- Bezirksgericht Arbon - 9.12.1994 (BG9341/94, unveröffentlicht), UNILEX, D.1994-29.1
- Kantonsgericht Zug - 15.12.1994, UNILEX 1998
- Tribunal Cantonal Valais - 20.12.1994, UNILEX, D.1994-29.2
- ICC Court of Arbitration, Case No. 7331/1994, UNILEX, E.1994-33
- ICC Court of Arbitration, Case No. 7531/1994, UNILEX, E.1994-31
- ICC Court of Arbitration, Case No. 7565/1994, UNILEX, E.1994-30
- ICC Court of Arbitration, Case No. 7844/1994, UNILEX, D.1994-32

1995

- Cour de Cassation - 4.1.1995, UNILEX, D.1995-1
- Rechtbank van Koophandel Hasselt - 24.1.1995 (A.R.2532/93, unveröffentlicht), UNILEX, E.1995-1.0
- Rechtbank Middelburg - 25.1.1995, NIPR 1996, Nr. 127
- OLG Oldenburg - 1.2.1995 (11 U 64/94, unveröffentlicht), UNILEX, E.1995-1.2
- LG München - 8.2.1995 (8 HKO 24667/93, unveröffentlicht), UNILEX, E.1995-3.1
- OLG Hamm - 8.2.1995 (11 U 206/93, unveröffentlicht), UNILEX, E.1995-2
- OLG München - 8.2.1995 (7 U 1720/94, unveröffentlicht), UNILEX, E.1995-3
- OLG München - 8.2.1995 (7 U 3758/94, unveröffentlicht), UNILEX, E.1995-4
- BGH - 15.2.1995, RIW 1995, S. 505 f.
- LG Oldenburg - 15.2.1995 (12 O 2028/93, unveröffentlicht), UNILEX, 1995-5
- Rechtbank van Koophandel Hasselt - 1.3.1995 (A.R. 3641/94, unveröffentlicht), UNILEX, E.1995-7.0
- Rechtbank Zwolle - 1.3.1995, NIPR 1996, Nr. 95
- Tribunal of International Commercial Arbitration at the Russian Federation Chamber of Commerce - 3.3.1995, CLOUT Case 139
- LG Landshut - 5.3.1995 (54 O 644/94, unveröffentlicht), UNILEX, E.1995.12
- BGH - 8.3.1995, RIW 1995, S. 595 ff.
- OLG München - 8.3.1995, VersR 1996, S. 1414 ff.
- LG München I - 20.3.1995, IPRax 1996, S. 31 ff.
- OLG Frankfurt a.M. - 31.3.1995 (25 U 185/94, unveröffentlicht), UNILEX, E.1995-11.1
- LG Landhut - 5.4.1995 (54 O 644/94, unveröffentlicht), UNILEX, E.1995-12
- Cour d' Appel de Paris - 6.4.1995 - UNILEX, D.1995-12.1
- Court of Appeals of Oregon - 12.4.1995 (GPL Treatment v Louisiana-Pacific), UNILEX, E.1995-13
- Tribunal of International Commercial Arbitration at the Russian Federation Chamber of Commerce - 25.4.1995 (200/1994, unveröffentlicht), CLOUT Case 141
- Cour d' Appel de Grenoble - 26.4.1995 (RG 93/1613, unveröffentlicht), UNILEX, E.1995-15
- Cour d' Appel de Grenoble - 26.4.1995 (RG 93/4879, unveröffentlicht), UNILEX, D.1995-14
- Handelsgericht Zürich - 26.4.1995 (HG920670, unveröffentlicht), UNILEX, E.1995-15.1

- Federal District Court Adelaide - 28.4.1995, 57 Federal Court Reports (1995), S. 216 ff.
- Rechtbank van Koophandel Hasselt - 2.5.1995 (A.R.1849/94, unveröffentlicht), UNILEX, E.1996-15.1.2
- AG Alsfeld - 12.5.1995, NJW-RR 1996, S. 120 f.
- OLG Frankfurt a.M. - 23.5.1995 (5 U 209/94, unveröffentlicht), UNILEX, E.1995-15.3
- OLG Celle - 24.5.1995 (20 U 76/94, unveröffentlicht), UNILEX, E.1995-16
- LG München I - 29.5.1995, NJW 1996, S. 401 f.
- Rechtbank s' Gravenhage - 7.6.1995, NIPR 1995, Nr. 524
- Corte Suprema di Cassazione - 9.6.1995, UNILEX, D.1995-17.1
- OLG Hamm - 9.6.1995, IPRax 1996, S. 269 ff.
- LG Kassel - 22.6.1995 (8 O 2391/93, unveröffentlicht), UNILEX, E.1995-17.2
- AG München - 23.6.1995 (unveröffentlicht), UNILEX, E.1995-17.3
- OLG Frankfurt a.M. - 5.7.1995 (9 U 81/94, unveröffentlicht), UNILEX, E.1995-17.4
- LG Aachen - 20.7.1995 (41 O 111/95, unveröffentlicht), UNILEX, E. 1995-18
- OLG Rostock - 27.7.1995, UNILEX, E.1995-18.1
- Rechtbank Almelo - 9.8.1995, NIPR 1995, Nr. 520
- LG Ellwangen - 21.8.1995 (1KfH O 32/95, unveröffentlicht), UNILEX, E.1995-20
- OLG Stuttgart - 21.8.1995, RIW 1995, S. 943 f.
- Handelsgericht St. Gallen - 24.8.1995 (HG48/1994, unveröffentlicht), UNILEX, E.1995-23
- Cour d' Appel de Grenoble - 13.9.1995, UNILEX, D.1995-24
- Tribunal Commercial de Nivelles - 19.9.1995 (R.G.1707/93, unveröffentlicht), UNILEX, D.1995-24.1
- OLG Nürnberg - 20.9.1995 (12 U 2919/94, unveröffentlicht), http://www. jura.uni-freiburg.de/ipr1/cisg/
- Handelsgericht Zürich - 21.9.1995 (HG 930476, unveröffentlicht), UNILEX, E.1995-25
- OLG München - 22.9.1995, RIW 1996, S. 1035 f.
- Cour d' Appel de Colmar - 26.9.1995, UNILEX, E. 1995-25.3
- AG Kehl - 6.10.1995, NJW-RR, 1996, S. 565 f.
- LG Düsseldorf - 11.10.1995 (2 O 506/ 94, unveröffentlicht), UNILEX, D. 1995-27.1.
- LG Trier - 12.10.1995, NJW-RR 1996, S. 564 f.
- Tribunal of International Commercial Arbitration at the Russian Federation Chamber of Commerce - 17.10.1995, CLOUT Case 142
- Rechtbank van Koophandel Hasselt - 18.10.1995, R.W. 1995-96, S. 1378 f.

- Rechtbank van Koophandel Hasselt - 8.11.1995 (A.R. 1970/95, unveröffentlicht), UNILEX, E.1995-28.1.2
- Hungarian Chamber of Commerce and Industry Court of Arbitration - 17.11.1995, (VB/94124, unveröffentlicht), UNILEX, D.1995-28.2
- Rechtbank Rotterdam - 21.11.1996, NIPR 1997, Nr. 223
- Handelsgericht St. Gallen - 5.12.1995 (HG45/1994, unveröffentlicht), UNILEX, E.1995-30
- Hungarian Chamber of Commerce and Industry Court of Arbitration - 5.12.1995, UNILEX, E.1995-29
- LG Siegen - 5.12.1995 (6 O 135/94, unveröffentlicht), UNILEX, E.1995-30.1
- U.S. Court of Appeals - 6.12.1995 (Delchi Carrier S.p.A. v. Rotorex Corp.), 71 F.3d (1995), S. 1024 ff.
- LG Marburg - 12.12.1995, NJW-RR 1996, S. 760
- Cour d' Appel de Paris - 13.12.1995 (95-018179, unveröffentlicht), UNILEX, E.1995-33
- ICC Court of Arbitration, Case No. 8324/1995, UNILEX, D.1995-35
- ICC Court of Arbitration, Case No. 8128/1995, UNILEX, D.1995-34

1996

- Cour de Cassation - 23.1.1996, UNILEX, D.1996-2
- LG Bochum - 24.1.1996, ForInt 1996, S. 93 f.
- LG München I - 25.1.1996 (12 HKO 264/95, unveröffentlicht), UNILEX, E.1996-2.2
- AG Augsburg - 29.1.1996 (11 C 4004/95, unveröffentlicht), UNILEX, E.1996-2.3
- Tribunale Civile di Cuneo - 31.1.1996 (45/96, unveröffentlicht), UNILEX, D.1996-3
- Oberster Gerichtshof - 6.2.1996, ZfRV 1996, S. 248 ff.
- Appelationsgericht Tessin - 12.2.1996 (12.95.00300, unveröffentlicht), UNILEX, E.1996-3.1.1
- LG Kassel - 15.2.1996, NJW-RR 1996, S. 1146 f.
- LG Oldenburg - 28.2.1996 (12 O 2943/94, unveröffentlicht), UNILEX, D.1996-3.2.0
- Tribunal Cantonal de Vaud - 11.3.1996 (01 93 1061, unveröffentlicht), UNILEX 1998
- Metropolitan Court of Budapest - 19.3.1996 (12.G.75.556/1994/36, unveröffentlicht), CLOUT Case 126
- Schiedsgericht der Handelskammer Hamburg - 21.3.1996, RIW 1996, S. 766 ff.
- LG Saarbrücken - 26.3.1996 (7 IV 75/95, unveröffentlicht), UNILEX 1998

- LG Oldenburg - 27.3.1996 (12 O 2541/95, unveröffentlicht), UNILEX, E.1996-3.5
- BGH - 3.4.1996, RIW 1996, S. 594 ff.
- LG Duisburg - 17.4.1996, RIW 1996, S. 774ff.
- Hof 's Hertogenbosch - 24.4.1996, NIPR 1996, Nr. 235
- COMPROMEX - 29.4.1996, D.UNILEX, 1996-5.2.1 (dictamen)
- Metropolitan Court of Budapest - 21.5.1996 (12.G.75.693/1995/38, unveröffentlicht), CLOUT Case 143
- OLG Köln - 21.5.1996 (22 U 4/96, unveröffentlicht), UNILEX, E.1996-5.5
- LG Paderborn - 25.6.1996 (7 O 147/94, unveröffentlicht), UNILEX, E.1996-8
- OLG Düsseldorf - 11.7.1996, RIW 1996, S. 958 ff.
- LG Heidelberg - 2.10.1996 (O 37/96, unveröffentlicht), UNILEX 1998
- Rechtbank van Koophandel Hasselt - 9.10.1996 (A.R.2012/96, unveröffentlicht), UNILEX, E.1996-9.1
- Hof's Hertogenbosch - 19.11.1996, NIPR 1997, Nr. 123
- Rechtbank Rotterdam - 21.11.1996, NIPR 1997, Nr. 223
- BGH - 4.12.1996, NJW-RR 1997, S. 690 ff.
- BGH - 11.12.1996, ZIP 1997, S. 519 ff.
- Cour de Cassation - 17.12.1996, UNILEX, D.1996-11

1997

- Obergericht Kanton Luzern - 8.1.1997 (11 95 123/357, unveröffentlicht), UNILEX, D.1997-2
- OLG Köln - 8.1.1997 (27 U 58/95, unveröffentlicht), UNILEX, E.1997-1
- Rechtbank van Koophandel Hasselt - 21.1.1997 (A.R. 1972/96, unveröffentlicht), UNILEX, E.1997-2.1
- ICC Court of Arbitration - 23.1.1997 (8611/HV/JK, unveröffentlicht), UNILEX, E.1997-3
- Pretura di Torino - 30.1.1997, UNILEX 1998
- OLG Koblenz - 31.1.1997 (2 U 31/96, unveröffentlicht), UNILEX, E.1997-4
- Handelsgericht Zürich - 5.2.1997 (HG 95 0347, unveröffentlicht), UNILEX 1998
- OLG Hamburg - 28.2.1997, ForInt 1997, S. 168 ff.
- Rechtbank Zwolle - 5.3.1997, NIPR 1997, Nr. 230
- Oberster Gerichtshof - 20.3.1997, JBl 1997, S. 592 ff.
- Hof Arnhem - 15.4.1997, NIPR 1998, Nr. 101
- OLG Düsseldorf - 24.4.1997, ForInt 1997, S. 161 ff.
- Hof Arnhem - 17.6.1997, NIPR 1997, Nr. 341
- Audiencia de Barcelona - 20.6.1997, UNILEX 1998
- BGH - 25.6.1997, NJW 1997, S. 3311 ff.
- OLG Karlsruhe - 25.6.1997, RIW 1998, S. 235 ff.

- Rechtbank van Koophandel Kortrijk - 27.6.1997 (651/97, unveröffentlicht), UNILEX 1998
- Metropolitan Court of Budapest - 1.7.1997, CLOUT Case 172
- Bezirksgericht St. Gallen - 3.7.1997 (3PZ 97/18, unveröffentlicht), UNILEX 1998
- OLG München - 9.7.1997 (7 U 2070/ 97, unveröffentlicht), UNILEX, E.1997-11
- OLG München - 9.7.1997 (7 U 2046/ 97, unveröffentlicht), UNILEX, E.1997-12
- U.S. District Court - 21.7.1997 (Helen Kaminski Pty v. Marketing Australian Products, Inc.), UNILEX 1998
- BGH - 23.7.1997 (Benetton I), NJW 1997, S. 3304 ff.
- BGH - 23.7.1997 (Benetton II), NJW 1997, S. 3309 ff.
- OLG Köln - 21.8.1997 (18 U 121/96, unveröffentlicht), UNILEX 1998
- Hof's Hertogenbosch - 2.10.1997, NIPR 1998, Nr. 103
- Cour de Justice Genève - 10.10.1997 (1230, unveröffentlicht), UNILEX 1998
- Tribunal Cantonal Valais - 28.10.1997 (C1 97 167, unveröffentlicht), UNILEX 1998
- Audiencia de Barcelona - 3.11.1997, UNILEX 1998
- Hoge Raad - 7.11.1997, NIPR 1998, Nr. 91
- Kantonsgericht Nidwalden - 3.12.1997 (15/96 Z, unveröffentlicht), UNILEX 1998
- Schiedsgericht der Börse für Landwirtschaftliche Produkte in Wien - 10.12.1997, ZfRV 1998, S. 211 ff.
- Handelsgericht Aargau - 19.12.1997 (OR.97.00056, unveröffentlicht), zusammenfassend SZIER 1999, S. 192

1998

- Kantonsgericht Freiburg - 23.1.1998 (27/97, unveröffentlicht), zusammenfassend SZIER 1999, S. 194 f.
- Cour de Cassation - 27.1.1998 (180 P, unveröffentlicht), UNILEX 1998
- BGH - 12.2.1998, TranspR 1999, S. 125 ff.
- OGH - 12.2.1998, JBl 1999, S. 54 ff.
- Hoge Raad - 20.2.1998, NedJur 1998, Nr. 480
- OLG München - 11.3.1998, ForInt. 1998, S. 106 f.
- Corte di Appello di Milano - 20.3.1998, UNILEX 1998
- U.S. District Court - 6.4.1998 (Calzaturificio Claudia s.n.c. v. Olivieri Footwear Ltd.), UNILEX 1998
- OLG Hamm - 6.5.1998, TranspR-IHR 3-1999, S. 40 f.
- OLG Saarbrücken - 3.6.1998, NJW-RR 1999, S. 780

- Arbitration Institute of the Stockholm Chamber of Commerce - 5.6.1998, (unveröffentlicht), UNILEX 1998
- OGH - 25.6.1998, ÖJZ 1998, S. 922 ff.
- Tribunal Cantonal Valais - 29.6.1998 (C1 97 288, unveröffentlicht), zusammenfassend SZIER 1999, S. 193
- U.S. Court of Appeals - 29.6.1998 (MCC-Marble Ceramic Center, Inc. v. Ceramica Nuova D' Agostino, S.p.A.), 144 F.3d (1998), S. 1384 ff.
- Cour de Casstion - 16.7.1998 (1309 P, unveröffentlicht), UNILEX 1998
- OGH - 10.9.1998, JBl 1999, S. 333
- OLG Koblenz - 11.9.1998, UNILEX 1998
- Handelsgericht Zürich - 21.9.1998 (HG960527, unveröffentlicht), zusammenfassend SZIER 1999, S. 188 f.
- LG Regensburg - 24.9.1998, ForInt 1998, S. 109 f.
- OLG Hamburg - 5.10.1998, TranspR-IHR 3-1999, S. 37 ff.
- OGH - 15.10.1998, JBl 1999, S. 318 ff.
- Schweizerisches Bundesgericht - 28.10.1998 (4C.179/1998, unveröffentlicht), zusammenfassend SZIER 1999, S. 179 ff.
- U.S. District Court - 28.10.1998 (Mitchel Aircraft Spares Inc. v. European Aircraft Service AB), 23 F.Supp.2d (1998), S. 915 ff.
- BGH - 25.11.1998, RIW 1999, S. 385 f.
- Handelsgericht Zürich - 30.11.1998 (HG930634, unveröffentlicht), zusammenfassend SZIER 1999, S. 185 ff.
- Hamburger freundschaftliche Arbitrage - 29.12.1998, NJW-RR 1999, S. 780 ff.

1999

- BGH - 24.3.1999, RIW 1999, S. 617 ff.
- U.S. District Court - 17.5.1999 (Medical Marketing International, Inc. v Internazionale Medico Scientifica, S.r.l.), http://cisgw3.law.pace/edu/cases/990517u1.html
- Ontario Superior Court of Justice - 31.8.1999 (La San Giuseppe v. Forti Moulding Ltd.), http://cisgw3.law.pace.edu/cases/990831c4.html
- BGH - 3.11.1999, RIW 2000, S. 381 ff.

Literaturverzeichnis

Amato, Paul, U.N. Convention on Contracts for the International Sale of Goods - The Open Price Term and Uniform Application: An early Interpretation by the Hungarian Courts, 13 J.L.&Com (1993); S. 1 ff.

Audit, Bernard, The Vienna Sales Convention and Lex Mercatoria, in Carbonneau (Ed.), Lex Mercatoria and Arbitration - Discussion of the New Law Merchant, S. 139 ff., New York 1990 (zitiert: Audit, Lex Mercatoria and Arbitration)

Basedow, Jürgen, Die UNIDROIT-Prinzipien der internationalen Handelsverträge und die Übereinkommen des einheitlichen Privatrechts, besonders der CMR, in: Festschrift für Ulrich Drobnig zum 70. Geburtstag, Tübingen 1998 (zitiert: FS Drobnig)

ders., Europäisches Privatrecht, das UN-Kaufrecht vor den EuGH!, EuZW 1992, S. 489

Bayer, Wilhelm F., Auslegung und Ergänzung international vereinheitlichter Normen durch staatliche Gerichte, RabelsZ 20 (1955), S. 603 ff.

Bernstein, Herbert/Lookofsky, Joseph, Understanding the CISG in Europe, Boston 1997 (zitiert Bernstein/Lookofsky)

Bianca, Cesare Massimo/Bonell, Michael Joachim, Commentary on the International Sales Law, the 1980 Vienna Sales Convention, bearbeitet von Michael Joachim Bonell, G. Eörsi, Milano 1987 (zitiert: Bianca/Bonell-Bearbeiter)

Bonell, Michael Joachim, The UNIDROIT Principles of International Commercial Contracts and CISG - Alternatives or Complementary Instruments? Uniform Law Review 1996, S. 26 ff.

Bonell, Michael Joachim (Hrsg.), UNILEX - International Case Law & Bibliography on the UN Convention on Contracts for the International Sale of Goods (Lose-Blatt-Sammlung), Stand Dezember 1997, New York 1997 (zitiert: UNILEX)

ders., UNILEX - International Case Law & Bibliography on the UN Convention on Contracts for the International Sale of Goods (CD-ROM), Stand Dezember 1998 (zitiert: UNILEX 1998)

Bonell, Michael Joachim/Liguori, Fabio, The U.N. Convention on the International Sale of Goods: a Critical Analysis of Current International Case Law, Uniform Law Review 1997, S. 385 ff. (Part I) & S. 583 ff. (Part II)

Botzenhardt, Bertrand, Die Auslegung des Begriffs der wesentlichen Vertragsverletzung im UN-Kaufrecht. Dissertation Universität Augsburg (1997), Frankfurt a.M. 1998 (zitiert: Botzenhardt)

Burkart, Fabian, Interpretatives Zusammenwirken von CISG und Unidroit Principles, Dissertation Universität Basel (1999), Baden-Baden 2000 (zitiert: Burkart)

Caemmerer, Ernst von/Schlechtriem, Peter, Kommentar zum Einheitlichen UN-Kaufrecht -CISG-, bearbeitet von Rolf Herber, Peter Schlechtriem, Ingeborg Schwenzer, Hans Hermann Eberstein, Klaus Bacher, 2. Auflage, München 1995 (zitiert: Caemmerer/Schlechtriem-Bearbeiter)

Canaris, Claus-Wilhelm, Die Bedeutung allgemeiner Auslegungs- und Rechtsfortbildungskriterien im Wechselrecht, JZ 1987, S. 544 ff.

Cook, V. Susanne, The Need for Uniform Interpretation of the 1980 United Nations Convention on Contracts for the International Sale of Goods, 50 U.Pitt.L.Rev. (1988), S. 197 ff.

Corvaglia, Stefano, Das einheitliche UN-Kaufrecht - CISG, Bern 1998 (zitiert: Corvaglia)

Czerwenka, G. Beate, Rechtsanwendungsprobleme im internationalen Kaufrecht. Das Kollisionsrecht bei grenzüberschreitenden Kaufverträgen und der Anwendungsbereich der internationalen Kaufrechtsübereinkommen, Dissertation Universität Hamburg (1987), Berlin 1988 (zitiert: Czerwenka)

Diedrich, Frank, Autonome Auslegung von Internationalem Einheitsrecht - Computersoftware im UN-Kaufrecht, Dissertation Universität Hannover (1994), Baden-Baden 1994 (zitiert: Diedrich)

ders., Chancen und Ziele von Einheitsrecht für den internationalen Handelsverkehr. Bericht über den UNCITRAL-Kongreß "Einheitliches Handelsrecht im 21. Jahrhundert", IPRax 1992, S. 408 ff.

Drobnig, Ulrich, Ein Vertragsrecht für Europa, in Baur/Hopt/Mailänder (Hrsg.), Festschrift für Ernst Steindorff zum 70. Geburtstag am 13. März 1990, S. 1141 ff., Berlin 1990 (zitiert: Drobnig, FS Steindorff)

Duintjer Tebbens, Harry, Die einheitliche Anwendung des Lugano-Übereinkommens, in Reichelt (Hrsg.), Europäisches Kollisionsrecht. Die Konventionen von Brüssel, Lugano und Rom, S. 49 ff., Frankfurt a.M. 1993 (zitiert: Duintjer Tebbens, in Reichelt)

Enderlein, Fritz, Die Interpretation internationalen Einheitsrechts, AW-Recht im Außenhandel Nr. 98/1987, S. 1 ff.

Enderlein, Fritz/Maskow, Dietrich/Strohbach, Heinz, Internationales Kaufrecht, Berlin 1991 (zitiert: Enderlein/Maskow/Strohbach)

Escher, Alfred, UN-Kaufrecht: Stillschweigender Verzicht auf Einwand einer verspäteten Mängelrüge?, RIW 1998, S. 495 ff.

Ferrari, Franco, Applicability and Applications of the Vienna Sales Convention (CISG), ForInt 1998, S. 139 ff.

ders., CISG Case Law: A new challenge for interpreters? RDAI/IBLJ, Nr. 4/5 1998, S. 495 ff.

ders., International Sale of Goods, Applicability and Applications of the United Nations Convention on Contracts for the International Sale of Goods, Brüssel 1999 (zitiert: Ferrari: Int. Sale of Goods)

ders., Uniform Interpretation of the 1980 Uniform Sales Law, Ga. J.I.Comp.L. 24 (1994-1995), S. 183 ff.

Furrer, Andreas, Das Lugano-Übereinkommen als europarechtliches Instrument. Das Luganer Konvergenzsystem auf dem Prüfstand von Praxis und Politik, AJP/PJA 1997, S. 486 ff.

Galston, Nina M./ Smit, Hans, International Sales. The United Nations Convention on Contracts for the International Sale of Goods, New York 1984 (zitiert: Galston/Smit)

Gerny, Michael Georg, Untersuchungs- und Rügepflichten beim Kauf nach schweizerischem, französischem und US-amerikanischem Recht, sowie nach CISG, Dissertation Universität Basel (1999), Basel 1999 (zitiert: Gerny)

Gessner, Volkmar, International Cases in German First Instance Courts, in Gessner (Ed.), Foreign Courts: Civil Litigation in Foreign Legal Cultures, S. 149 ff., Dartmouth 1996 (zitiert: Gessner)

Glossner, Ottoarndt, 75 Jahre institutionelle Schiedsgerichtsbarkeit, RPS, BB Beilage 5 vom 21.3.1996, S. 3 ff.

Happ, Richard, Anwendbarkeit völkerrechtlicher Auslegungsmethoden auf das UN-Kaufrecht, RIW 1997, S. 376 ff.

Hartwieg, Oskar, Prozessuale Aspekte einheitlicher Anwendung der Wiener UN Konvention über den internationalen Warenkauf (CISG). Eine komparative Fallstudie zur einheitlichen Rechtsanwendung, ZVerglRW 1993, S. 282 ff.

Herber, Rolf, CLOUT, UNILEX und andere Veröffentlichungen zum internationalen Kaufrecht, RIW 1995, S. 502 ff.

Herber, Rolf/Czerwenka, Beate, Internationales Kaufrecht, München 1991 (zitiert: Herber/Czerwenka)

Höß, Stefan, Der gegenständliche Anwendungsbereich des UN-Kaufrechts "Contracts to which the CISG is applicable", Dissertation Universität Augsburg (1995), Kempten/Allgäu 1995 (zitiert: Höß)

Honnold, John O., Documentary History of the Uniform Law for International Sales. The studies, deliberations and decisions that led to the 1980 United Nations Convention with introductions and explanations, Deventer 1989 (zitiert: Honnold, Documentory History)

ders., Uniform Law for International Sales under the 1980 United Nations Convention, 2. Auflage Deventer 1991 (zitiert: Honnold, Uniform Law)

ders., Uniform Words and Uniform Application. The 1980 Sales Convention and International Juridical Practice, in Schlechtriem (Hrsg.), Einheitliches Kaufrecht und nationales Obligationenrecht. Referate und Diskussionen der Fachtagung Einheitliches Kaufrecht am 16./17.2.1987, Baden-Baden 1987, S. 115 ff. (zitiert: Honnold, Fachtagung)

Honsell, Heinrich (Hrsg.), Kommentar zum UN-Kaufrecht - Übereinkommen der Vereinten Nationen über Verträge über den Internationalen Warenkauf (CISG), bearbeitet von W.Melis, A.K. Schnyder, R.M. Straub, Berlin/Heidelberg/New York 1997 (zitiert: Honsell-Melis)

Jenard, Paul/ Möller, Gustaf, Bericht über das Übereinkommen über die gerichtliche Zuständigkeit und die Vollstreckung gerichtlicher Entscheidungen in Zivil- und Handelssachen, geschlossen in Lugano am 16. September 1988, ABl. EG Nr. 189 v. 28.07.1990, S. 57 ff.

Kaczorowska, Alina, International Trade Conventions and Their Effectiveness - Present and Future, Den Haag 1995 (zitiert: Kaczorowska)

Karollus, Martin, UN-Kaufrecht, Wien/New York 1991(zitiert: Karollus)

Kohler, Christian, Die Formung europäischen Kollisionsrechts durch den Gerichtshof der Europäischen Gemeinschaften, in Reichelt (Hrsg.), Europäisches Kollisionsrecht. Die Konventionen von Brüssel, Lugano und Rom, S. 15 ff., Frankfurt a.M. 1993 (zitiert: Kohler, in Reichelt)

ders., Integration und Auslegung - zur Doppelfunktion des Europäischen Gerichtshofes, in Jayme (Hrsg.), Ein internationales Zivilverfahrensrecht für Gesamteuropa. EuGVÜ, Lugano-Übereinkommen und die Rechtsentwicklung in Mittel- und Osteuropa, S. 11 ff., Heidelberg 1992 (zitiert: Kohler, in Jayme)

Königer, Ursula, Die Bestimmung der gesetzlichen Zinshöhe nach dem deutschen Internationalen Privat-recht. Eine Untersuchung unter besonderer Berücksichtigung der Artikel 78 und 84 I UN-Kaufrecht (CISG). Dissertation Albert-Ludwigs-Universität Freiburg (1996), Berlin 1997 (zitiert: Königer)

Kramer, Ernst A., Uniforme Interpretation von Einheitsprivatrecht - mit besonderer Berücksichtigung von Artikel 7 UNKR, JBl 1996, S. 137 ff.

Kritzer, Albert H. Guide to Practical Applications of the United Nations Convention on Contracts for the International Sale of Goods, Deventer, Boston 1989

Kritzer, Albert H., The Convention on Contracts for the International Sale of Goods: Scope, Interpretation and Resources, Review CISG 1995, S. 147 ff.

Kropholler, Jan, Europäisches Zivilprozeßrecht, Kommentar zum EuGVÜ und Lugano Übereinkommen, 6. Auflage, Heidelberg 1998 (zitiert: Kropholler, EuGVÜ)

Kropholler, Jan, Internationales Einheitsrecht, Tübingen 1975 (zitiert: Kropholler, Einheitsrecht)

Liguori, Fabio, "UNILEX": A Means to Promote Uniformity in the Application of CISG, ZEuP 1996, S. 600 ff.

Magnus, Ulrich, Das Haager Einheitskaufrecht und die gegenwärtige deutsche Praxis, NJW 1997, S. 2000 ff.

ders., Das UN-Kaufrecht: Fragen und Probleme seiner praktischen Gewährung, ZEuP 1997, S. 823 ff.

ders., Die allgemeinen Grundsätze im UN-Kaufrecht, RabelsZ (59) 1995, S. 469 ff.

ders., Die Rügeobliegenheit des Käufers im UN-Kaufrecht, TranspR-IHR 3-1999, S. 29 ff.

ders., Währungsfragen im einheitlichen Kaufrecht - zugleich ein Beitrag zu seiner Lückenfüllung und Auslegung, RabelsZ 53 (1989), S. 116 ff.

ders., Wesentliche Fragen des UN-Kaufrechts, ZEuP 1999, S. 642 ff.

Mansel, Heinz-Peter, Rechtsvergleichung und europäische Rechtseinheit, JZ 1991, S. 529 ff.

Michaels, Ralf, Privatautonomie und Privatkodifikation - Zu Anwendbarkeit und Geltung allgemeiner Vertragsrechtsprinzipien, RabelsZ 62 (1998), S. 580 ff.

Piltz, Burghard, Entscheidungen des BGH zum CISG, TranspR-IHR 2-1999, S. 15 ff.

ders., Gestaltung von Exportverträgen, RIW 1999, S. 897 ff.

ders., Internationales Kaufrecht. Das UN-Kaufrecht (Wiener Übereinkommen von 1980) in praxisorientierter Darstellung, München 1993 (zitiert: Piltz, Internationales Kaufrecht)

ders., Neue Entwicklungen im UN-Kaufrecht, NJW 1994, S. 1101 ff.

ders., Neue Entwicklungen im UN-Kaufrecht, NJW 1996, S. 2768 ff.

ders., Neue Entwicklungen im UN-Kaufrecht, NJW 2000, S. 553 ff.

Reinhart, Gert, UN-Kaufrecht. Kommentar zum Übereinkommen der Vereinten Nationen vom 11.April 1980 über Verträge über den internationalen Warenkauf, Heidelberg 1991 (zitiert: Reinhart)

Riese, Otto, Einheitliche Gerichtsbarkeit für vereinheitlichtes Recht? RabelsZ 26 (1961), S. 604 ff.

Ryan, Lisa M., The Convention on Contracts for the International Sale of Goods: Divergent Interpretations, Tulane J. of Int'l & Comp. Law, 4 (1995), S. 99 ff.

Schlechtriem, Peter, Bemerkungen zur Geschichte des Einheitskaufrechts, in Schlechtriem (Hrsg.), Einheitliches Kaufrecht und nationales Obligationenrecht, Referate und Diskussionen der Fachtagung Einheitliches Kaufrecht am 16./17.2.1987, S. 27 ff.; Baden-Baden 1987 (zitiert: Schlechtriem, Fachtagung)

ders., Unification of the Law for the International Sale of Goods, in Schlechtriem (Hrsg.), XII. Internationaler Kongreß für Rechtsvergleichung 1986 Sydney und Melbourne/Australien. Deutsche Länderberichte (Zivilrecht und Zivilprozeßrecht), Baden-Baden 1987 (zitiert: Schlechtriem, Länderberichte)

ders., Uniform Sales Law - The Experience with Uniform Sales Law in the Federal Republic of Germany, JT 1991-92, S. 1 ff.

ders., Vertragsmäßigkeit der Ware und öffentlich-rechtliche Vorgaben (zu Medical Marketing International Inc. v. Internationale Medico Scientifica, S.R.L., United States District Court, E.D. Lousiana, 17. Mai 1999), IPRax 1999, S. 388 ff.

ders., Wesentlicher Vertragsbruch durch Lieferung gezuckerten Weins, IPRax 1997, S. 132

Schlechtriem, Peter/ Magnus Ulrich, Internationale Rechtsprechung zum EKG und EAG. Eine Sammlung belgischer, deutscher, italienischer, israelischer und niederländischer Entscheidungen zu den Haager Kaufgesetzen, Baden-Baden 1987(zitiert: Schlechtriem/Magnus)

Schmid, Christoph, Das Zusammenspiel von Einheitlichem UN-Kaufrecht und nationalem Recht: Lückenfüllung und Normenkonkurrenz, Dissertation

Ludwig-Maximilians-Universität München (1995), München 1996 (zitiert: Schmid)

Schmidt-Parzefall, Tillmann, Die Auslegung des Parallelübereinkommens von Lugano, Dissertation Universität Hamburg (1994), Tübingen 1995 (zitiert: Schmidt-Parzefall)

Staudinger, Julius von, Kommentar zum Bürgerlichen Gesetzbuch, Wiener UN-Kaufrecht (CISG), bearbeitet von Ulrich Magnus, Neubearbeitung, Berlin 1999 (zitiert: Staudinger-Magnus)

Stein, Friedrich /Jonas, Martin, Kommentar zur Zivilprozeßordnung, bearbeitet von Dieter Leipold, Band 3, §§ 253-299a, 21. Auflage, Tübingen 1997 (zitiert: Stein/Jonas-Bearbeiter)

Stoll, Hans, Internationalprivatrechtliche Fragen bei der landesrechtlichen Ergänzung des Einheitlichen Kaufrechts, in Festschrift für Murad Ferid zum 80. Geburtstag am 11. April 1988, hrsg. von Andreas Heldrich und Hans Jürgen Sonnenberger, Frankfurt a.M. 1988, S. 495 ff. (zitiert: Stoll, FS Ferid)

Thieffry, Jean, La convention de Vienne et les contrats de distribution, Dr. prat. comm. int. 1993, S. 62 ff.

Thomas, Heinz/Putzo, Hans, Zivilprozeßordnung mit Gerichtsverfassungsgesetz und den Einführungsgesetzen, dem Brüsseler EWG-Übereinkommen und dem Luganer Übereinkommen über die gerichtliche Zuständigkeit und die Vollstreckung gerichtlicher Entscheidungen in Zivil- und Handelssachen sowie dem Anerkennungs- und Vollstreckungsausführungsgesetz, bearbeitet von Heinz Thomas, 22. Auflage, München 1999 (zitiert: Thomas/ Putzo-Bearbeiter, ZPO)

Volken, Paul, The Vienna Convention: Scope, Interpretation, and Gap-Filling, in Sarcevic/Volken (Hrsg.), International Sale of Goods, Dubrovnik Lectures, S. 19 ff., New York, 1986 (zitiert: Volken, in Dubrovnik Lectures)

Witz, Claude/ Wolter, Gerhard, Die neuere Rechtsprechung französischer Gerichte zum Einheitlichen UN-Kaufrecht, RIW 1998, S. 278 ff.

Name: Ort/Datum:
Gericht/Kammer/Tätigkeit:
Befragungsdauer:

Fragebogen

(empirische Untersuchung zur einheitlichen Auslegung und Anwendung des UN-Kaufrechts)

1. Welche Bedeutung hat das UN-Kaufrecht (CISG) in der Praxis?

2. Wie vielen Rechtsstreitigkeiten der letzten 12 Monate lag ein Kaufvertrag zugrunde (Angabe in %, falls genaue Anzahl nicht ermittelbar)?

3. Auf wie viele dieser Fälle wurde das UN-Kaufrecht angewendet?

4. Wie oft wurde die Anwendung des UN-Kaufrechts durch eine Rechtswahl vermieden?

5. Artikel 7 I CISG trifft die Aussage, daß bei der Auslegung des Übereinkommens die Notwendigkeit zu berücksichtigen ist, die einheitliche Anwendung zu fördern.

   a) Ist diese Zielsetzung des UN-Kaufrechts bekannt?

   b) Inwieweit wird dieser Zielsetzung in der Praxis Rechnung getragen (z.B. durch Berücksichtigung der authentischen Texte oder der Rechtsprechung anderer Vertragsstaaten)?

   c) Wie kann bzw. könnte die Rechtsprechung anderer Vertragsstaaten ermittelt werden? Welche Mittel stehen zur Verfügung (z.B. CLOUT, Internet)?

   d) Inwieweit beeinflußt die ermittelte Rechtsprechung die Entscheidung?

6. Ausblick: Vorschläge wie der Zielsetzung des Artikel 7 I CISG in der Praxis Rechnung getragen werden könnte.

INTERNATIONALRECHTLICHE STUDIEN

Beiträge zum Internationalen Privatrecht,
zum Einheitsrecht und zur Rechtsvergleichung

Herausgegeben von Ulrich Magnus

Band 1 Birgit Reimers-Zocher: Beweislastfragen im Haager und Wiener Kaufrecht. 1995.

Band 2 Lenja Vespermann: Schadensersatz bei Beeinträchtigung rechts- oder sittenwidriger Interessen im deutschen und französischen Recht. 1996.

Band 3 Peter Cypra: Die Rechtsbehelfe im Verfahren der Vollstreckbarerklärung nach dem EuGVÜ unter besonderer Berücksichtigung der Ausgestaltung in Deutschland und Frankreich. 1996.

Band 4 Brigitta Lurger: Regulierung und Deregulierung im europäischen Privatrecht. 1997.

Band 5 Uta Gutknecht: Das Nacherfüllungsrecht des Verkäufers bei Kauf- und Werklieferungsverträgen. Rechtsvergleichende Untersuchung zum CISG, zum US-amerikanischen Uniform Commercial Code, zum deutschen Recht und zu dem Vorschlag der Kommission zur Überarbeitung des deutschen Schuldrechts. 1996.

Band 6 Stefan Abel: Die Qualifikation der Schenkung. Zur Methode der Qualifikation im Internationalen Schuldvertragsrecht. 1997.

Band 7 Daniel Kötz: Verkäuferpflichten und Rechtsbehelfe des Käufers im neuen norwegischen Kaufrecht vom 13. Mai 1988 Nr. 27 im Vergleich zum UN-Kaufrecht vom 11. April 1980 (CISG). 1997.

Band 8 Olaf Beier: Grundsätze eines europäischen transportmittelübergreifenden Schadensrechts für den Gütertransport. Eine rechtsvergleichende Untersuchung unter besonderer Berücksichtigung der CMR, der ER/CIM 1990, des WA/HP und der HVR. 1999.

Band 9 Ulrich Krüger: Modifizierte Erfolgshaftung im UN-Kaufrecht. Die Haftungsbefreiung bei Lieferung vertragswidriger Ware gemäß Art. 79 CISG. 1999.

Band 10 Wolf-Henning Hammer: Das Zurückhaltungsrecht gemäß Art. 71 CISG im Vergleich zu den Kaufgesetzen der nordischen Staaten unter Einbeziehung transportrechtlicher Aspekte. Eine rechtsvergleichende Studie. 1999.

Band 11 Ulrich Quay: Der Consulting-Vertrag im Internationalen Privatrecht. 2000.

Band 12 Axel Halfmeier: Die Veröffentlichung privater Tatsachen als unerlaubte Handlung. Eine rechtsvergleichende Untersuchung. 2000.

Band 13 Stephanie Scholz: Lohngleichheit durch Verfahren. Eine Studie zur Förderung der Lohngleichheit durch verfahrensrechtliche Ansätze. 2000.

Band 14 Tank Cebecioğlu: Stellung des Ausländers im Zivilprozeß. Eine rechtsvergleichende Untersuchung des türkischen und deutschen Rechts. 2000.

Band 15 Gunnar Straube: Sozialrechtliche Eingriffsnormen im Internationalen Privatrecht. 2001.

Band 16 Daniela de Lukowicz: Divergenzen in der Rechtsprechung zum CISG. Auf dem Weg zu einer einheitlichen Auslegung und Anwendung? 2001.

Kolibri 360 GmbH
Ferdinand-Jühlke-Straße 7
99095 Erfurt, Deutschland
produktsicherheit@kolibri360.de

Druck:
CPI Druckdienstleistungen GmbH
im Auftrag der
Kolibri 360 GmbH
Ferdinand-Jühlke-Str. 7
99095 Erfurt